U0882162

浙江大学“马克思主义理论和中国特色社会主义研究与建设”工程
中央高校基本科研业务费专项资金资助
浙江省哲学社会科学规划“马克思主义理论研究工程”专项基金项目（编号：14MLZX06YB）成果

New Discussion on Socialist Democracy with Chinese Characteristics

中国特色社会主义民主新论

段治文　等著

ZHEJIANG UNIVERSITY PRESS
浙江大学出版社

创新思想理论,迎接中华民族伟大复兴

□余逊达

马克思主义是中国共产党的指导思想,也是中国宪法确认的国家的指导思想。作为一种科学理论,马克思主义最显著的特点在于它不但强调认识世界,而且强调改造世界。在当今的中国,人们认识世界和改造世界所面对的一项最重要的任务,就是通过不断深化改革和发展,实现中华民族的伟大复兴,同时推动整个人类社会的不断进步。中华民族在社会主义制度下的伟大复兴,既是全体中国人在可以预见的时间内对人类文明发展所做出的最大贡献,也是马克思主义本身在可以预见的时间内对世界历史发展所做出的最大贡献。

古代中国曾经在文明发展上长期处于世界先进的位置。15 世纪末 16 世纪初,西方文明兴起,中国则在封闭状态下逐渐失去活力,直至 1840 年鸦片战争后在世界发展进程中被边缘化。但是中国人并未放弃,经过几代人不懈奋斗,中国又重新站立起来,开始在世界舞台上赢得新的尊重。

1949 年中华人民共和国的成立,是中国摆脱半殖民地半封建的处境,在政治上自立于世界民族之林的标志。此后,经过长期的艰苦努力,特别是改革开放以来近 40 年的努力,中国实现了经济上的飞跃。现在,中国在国民生产总值、制造业、货物贸易、对外投资等领域,都处于世界领先行列。尽管人均国民生产总值还严重落后于发达国家,经济发展在结构、质量等方面也存在不少问题,然而已经取得的成绩仍使我们有理由、有信心说,只要不犯根本性错误,不出现不可抗力量,中国经济发展水平赶上发达国家是一件完全可以期待的事情。也就是说,中国的一只脚已经迈进了民族复兴的门槛。

但是,生产力发展不是民族复兴的全部内容。一个民族要想走在世界发展的前列,除了生产力发展必须走在世界前列,它的政治制度、文化发展、社会建设和理论思维等也必须走在世界前列。人是在思想指导下行动的，人的思想的内涵决定了人的行动的内涵，在这个意义上可以说，理论思维能力及其追求对一个民族的发展具有决定性作用。近代以来西方国家在世界上的兴起，就是与西方在理论思维上的发展相伴而行的；而中国的衰败，则与中国在思想上的封闭、僵化、落后内在地关联在一起。思想解放和理论创新，是五四运动后现代中国奋起的先声，也是1978年中国改革开放方针政策的制定与执行的思想前提和基础。中国要继续前进，同样离不开思想解放和理论创新。特别是当前，在全球化和科学技术日新月异进步的带动下，人类社会的发展方式、组织方式、生活方式、治理方式都出现前所未有的大转型，包括中国在内，世界上的一切都在调整，都在变化，都在重构，需要我们用新的眼光去看待它，理解它，应对它，并在新的思想指导下把这场大转型导入能造福全人类的轨道。在这样的历史时刻，理论思维的作用尤其重要。对中国来说，没有在思想理论创新和建设上取得世界公认的进步与繁荣，中华民族的复兴是不完整的，也是难以持续的。

思想理论建设是一项系统工程，包含着非常丰富的内容。在中国特定的国情下，思想理论建设中的一项核心工作，是马克思主义理论的建设。中国共产党作为中国的执政党，一直高度重视马克思主义理论建设。党把马克思主义和中国实践及时代特征结合起来，经过反复探索并集中各方智慧，形成了中国特色社会主义理论。这一理论回答了发展道路、发展阶段、根本任务、发展动力、外部条件、政治保证、战略步骤、领导力量和依靠力量、国家统一的方式等一系列与建设中国特色社会主义相关的重大问题。按照这个理论，党确立了社会主义初级阶段的基本路线和基本纲领，并进一步提出了"三个代表"重要思想和科学发展观。习近平就任党的总书记以来，就"中国梦"和价值观、文化自信、全面建成小康社会的战略布局、全面深化改革的总目标与总体安排、全面依法治国、全面从严治党、经济发展新常态、协商民主、社会治理、城市治理、生态文明建设、反腐倡廉、军事变革、统筹国际国内两个大局、建设开放型经济新体制、建设新型大国关系、"一带一路"建设、总体安全观、体系绩效等问题，提出了一系列新的重要思想，对中国特色社会主义理论做出新的发展和创造。上述思想和理论的提出与确立，反映了党在思想理论建设上所做出的巨大努力和已经取得的巨大成效。正是在这些思想和理论的指导下，改革开放以来中国在经济、政治、社会、文化、生态和党的建设等各个方面都取得了历史性成就。

马克思主义是一个开放的系统。作为马克思主义和中国实践及时代特征相结合的产物，中国特色社会主义理论同样是一个开放的系统，它并未穷尽人们对中国社会、外部世界、人类自身及社会主义发展规律、共产党建设规律等问题的认识，更未封闭人们通向新的真理的道路。事实上，中国特色社会主义理论的效用不仅在于它能指导人们从事社会主义建设的实践，还在于它能指导人们根据实践和环境、条件的变化，去进行新的探讨、形成新的认识。我们今天所处的世界，仍然是一个充满矛盾的世界；摆在中国和世界面前等待回答的问题，仍然为数众多；如何把已经形成的正确的思想和理论成功地付诸实践，也远非触手可及之事。所有这一切都说明，进一步加强思想理论建设，仍然是一项意义深远的任务。

历史经验告诉我们，思想理论建设是一种只有依靠集体努力才能成功的公共事业。浙江大学作为一所以建成世界一流大学为目标的大学，对加强思想理论建设肩负着不可推卸的责任。为了有效履行这一重要责任，在学校领导的支持指导下，浙江大学社会科学研究院设立了“马克思主义理论和中国特色社会主义研究与建设工程”（以下简称为“马工程”）。这一工程以促进中国和世界的进步为关怀，以理论和实际的结合为构架，重点放在当代问题的探讨，同时兼及经典著作的研究，鼓励思想理论创新，发前人之未发，成一家之言。“马工程”设立后，人文社科类教师反响热烈，也激起部分理工农医类教师研究兴趣；不仅一批充满朝气的青年学者踊跃参与，而且一些学富五车的资深教授也积极参与。几年下来，“马工程”已经设立了几十个研究计划，将出版一系列有水平、有创意的著作和研究报告。这些著作和研究报告，凝聚了作者的心血，体现了他们对中国与世界面对的问题的深入思考。我们相信，它们的出版，能够给思考同样问题的读者以启示，也能够给处理实际问题的读者以智慧。随着新的成果的不断出版，浙江大学的“马工程”最终将不负使命，在推动中国的思想理论建设走向世界前列、促进中华民族伟大复兴方面，做出自己应有的贡献。

CONTENTS 目录

第一章　构想、转换、偏离与回归

——科学社会主义演变轨迹与民主主题之凸显

社会主义的产生需要两个基本条件，即生产力基础和民主基础。正是在这一前提下，马克思、恩格斯的构想认为社会主义必须在资本主义发达的国家首先产生；列宁完成了转换，使得社会主义在经济文化落后国家首先产生，为此，他力图弥补这两大基础；此后的斯大林、毛泽东在探索社会主义建设道路中出现了偏离，也就是偏离了这两个基础；邓小平在对社会主义的本质重新认识基础上回归到马、恩，也回归到列宁，也就是要重新弥补这两个基础。今天生产力基础弥补得比较好，民主发展还需进一步推进。科学社会主义发展的构想、转换、偏离与回归的历史轨迹，都是围绕着社会主义产生的两大基础，即生产力基础和民主基础展开的，其中清楚地预示了社会主义进一步发展必须推进民主建设的当前使命。

一、马克思、恩格斯对社会主义的构想

马克思、恩格斯认为，社会主义必须在资本主义发达的国家首先产生。这一构想有科学的依据，这就是社会主义的产生必须要有两个前提条件，即生产力基础和民主基础，只有生产力发达，物质财富极其丰富，才能够实现按需分配，只有民主才能保证分配的公正，进一步实现社会和谐。而资本主义发展正是为社会主义的产生提供这两大基础。这一科学构想是建立在马克思、恩格斯对社会形态科学认识基础上的。

马克思、恩格斯立足于物质资料生产方式的矛盾运动规律，科学地揭示了五大社会形态依次更替的内在逻辑。“社会的物质生产力发展到一定阶段，便同它们一直在其中运动的现存生产关系或财产关系……发生矛盾。

于是这些关系便由生产力的发展形式变成生产力的桎梏。那时社会革命的时代就到来了。随着经济基础的变更，全部庞大的上层建筑也或慢或快地发生变革。”[①]在提出生产方式矛盾规律的同时，马克思主义创始人特别强调物质生产力的重大意义，认为生产力是社会进步的根本动因。“人们所达到的生产力的总和决定着社会状况”[②]；“随着生产力的获得，人们改变自己的生产方式，随着生产方式即谋生方式的改变，人们也就会改变自己的一切社会关系。手推磨产生的是封建主的社会，蒸汽磨产生的是工业资本家的社会”[③]。与此同时，他们揭示了政治上层建筑的能动作用，强调国家权力对经济社会发展的宏观调节。“国家权力对于经济发展的反作用可能有三种：它可以沿着同一方向起作用，在这种情况下就会发展得比较快；它可以沿着相反方向起作用，在这种情况下它现在在每个大民族中经过一定的时期就都要遭到崩溃；或者是它可以阻碍经济发展沿着某些方向走，而推动它沿着另一种方向走，这第三种情况归根到底还是归结为前两种情况中的一种。但是很明显，在第二和第三种情况下，政治权力能给经济发展造成巨大的损害，并能引起大量的人力和物力的浪费。”[④]由此可见，马克思主义创始人把经济和政治作为带动社会发展的“两大巨轮”。

马克思、恩格斯就是以这样的世界观和方法论考察人类社会逻辑演进的总趋势，也是以这样的世界观和方法论进一步考察资本主义发展的内在规律及其历史命运。马克思、恩格斯为什么要提出社会主义必须在资本主义最发达的国家首先产生呢？事实上，马克思、恩格斯不仅揭示了社会主义必然胜利的光明前景，同时又充分估计了社会主义产生的基本条件。如果说经济和政治是带动社会发展的“两大巨轮”，那么社会主义产生的必备前提和基础有二：一是生产力基础，二是民主的基础。马克思、恩格斯把人类社会的发展当作自然历史的过程。“无论哪一个社会形态，在它所能容纳的全部生产力发挥出来以前，是决不会灭亡的；而新的更高的生产关系，在它的物质存在条件在旧社会的胎胞里成熟以前，是决不会出现的。所以人类

① 《马克思恩格斯选集》第2卷，人民出版社2012年版，第2—3页。

② 《马克思恩格斯选集》第1卷，人民出版社2012年版，第160页。

③ 《马克思恩格斯选集》第1卷，人民出版社2012年版，第222页。

④ 《马克思恩格斯选集》第1卷，人民出版社2012年版，第610页。

始终只提出自己能够解决的任务,因为只要仔细考察就可以发现,任务本身,只有在解决它的物质条件已经存在或者至少是在生成过程中的时候,才会产生。"[①]只有生产力极其发达,物质财富极其丰富,才能实现按需分配;而当生产力发达、物质财富极大丰富后,大家要什么有什么的时候,民主保证公正又是必备的,否则,有的人要什么有什么,有的人要什么要不到什么。所以马克思主义经典作家很明确地指出,"代替那存在着阶级和阶级对立的资产阶级旧社会的,将是这样一个联合体,在那里,每个人的自由发展是一切人的自由发展的条件"[②],新的社会要"为了共同的利益、按照共同的计划、在全体社会成员参加下来经营"[③],也就是说彻底地、真正地实现人类民主。

资本主义的使命就是发展生产力和发展民主,也正因此,资本主义发展的过程就是为社会主义创造条件的过程,也是为自身掘坟墓的过程。资本主义以其商品经济的方式极大地发展了以现代工业为标志的社会生产力,从而建立了社会主义产生的生产力基础。马克思主义创始人指出,"资产阶级在它不到一百年的阶级统治中所创造的生产力,比过去一切世代所创造的全部生产力还要多,还要大"[④];同时强调,"在大工业中,生产工具和私有制之间的矛盾才是大工业的产物,这种矛盾只有在大工业高度发达的情况下才能产生。因此,只有随着大工业的发展才有可能消灭私有制"[⑤]。资本主义以实现政治解放的形式创建了现代性民主政体,从而建立了社会主义产生的民主基础。马克思主义创始人认为,"在民主制中,国家制度、法律、国家本身,就是国家是政治制度来说,都只是人民的自我规定和人民的特定内容"[⑥],"任何政治解放都是使人的世界和人的关系回归于人自身","政治解放一方面把人归结为市民社会的成员,归结为利己的、独立的个体,另一方面把人归结为公民,归结为法人";[⑦]同时指出,政治解放为社会解放创造

① 《马克思恩格斯选集》第 2 卷,人民出版社 2012 年版,第 3 页。
② 《马克思恩格斯选集》第 1 卷,人民出版社 2012 年版,第 422 页。
③ 《马克思恩格斯选集》第 1 卷,人民出版社 2012 年版,第 302 页。
④ 《马克思恩格斯选集》第 1 卷,人民出版社 2012 年版,第 405 页。
⑤ 《马克思恩格斯选集》第 1 卷,人民出版社 2012 年版,第 160 页。
⑥ 《马克思恩格斯全集》第 3 卷,人民出版社 2002 年第 2 版,第 41 页。
⑦ 《马克思恩格斯全集》第 3 卷,人民出版社 2002 年版,第 189 页。

了前提,民主共和国是资产阶级政治的最后形式,“在所有的文明国家,民主主义的必然结果都是无产阶级的政治统治,而无产阶级的政治统治又是实行一切共产主义措施的首要前提”①。事实上,“无产阶级革命将建立民主的国家制度,从而直接或间接地建立无产阶级的阶级统治”②,至于直接还是间接,也就是说新型民主的发展程度,要视其本来的民主程度而定。

在这个意义之上,资本主义最发达的国家正是具备了社会主义产生的两个基本条件。正是因此,马克思、恩格斯认为,资本主义越发达的国家社会主义产生越早。

二、列宁实现社会主义发展的转换

在列宁的领导下,人类历史上第一个社会主义国家诞生,社会主义由理想变为现实。但这个社会主义国家不是马克思、恩格斯所构想的资本主义后的社会主义,而是在经济文化落后国家建立的,是资本主义前的社会主义,这是一个历史转换。经过这一转换,马克思恩格斯所设想的社会主义发展的两大基础——生产力基础和民主基础——不复存在了,这是转换后的苏联社会主义所必须面对的。

那么,首先,列宁为什么能够提前革命,跨越“卡夫丁峡谷”,实现这一转换?事实上,这一划时代的历史事件并非凭空产生,它既是社会历史的客观必然,又是布尔什维克党的灵活选择。马克思、恩格斯指出,科学社会主义原理的实际运用,他们强调:“正如《宣言》中所说的,随时随地都要以当时的历史条件为转移。”③列宁所处的时代背景已经与马、恩时期不同,主要资本主义国家已经由自由资本主义阶段发展为垄断资本主义阶段,也就是帝国主义阶段。帝国主义阶段是资本主义的最高阶段和最后阶段,是向社会主义过渡的前阶。与此同时,在帝国主义阶段,“经济和政治发展的不平衡是资本主义的绝对规律”。因此,“社会主义可能首先在少数甚至在单独一个

① 《马克思恩格斯文集》第1卷,人民出版社2009年版,第666页。
② 《马克思恩格斯文集》第1卷,人民出版社2009年版,第685页。
③ 《马克思恩格斯选集》第1卷,人民出版社2012年版,第376页。

资本主义国家内获得胜利”[①]。特别是，落后国家是帝国主义矛盾的集中爆发点，又是帝国主义链条中最薄弱的环节。因此，无产阶级革命应该而且能够在落后国家中取得胜利。当时的俄国正是这样一种情况，所以列宁抓住了机遇，把俄国民主革命发展为社会主义革命，并取得了胜利，社会主义因而跨越了“卡夫丁峡谷”，在落后国家成为现实。

其次，列宁完成社会主义的历史转换后，究竟应该如何建设社会主义？根据马克思、恩格斯的构想以及列宁实现转换后的实际，很清楚，资本主义“卡夫丁峡谷”是可以跨越的，但社会主义发展的两个基础是不能跨越的。列宁及其领导的苏联在社会主义制度建立后，必须重新弥补生产力和民主这两个基础。

应该说，列宁的头脑是清醒的，他认识到了俄国的国情和社会主义建设基础的不足，他说：“俄国的情况不同，这里产业工人仅占少数，而小农则占大多数。”[②]“在我国，工人即无产者没有在人口中占绝对优势，没有很高的组织程度，胜利的因素是最贫苦的迅速破产的农民对无产者的支持”[③]，他准确地指出俄国无产阶级政权脱胎于东方封建宗法的小农社会。列宁进一步指出：“建设社会主义的砖头还没有烧好。”[④]俄国“在完全摆脱资本主义并开始向社会主义过渡的道路上，我们刚刚迈出了最初的几步。我们不知道，而且也不可能知道，过渡到社会主义还要经过多少阶段”[⑤]。正是因此，列宁很清楚地认识到，转换实现后，向社会主义过渡需要很长的时期，在这一时期，必须要吸收资本主义一切先进成果，弥补好生产力和民主这两个基础。

纵观列宁晚年的实践，也可以清楚地看到，列宁晚年努力在做两件事：一是新经济政策；二是新政治政策。而这两大政策正是在力图弥补社会主义应有的两大基础。

1921年开始实行的新经济政策要求实行商品交换，恢复商品流通，改

---

① 《列宁选集》第2卷，人民出版社2012年版，第554页。
② 《列宁选集》第4卷，人民出版社2012年版，第445页。
③ 《列宁选集》第4卷，人民出版社2012年版，第497页。
④ 《列宁专题文集：论社会主义》，人民出版社2009年版，第78页。
⑤ 《列宁专题文集：论社会主义》，人民出版社2009年版，第68页。

造国有企业，利用外国资金和技术，力图通过商品（市场）竞争机制逐步建立"电气化"生产力基础。依据当时第二次产业革命的背景，列宁认为电气化大工业是社会主义的生产力基础。他因此提出"共产主义就是苏维埃加电气化"①的著名论断。而实现电气化，就要利用商品经济解放生产力。列宁指出，"正常的社会主义的产品交换，又是从带有小农占人口多数造成的种种特点的社会主义向共产主义过渡的一种形式"②，"共产主义与商业?！这是两种风马牛不相及、毫不相关、相去甚远的东西。但是，如果从经济上认真考虑一下，就会知道这二者之间的距离并不比共产主义同小农的、宗法式的农业的差距更远"③。正是因此，列宁把商品交换作为新经济政策的主要杠杆，从而把市场机制在俄国固定下来。

除了通过新经济政策力图弥补生产力基础，列宁晚年几乎全部精力都在思考政治民主，推行政治体制改革的新政治政策。他强调："没有民主，就不可能有社会主义。"④他在晚年特别是病重期间对社会主义政治体制改革进行了大量思考，集中体现在《我们怎样改组工农检察院》《宁可少些，但要好些》《给代表大会的信》《关于赋予国家计划委员会以立法职能》等一系列重要文献中。他把民主化作为政治制度改革的主旨，把官僚主义作为主要敌人，要求民主化改革从执政党自身做起，强化人民监督权，改造国家机构，设立工农群众制约监督党和国家最高权力的工农检查委员会，设立由专家组成的国家计划委员会，并给以立法职能，与苏维埃决策机关相制衡等等。这一切表明列宁晚年力图完善社会主义民主基础。

可惜的是，列宁很快就去世了，他未能完成转换之后对社会主义两大基础的弥补工作，需要之后的继任者继续完成。

---

① 《列宁全集》第 40 卷，人民出版社 1986 年版，第 156 页。

② 《列宁选集》第 4 卷，人民出版社 2012 年版，第 501 页。

③ 《列宁选集》第 4 卷，人民出版社 2012 年版，第 614 页。

④ 《列宁全集》第 28 卷，人民出版社 1990 年版，第 168 页。

三、斯大林、毛泽东在社会主义探索中出现偏离

列宁去世后，斯大林和毛泽东对社会主义进行了新的探索，取得了很多新的成果，但在社会主义实践进程中出现了偏离。而这一偏离，说到底就是偏离了生产力基础和民主基础。

斯大林把列宁"一国胜利论"发展为"一国建成社会主义"理论。也就是说，"在其他国家无产者的同情和支援下，但无须其他国家无产阶级革命的预先胜利，无产阶级可能夺取政权并利用这个政权来在我国建成完全的社会主义社会"[①]。应该指出，斯大林"一国建成社会主义"理论有其合理性，增强了党和人民建设社会主义的信心。但"一国建成社会主义"理论也有其不足之处，就是超越了列宁正确分析过的"向社会主义过渡"的历史阶段，也就是超越了弥补生产力基础和民主基础的阶段。斯大林偏离了这一方向，过早地提出"向共产主义过渡"。"一国建成社会主义"理论成为苏联模式的理论前提。以此为指导，高度集中高度计划的政治经济体制成为社会主义国家第一个运行模式。

以毛泽东为核心的中共第一代领导集体在探索社会主义建设道路中，取得了一系列独创性理论成果和巨大成就，但在生产力发展问题上同样出现了失误。毛泽东没有很好地纠正苏联模式的弊端，提出了"超英赶美"的口号，并一次又一次地缩短了赶超时间。随后又提出了"向共产主义过渡"。1958年毛泽东提出中国在个别行业、个别省份可以尝试着首先进入共产主义。毛泽东说，中国实现共产主义不要100年，可以50年，个别行业可以试办，取得一些办法和经验。他还提出这样一个问题：可不可以由一个省先进入共产主义？[②] 在社会主义建设总路线指导下，"大跃进""人民公社"等实践严重超越了落后国家建设社会主义的实际情况。正如邓小平总结指出的："毛泽东同志是伟大的领袖，中国革命是在他的领导下取得成功的。然

---

① 斯大林：《关于社会主义的几个理论问题的论述》，载于《马列著作选读》（科学社会主义），人民出版社1988年版，第487页。

② 罗平汉：《"大跃进"的发动》，人民出版社2009年版，第120页。

而他有一个重大的缺点，就是忽视发展社会生产力。不是说他不想发展生产力，但方法不都是对头的，例如搞'大跃进'、人民公社，就没有按照社会经济发展的规律办事。"[①]最后导致穷就是光荣，社会主义就是贫穷的结局。邓小平还说："从一九五八年到一九七八年这二十年的经验告诉我们：贫穷不是社会主义，社会主义要消灭贫穷。不发展生产力，不提高人民的生活水平，不能说是符合社会主义要求的。"[②]

与此同时，斯大林、毛泽东都忽略了社会主义制度建立后的民主政治建设。在他们看来，社会主义制度一经建立就高度民主，没有考虑落后国家社会主义民主建设的长期性、艰巨性、复杂性。加上历史、国情和个人因素，两位领导人在党内生活中片面强调"集中"，忽视"民主"；在国家政治生活中片面强调"专政"，忽视"民主"，这就容易使得民主建设不健全、不完善。在高度集中的政治体制下，很容易造成领导人意志强加于党和国家领导集体，以政治挂帅大搞阶级斗争，造成了一系列严重后果。

可以说，斯大林、毛泽东都忽视了列宁已经完成了历史转换这一特殊背景，不知道在列宁转换后需要弥补社会主义的两个基础，而是直接把马克思、恩格斯未来高级的社会主义理论照搬到落后的实际当中来建设，这就跨越了阶段，脱离了实际，偏离了社会主义发展的方向。

四、邓小平在对社会主义本质重新认识中实现回归

20 世纪 70 年代末，邓小平高举起改革开放的大旗，重新认识社会主义及其本质，提出社会主义的本质就是，解放生产力，发展生产力，消灭剥削，消除两极分化，最终实现共同富裕。从此，社会主义开始了回归之路。

回归到哪里？就是回归到马、恩，也回归到列宁，就是回归到弥补生产力基础和民主基础的方向上来。邓小平清晰地指出："我们要充分发挥社会主义制度的优越性，当前和今后一个时期，主要应当努力实现以下三个方面的要求：(一)经济上，迅速发展社会生产力，逐步改善人民的物质文化生活；

① 《邓小平文选》第 3 卷，人民出版社 1993 年版，第 116 页。

② 《邓小平文选》第 3 卷，人民出版社 1993 年版，第 116 页。

(二)政治上,充分发扬人民民主,保证全体人民真正享有通过各种有效形式管理国家、特别是管理基层地方政权和各项企业事业的权力,享有各项公民权利,健全革命法制,正确处理人民内部矛盾,打击一切敌对力量和犯罪活动,调动人民群众的积极性,巩固和发展安定团结、生动活泼的政治局面;(三)为了实现以上两方面的要求,组织上,迫切需要大量培养、发现、提拔、使用坚持四项基本原则的、比较年轻的、有专业知识的社会主义现代化建设人才。"①因此可以得出,邓小平的回归就是回归到马恩,回归到列宁,即回归到马恩对社会主义基础的要求,回归到列宁对于落后国家弥补社会主义基础的思路。邓小平强调:"社会主义本身是共产主义的初级阶段,而我们中国又处于社会主义的初级阶段,就是不发达的阶段。一切都要从这个实际出发,根据这个实际制定计划。"②社会主义初级阶段的过程也就是弥补社会主义两大基础的过程。事实上,邓小平对社会主义本质阐述的实质就是生产力的发展以及民主保证公正的实现。

邓小平改革开放的中心工作就是经济建设;改革开放的根本目的,就是解放和发展生产力。邓小平指出:"马克思主义的基本原则就是要发展生产力。马克思主义的最高目的就是要实现共产主义,而共产主义是建立在生产力高度发展的基础上的。社会主义是共产主义的第一阶段,是一个很长的历史阶段。社会主义的首要任务是发展生产力,逐步提高人民的物质和文化生活水平。"③他充分认识到,发展生产力是社会主义的根本任务,对于中国这样处于社会主义初级阶段的发展中大国,发展生产力更是一切工作的重心。所以,邓小平反复强调集中力量发展生产力,提出"我们革命的目的就是解放生产力,发展生产力。离开生产力的发展、国家的富强、人民生活的改善,革命就是空的"④。"讲社会主义,首先就要使得生产力发展,这是主要的。只有这样,才能表明社会主义的优越性。社会主义经济政策对不对,归根到底要看生产力是否发展,人民收入是否增加"⑤,等等。当然,

---

① 《邓小平文选》第 2 卷,人民出版社 1993 年版,第 322 页。
② 《邓小平文选》第 3 卷,人民出版社 1993 年版,第 252 页。
③ 《邓小平文选》第 3 卷,人民出版社 1993 年版,第 116 页。
④ 《邓小平文选》第 2 卷,人民出版社 1993 年版,第 231 页。
⑤ 《邓小平文选》第 2 卷,人民出版社 1993 年版,第 314 页。

发展生产力的根本途径就是解放生产力，解放生产力的根本方式就是经济体制改革，具体地说，就是建立社会主义市场经济体制。邓小平指出："社会主义也可以搞市场经济。同样地，学习资本主义国家的某些好东西，包括经营管理办法，也不等于实行资本主义。这是社会主义利用这种方法来发展生产力。"①可以说，社会主义市场经济的改革目标科学地指明了社会主义国家解放和发展生产力的正确思路。

邓小平对通过政治体制改革发展社会主义民主给予了极大的关注，他提出了"没有民主就没有社会主义，也就没有社会主义现代化"②这一重要论断，特别强调"我们提出改革时，就包括政治体制改革。现在经济体制改革每前进一步，都深深感到政治体制改革的必要性。不改革政治体制，就不能保障经济体制改革的成果，不能使经济体制改革继续前进，就会阻碍生产力的发展，阻碍四个现代化的实现"③。中共十一届三中全会以来，我国恢复了正常的民主秩序。特别是，在邓小平的指导下，中共十三大正式提出了进行政治体制改革发展社会主义民主政治的基本思路。十三大报告认为，政治体制改革的长远目标是"建立高度民主、法治完备、富有效率、充满活力的政治体制"，近期目标是"建立有利于提高效率、增强活力和调动各方面积极性的领导体制"。④

需要指出的是，由于当时历史发展阶段的需要，邓小平时期最大的成就是弥补了生产力这个基础。我们完全可以说，通过改革开放，生产力基础弥补得比较好了，生产力发展问题上也已经不可能再走回头路了，但是，由于时间的局限，民主建设虽已做了很多探索，但还没有充分展开。

五、推进民主建设：当前社会主义进一步发展的主题

既然社会主义发展需要强大的生产力来保证社会主义实现的物质基

① 《邓小平文选》第2卷，人民出版社1993年版，第236页。

② 《邓小平文选》第2卷，人民出版社1993年版，第168页。

③ 《邓小平文选》第3卷，人民出版社1993年版，第176页。

④ 《十三大以来重要文献选编》上，人民出版社2011年版，第39页。

础，又要有民主来保证社会分配的公正与社会和谐；既然社会主义发展的轨迹清楚地告诉我们，什么时候回到生产力发展和民主建设这两大基础上来什么时候就成功，那么，我们今天社会主义进一步发展的使命和主题就已经很清楚，就是要在继续弥补好生产力的基础上，进一步推进民主建设，通过民主建设，包括依法治国，来保证社会公正与和谐。这无疑是科学社会主义170多年构想、转换、偏离到回归的发展轨迹所告诉我们的。

第二章　什么民主？怎么民主？

——马克思主义中国化进程中的时代新课题

根据科学社会主义演进的历史轨迹，我们清楚地看到，民主和政治体制改革是当前中国社会主义发展的必由之路。但这个民主绝不能照搬西方的自由民主，中国社会主义发展还必须要有一定的集中。因此，“建设什么样的民主？怎样建设民主？”恐怕是马克思主义中国化进程中需要解决的又一课题。

马克思主义中国化的历程是运用马克思主义不断解决中国时代课题的历程，在革命、建设和改革过程中，一代又一代的中国共产党人运用马克思主义不断回答和解决了一系列重大的时代课题，推进了马克思主义中国化历程的不断深入。在中国社会主义发展和改革开放全面深化过程中，要进一步推进马克思主义的中国化，必须继续深入研究并揭示当今中国的新的时代课题。揭示了当今新的时代课题，也就弄清楚了马克思主义中国化的当前使命。根据马克思主义中国化进程的规律，我们认为，当前富强民主文明和谐的社会主义现代化建设过程中，回答好“建设什么样的民主？怎样建设民主？”越来越迫切和必要，也就成为马克思主义中国化进程中的时代新课题。

一、马克思主义中国化进程的基本规律

一般认为，马克思主义中国化包括两个基本途径：一是实现马克思主义普遍真理与中国革命和建设具体实际相结合；二是实现马克思主义与中国文化传统相结合。笔者觉得这种概括恐怕还不够。我们认为，马克思主义中国化的过程确实是通过这两个结合推进的，但结合不是目的，目的是要在

结合的基础上，不断探索并解决当时的时代课题。换言之，马克思主义中国化的历程就是运用马克思主义不断探索和解决中国的时代课题，并进一步不断实现理论创新的历程，这是马克思主义中国化不断演进的基本规律。

马克思主义创始人历来强调"马克思的整个世界观不是教义，而是方法。他提供的不是现成的教条，而是进一步研究的出发点和供这种研究使用的方法"①。因而，自从马克思主义传入中国并成为中国共产党人的指导思想之后，探索马克思主义中国化就成为中国共产党人解决中国问题过程中的历史使命。在这一过程的第一阶段，回答"什么是马克思主义？怎样对待马克思主义？"进而科学地运用马克思主义找到中国革命的客观规律，实现民族解放和民主革命的胜利，就成了马克思主义中国化发展必须首先破解的第一个时代课题。在这一过程中，曾经有过两种教条主义倾向：一是照搬马克思主义关于资产阶级民主革命和无产阶级社会主义革命一般规律的理论，认为中国的民主革命应该和西方一样由资产阶级来领导，通过"二次革命"进入社会主义；二是照搬列宁主义和俄国革命的经验，希图民主革命和社会革命"毕其功于一役"。而毛泽东则早在1930年《反对本本主义》一文中就鲜明地指出："马克思主义的'本本'是要学习的，但是必须同我国的实际相结合。我们需要'本本'，但是一定要纠正脱离实际情况的本本主义。"②这实际上否定了那种把马克思主义教条化、把共产国际决议和苏联经验神圣化的错误思想倾向，明确肯定了必须从中国社会和革命的具体实际出发来学习和运用马克思主义理论。之后，在《实践论》和《矛盾论》中，毛泽东从思想根源上对党内历次"左"、右错误的实质进行分析，从哲学高度解决了党的实事求是的思想路线问题。毛泽东正是在精彩地解决了"什么是马克思主义？怎样对待马克思主义？"这一时代课题的过程中，坚定地走出了一条自己的路，找到了一条中国特色的新民主主义革命道路，形成了马克思主义中国化的第一个理论成果。

新中国成立以后，百废待兴，特别是社会主义制度建立后，摆在中国共产党人面前的时代课题，就是要在继续回答"什么是马克思主义，怎样对待马克思主义"的基础上，集中回答和解决"什么是社会主义，怎样建设社会主

① 《马克思恩格斯全集》第43卷，人民出版社1974年版，第406页。

② 《毛泽东选集》第1卷，人民出版社1991年版，第111—112页。

义”，进而找到中国社会主义建设的客观规律，实现中国的现代化和中华民族的伟大复兴。在此过程中，也有两种教条主义倾向：一是照搬马、恩关于在发达国家取得革命胜利后建设社会主义的模式设想和苏联的计划经济体制；二是照搬中国革命时期的经验，用“阶级斗争为纲”和大搞群众运动的方式来搞建设，结果导致了严重挫折。“文化大革命”结束后，在中国面临向何处去的重大历史关头，邓小平抓住了决定性环节，从端正思想路线入手进行拨乱反正，指出“‘两个凡是’不符合马克思主义”①，并指出：“实事求是，一切从实际出发，理论联系实际，坚持实践是检验真理的标准，这就是我们党的思想路线。”②这条思想路线是“马克思主义的思想基础”③，“马克思主义的精髓”④，是“毛泽东思想的精髓”，“毛泽东思想的出发点和根本点”。⑤ 这就进一步弄清楚了“什么是马克思主义，怎样对待马克思主义”，并且总结历史经验，科学评价毛泽东的历史地位和毛泽东思想的指导意义，进一步弄清楚“什么是毛泽东思想，怎样坚持和发展毛泽东思想”。在此基础上，邓小平指出：“什么是社会主义，如何建设社会主义。我们的经验教训有许多条，最重要的一条，就是要搞清楚这个问题。”⑥邓小平理论紧紧抓住这一时代课题，从我国基本国情和时代特征出发，把马克思主义基本原理同中国的具体实际相结合，在“走自己的路，建设有中国特色社会主义”的总体思路下，从人民的发展愿望与根本利益出发，对我国社会主义初级阶段的发展道路、发展阶段、根本任务、发展动力、外部条件、政治保证、战略目标、战略步骤、整体布局、党的领导和依靠力量以及祖国统一等一系列基本问题做了全面系统的阐述，正确揭示了社会主义的功能、本质、目标和任务，从而最终破解了经济文化落后国家“什么是社会主义，怎样建设社会主义”这一世纪性难题，形成了马克思主义中国化的第二个理论成果。

党的十三届四中全会以后特别是20世纪90年代，我国综合国力大幅度提升，初步建立了社会主义市场经济体系，并进入了全面建设小康社会、

① 《邓小平文选》第3卷，人民出版社1993年版，第38页。

② 《邓小平文选》第3卷，人民出版社1993年版，第278页。

③ 《邓小平文选》第3卷，人民出版社1993年版，第143页。

④ 《邓小平文选》第2卷，人民出版社1994年版，第382页。

⑤ 《邓小平文选》第3卷，人民出版社1993年版，第114页。

⑥ 《邓小平文选》第3卷，人民出版社1993年版，第166页。

加快推进社会主义现代化的新阶段。新阶段新形势把我们党推到了一个新的历史方位，那就是：历经革命、建设和改革之后，我们党已从领导人民夺取全国政权而奋斗的党成为领导人民掌握全国政权并长期执政的党；已从受到外部封锁和实行计划经济条件下领导国家建设的党成为对外开放和社会主义市场经济条件下领导国家建设的党。因此，摆在中国共产党面前的马克思主义中国化的新的时代课题，就是要进一步探索党的执政规律和执政党的建设规律，提高党的领导水平和执政能力，保证党的执政地位长期稳固，也即要回答好“建设什么样的党，怎样建设党”这一重大时代课题。以江泽民为核心的党中央第三代领导集体紧紧围绕这一时代课题，进行了长期的深入思考，提出了“三个代表”重要思想。“三个代表”重要思想把党的建设同当今世界和当代中国的发展趋势联系起来，在提高党的领导水平和执政水平、提高拒腐防变和抵御风险能力的总体思路下，从“代表中国先进生产力的发展要求、代表中国先进文化的前进方向、代表中国最广大人民的根本利益”出发，对党的执政历史方位、性质、宗旨、根本任务和执政合法性等一系列基本问题做了全面系统的阐述，第一次比较系统地初步回答了在对外开放和发展社会主义市场经济条件下，如何保持党的先进性、如何巩固党的执政地位、加强党的执政能力建设、如何把党建设成领导建设中国特色社会主义坚强核心等基本问题，成为马克思主义中国化的又一理论成果。

党的十六大以来，中国特色社会主义的发展脚步在加快，理论创新的脚步也在加快。新的发展也带来了一些新的情况、新的问题，需要有新的认识、新的解答。此时，摆在中国共产党面前的马克思主义中国化的新的时代课题就是要回答“实现什么样的发展，怎样发展”，也即要清楚地回答如何在新的历史时期把握中国特色社会主义发展规律，创新发展理念，转变发展方式，破解发展难题，提高发展质量和效益。以胡锦涛为总书记的中国共产党人在深入思考这一时代课题，解决我国社会主义经济建设、政治建设、文化建设、社会建设的一系列重大问题过程中，提出了科学发展观这一重大的创新理论。科学发展观紧紧围绕“实现什么样的发展，怎样发展”这一时代课题，总结并汲取了国内外社会发展的经验教训，继承了中国共产党人关于发展的重要思想，针对十几年来我国社会快速发展所累积下来的矛盾和问题，提出了创新发展的战略思维，力求推进我国社会发展由“又快又好”向“又好又快”的转型，对新时期我国社会的发展目的、发展动力、发展模式、发展理念、发展思路、发展主体等一系列问题做了详细的解答,勾画出了适合当代世界客观条件的社会主义发展模式,是新时代的社会主义发展观,第一次全面而科学地解答了"实现什么样的发展,怎样发展"这一时代课题,开创了马克思主义中国化的新局面。

综前所述,马克思主义中国化的历程正是不断解决中国的时代课题的历程,在不断解决中国时代课题的过程中,实现了马克思主义中国化的一次又一次历史性飞跃。

二、马克思主义中国化进程中的时代新课题

马克思主义中国化发展的历史规律清楚地证明,马克思主义中国化的历程就是运用马克思主义不断解决中国时代课题并进行理论创新的历程。那么,要继续推进马克思主义中国化,必须深入研究现实,弄清楚当前我国社会主义发展和改革开放进一步发展过程中,新的时代课题是什么。而要弄清楚当今中国的时代课题,必须首先从社会主义发展的基础和本质属性以及我国改革开放和社会主义现代化建设进一步发展的症结两个方面,分析当前我国发展的主要矛盾。

首先,从社会主义发展的基础条件和本质属性看。

生产力基础和民主基础是社会主义的两大基础,也是社会主义的两个本质属性。社会主义是建立在高度发达的物质文化基础之上的,社会主义的合理形态不仅有其生产力基础,更有其制度基础,这个制度基础的核心便是民主。

邓小平指出:"社会主义的本质,是解放生产力,发展生产力,消灭剥削,消除两极分化,最终达到共同富裕。"①社会主义的最终目标是实现共同富裕和人的最终解放,生产力是社会主义的物质基础,解放和发展生产力也是社会主义的根本任务。社会主义要战胜资本主义,归根到底,也要靠生产力的充分发展与劳动生产率的巨大提高。因为只有生产力的充分发展,才能消除社会主义所由脱胎出来的那个旧社会的痕迹,充分显示自己的优越性;

① 《邓小平文选》第3卷,人民出版社1993年版,第373页。

只有生产力的充分发展，才能促使社会主义公有制的发展和成熟，才能使它的政治制度相应地发展和成熟起来；只有生产力的充分发展，才能消灭贫困，为实现共同富裕奠定物质基础。

与此同时，民主也是社会主义制度的本质属性之一，是社会主义制度的基础。高度的民主本应是社会主义社会应有之义。恩格斯1845年就强调民主与社会主义紧密相连，他说"民主在今天就是共产主义"①，完全肯定了民主与共产主义存在直接对应关系。在当时，共产主义和社会主义往往被视为同义语，因此说"民主就是共产主义"也就是"民主就是社会主义"，从而把民主看作社会主义的根本要求。列宁进一步指出："没有民主，就不可能有社会主义。"②邓小平也指出："没有民主就没有社会主义，就没有社会主义的现代化。"③经典作家把民主当作社会主义的本质属性是因为，从理论上看，社会主义社会是人民当家作主的社会，人民民主真正反映出社会主义的理想和价值目标；从实践上看，社会主义是全面发展和进步的社会，要完成解放和发展生产力、消灭剥削、消除两极分化、实现共同富裕的任务，都必须以充分的人民民主做保障。发展社会主义民主，对于我国这样的经济文化比较落后、封建主义积习和影响深厚的国家来说，更是十分重要和有待着力解决的一个问题。

当改革开放发展到今天，在社会主义两大基础上，生产力发展已经到一定阶段，我们应将更多的精力放在民主建设上，以保证生产力发展的成果，以进一步巩固社会主义制度。

其次，从我国改革开放和社会主义现代化进程来看。

改革开放近40年中，我们不断回答了"什么是马克思主义，怎样对待马克思主义"，"什么是社会主义，怎样建设社会主义"，"建设什么样的党，怎样建设党"，"实现什么样的发展，怎样发展"等时代课题。新时期，我们正面临一场社会改革的攻坚战。社会改革的目标便是要建立一个民主法治、公平正义、诚信友爱、充满活力、安定有序、人与自然和谐相处的和谐社会。构建社会主义和谐社会作为新时期社会改革的一项重大战略任务，其实质和核

---

① 《马克思恩格斯全集》第2卷，人民出版社1957年版，第664页。

② 《列宁全集》第28卷，人民出版社1990年版，第168页。

③ 《邓小平文选》第2卷，人民出版社1994年版，第168页。

心是公正。社会公正是社会成员的共同愿望和目标，是现代社会的基本价值取向和社会基本制度设计与安排的基本依据，也是社会主义和谐社会的本质和基石，是社会主义和谐社会建设的基本条件和核心内容。而实现社会公正必须要用民主的制度来保证。现代社会的发展经验也充分说明，只有民主才能推动社会的和谐发展，因为它是能恰当而稳妥地解决各种社会矛盾的一种可靠机制。

改革开放和社会主义现代化发展进程昭示出，要完成经济改革向社会改革的转换，要真正实现社会主义和谐社会的建设目标，必须深化民主建设。

综上所述，民主建设将是当前中国进一步发展的必由之路。也就是说，要提高党的长期执政能力，要使中国特色社会主义道路越走越宽广，民主建设已成为迫切需要解决的时代课题。当然，经过一代又一代中国共产党人的奋斗和追求，民主已经不再是"要不要"的问题，而是应该沉下心来思考究竟要建设什么样的民主以及怎样建设民主的问题。

从民主的特性看，民主作为人类政治文明的成果总是具体的、历史的，总是有其自身脱胎和形成的历史基础，在不同历史时代、不同国情中存在着内容实质和实现形式的具体差别。同时，民主还具有阶级性，在不同社会制度下的民主具有其特殊性。我国国家的性质以及社会主义初级阶段的特殊国情决定了我们所要的民主绝不是西方的民主，我们必须要走一条中国特色的民主建设道路。邓小平曾经反复强调不同国家有不同的民主观念和民主制度，中国不能照搬照抄西方的民主制度，而要根据自己的实际，走中国特色的民主建设道路。他指出："继续努力发扬民主，是我们全党今后一个长时期的坚定不移的目标。但是我们……一定要把社会主义民主同资产阶级民主、个人主义民主严格地区别开来，一定要……把民主和集中、民主和法制、民主和纪律、民主和党的领导结合起来。"①

从中国的历史与国情看，在中国这样一个地广人多的大国，没有一个对广大人民负责的、能够团结和凝聚社会各方面的力量、集中反映和有效体现人民共同意志的政治权威，国家和社会必然要陷入混乱和斗争，结果只能是四分五裂，无法摆脱积贫积弱、统分循环的历史痼疾，带给人民的只能是痛

① 《邓小平文选》第2卷，人民出版社1994年版，第176页。

苦和灾难。像中华民国初期，中国试图搞多党制，结果是四分五裂、军阀混战；"文化大革命"时期踢开党委闹革命，结果是十年动乱、国家灾难。所以说中国的发展必须要有一个强有力的中央权威，不能设两个权威或多个权威。中国历史上，一旦没有权威或者有两个、多个权威的时候，要么就是混战要么就是分裂，发展与现代化更是无从谈起。

从后发展国家现代化发展理论看，有两个重要观点：一是后发展国家的现代化一般不是自身现代性不断成熟的结果，而是在外力的挑战下，为了自己的生存与发展，强行地、人为地进行现代化；二是在西方发达国家，现代化的所有成就都是在漫长的时间里，一步一步地取得的，但后来者则不需要按部就班地去获得这样的进展，他们可以借鉴前人的经验而且需要大规模的行动。[①] 如亨廷顿所说："欧洲和北美的现代化延续了几个世纪，大体上来说，每次只解决一个问题或对付一种危机。但是，除了西方，世界其他地区在现代化进程中，中央集权、民族融合、社会动员、经济发展、政治参与、社会福利等，不是依次而至，而是同时发生。"[②]因此，后发展国家现代化的规模前所未有的大，发展速度也是前所未有的快。从以上两个观点，我们可以得出后发展现代化中政治权威极其重要的结论。从第一个观点看，要在一个现代性基础极其缺乏的落后国家中强行地、人为地进行现代化，必须要有一个强有力的政治系统来推进这一过程；而从第二个观点看，要进行这种快速而大规模的现代化，任何民间私人单位都无法承担起这种大规模的任务，而只能由政府介入这些活动。因此，与英美等早发型现代化国家相比，政治上的先决条件也就是强有力的中央权威在后发展现代化中的作用显得特别突出。

从近 20 年的世界性的民主实践看，20 世纪 80 年代末，在西方和平演变的大潮影响下，俄罗斯、东欧、非洲和拉丁美洲等有 20 多个国家跟着西方走了，完全照搬了西方的民主，导致的后果要么是政变，要么是分裂，要么是社会动荡，很难实现真正的发展。

---

① 孙立平：《传统与变迁——国外现代化及中国现代化问题研究》，黑龙江人民出版社 1992 年版，第 85、96 页。

② ［美］塞缪尔·P. 亨廷顿：《变革社会中的政治秩序》，生活·读书·新知三联书店 1988 年版，第 43 页。

总之，在我国社会主义发展和改革开放进一步发展中，也是中国共产党实现新的执政使命的节点上，民主建设具有极大的迫切性，但显然这个民主不可能是西方的民主，中国必须在权威的背景下走出一条具有中国特色的民主建设道路。因此，我们认为，一个重大的新课题已经浮出水面，那就是："建设什么样的民主？怎样建设民主？"这无疑是需要今天具有不断开创马克思主义中国化新局面和新境界的中国共产党人做出全面而集中回答的新的时代课题。

三、马克思主义中国化发展的当前使命

根据马克思主义中国化进程的发展规律，马克思主义中国化的历程就是运用马克思主义不断解决中国的时代课题的历程。而今天，中国社会主义现代化和改革开放进程表明，"建设什么样的民主，怎样建设民主"已成为当今日益凸显的时代课题。那么，马克思主义中国化的当前使命就是要像回答"什么是马克思主义，怎样对待马克思主义"，"什么是社会主义，怎样建设社会主义"，"建设什么样的党，怎样建设党"，"实现什么样的发展，怎样发展"那样，回答好"建设什么样的民主，怎样建设民主"这一时代新课题；要像形成毛泽东思想、邓小平理论、"三个代表"重要思想、科学发展观这些马克思主义中国化的重要理论成果那样，形成新的完整的表述和重大理论创新。

当然，在中国共产党的历史上，对社会主义民主建设已经做了许多重要的探索，这是形成全面的重大理论创新的基础。

十一届三中全会以后，党中央总结了新中国成立以来我国民主政治建设方面取得的成就和经验教训，坚持改革开放，加快发展社会主义民主政治，结合中国的具体国情，为如何发展社会主义民主政治指出了正确的方向。邓小平在确立了大力发展社会主义民主和社会主义法制的方针后，就提出要通过民主制度化、法制化的道路来建设社会主义民主政治。邓小平阐述了民主是社会主义现代化的主要特征和基本目标，提出了"没有民主就没有社会主义现代化"这一命题，这已成为全党共识。邓小平阐明了社会主义民主是社会主义的本质要求，提出要在坚持四项基本原则的前提下，通过政治体制改革，完善社会主义政治制度，增强党和国家的活力，发展社会主

义民主政治。由此，中国共产党和中国人民进行了建设有中国特色社会主义民主的新探索和实践，中国民主政治建设也由此取得了新的成果。

随着民主政治建设的深化，以江泽民为核心的第三代党的领导集体沿着邓小平提出建设社会主义民主政治建设的道路，不断探索和发展社会主义民主政治。他们在党的十五大报告中明确提出党的政治体制改革的目标是健全社会主义法制，依法治国，建设社会主义法治国家。九届人大二次会议对宪法进行了修改，把依法治国的条文写进了国家的根本大法，完整地构建起了中国特色社会主义民主的基本框架，标志着党的治国理念和执政方式发生了根本性改变。党的十六大报告进一步将物质文明、精神文明、政治文明三个文明并列使用，说明了党中央对民主政治建设的重视。2004 年中共十六届四中全会把提高发展社会主义民主政治的能力作为党的执政能力的重要内容提出来，是对马克思主义民主政治理论的重大发展。

胡锦涛总书记在党的十七大报告中强调，发展社会主义民主政治是我党始终不渝的奋斗目标。十七大报告首次提出了“人民民主是社会主义生命”的理念，将民主与社会主义紧密地联系在一起，把民主上升到社会主义生命的高度来认识。十七大把人民当家作主界定为社会主义民主政治的本质和核心。十七大报告第一次提出“三个坚持”来发展社会主义民主政治的总体思路，这就是坚持中国特色社会主义政治发展道路，坚持党的领导、人民当家作主、依法治国的有机统一，坚持完善人民代表大会制度、中国共产党领导的多党合作制度和政治协商制度、民族区域制度以及基层群众自治制度。

党的十七届四中全会更是开启了对“中国特色社会主义民主道路”的新探索。胡锦涛在十七届四中全会上提出要以党内民主带动人民民主，也即走从精英民主到社会民主的道路，自上而下，通过执政党自身的民主建设来推动整个社会民主的发展，做出了中国特色社会主义民主建设路径的新选择。十七届四中全会提出，要发展党内民主，必须强化民主集中制，坚持民主基础上的集中和集中指导下的民主相结合。这不仅符合中国国情，而且体现了民主的本质。党内民主的实质是全体党员是党的主人，是党的组织、党的工作、党的建设和党的事业的主体。党员的主体地位在本质上就是党员的民主权利。党员在党内当家作主是党内民主的本质与核心，也是党员主体地位的本质与核心。胡锦涛强调，推进党内民主建设，“最根本的是要认真落实党章及党员权利保障条例等党内规章赋予党员的知情权、参与权、选举权、监督权等民主权利，使党员在党内生活中真正发挥主体作用”①。党的十七届四中全会提出了要加强党员学习，建设马克思主义学习型政党的要求。党的十七届四中全会还坚定了依靠制度预防和治理腐败、实行制度性反腐的决心，认为这是做好反腐倡廉工作的根本途径。2010 年 3 月 5 日，温家宝总理在全国十一届人大三次会议的政府工作报告中明确指出："我们的改革是全面的改革，包括经济体制改革、政治体制改革以及其它领域的改革。没有政治体制改革，经济体制改革和现代化建设就不可能成功。"

2012 年 11 月，党的十八大提出，"坚持走中国特色社会主义政治发展道路和推进政治体制改革"，要"发展更加广泛、更加充分、更加健全的人民民主"。"支持和保证人民通过人民代表大会行使国家权力。""健全社会主义协商民主制度。""推进协商民主广泛、多层、制度化发展。""完善基层民主制度。在城乡社区治理、基层公共事务和公益事业中实行群众自我管理、自我服务、自我教育、自我监督，是人民依法直接行使民主权利的重要方式。""全面推进依法治国。""建立健全权力运行制约和监督体系。""让人民监督权力，让权力在阳光下运行。""巩固和发展最广泛的爱国统一战线。"2013 年 11 月，党的十八届三中全会更指出："发展社会主义民主政治，必须以保证人民当家作主为根本，坚持和完善人民代表大会制度、中国共产党领导的多党合作和政治协商制度、民族区域自治制度以及基层群众自治制度，更加注重健全民主制度、丰富民主形式，从各层次各领域扩大公民有序政治参与，充分发挥我国社会主义政治制度优越性。"

经过中国共产党人长期的努力，中国特色的社会主义民主政治已经有了雏形。这其中，坚持党的领导、人民当家作主、依法治国有机统一，是中国特色社会主义民主建设道路必须坚持的基本原则和核心要求。人民当家作主是社会主义民主政治的本质和核心，党的领导是人民当家作主和依法治国的根本保证，社会主义民主不仅要实现真正的人民民主，还要有权威和集中，这个权威和集中的核心便是党的领导。中国共产党的领导就是支持、组

① 胡锦涛在建党 88 周年前夕主持中共中央政治局第十四次集体学习会上的讲话，见新华社北京 2009 年 6 月 30 日电。

织和保证人民当家作主的真正实现。只有在坚持中国共产党的领导下，通过党这个权威与领导核心来凝聚人心，协调各方，才能真正地实现人民当家作主，推进中国民主建设的前进。实现社会主义民主，还必须加强社会主义法制建设，坚持依法治国的基本方略。社会主义民主与社会主义法制是相互依存、相互促进的内在统一体。

中国特色社会主义民主经历了艰辛的探索，已经取得许多重大成就。但这还不够，在社会主义市场经济体制建立和发展为民主建设创造了前所未有的机遇之际，在社会主义民主建设已经取得重要成就的基础上，如果我们能像回答“什么是马克思主义，怎样对待马克思主义”，“什么是社会主义，怎样建设社会主义”，“建设什么样的党，怎样建设党”，“实现什么样的发展，怎样发展”那样，进一步回答好“建设什么样的民主，怎样建设民主”这一时代新课题；能像形成毛泽东思想、邓小平理论、“三个代表”重要思想、科学发展观这些马克思主义中国化的重要理论成果那样，在“建设什么样的民主，怎样建设民主”问题上，形成新的完整的表述和重大理论创新，那么，这必将极大地推进中国社会主义民主和现代化建设的进程，并将对马克思主义理论的发展再次做出巨大贡献，也将是马克思主义中国化发展进程中的新的里程碑。

第三章　文化传承与历史合力

——中国特色社会主义民主的逻辑形成

“建设什么样的民主？怎样建设民主？”这是马克思主义中国化进程中的时代新课题。中国特色社会主义民主建设正反映了这一时代要求。换言之，中国特色社会主义民主是按照自身逻辑形成的有鲜明中国特色的民主体系。但一些西方学者不承认中国特色社会主义民主，甚至不认为世界各国民主有自己的特征。笔者认为这主要缘于三个认识分歧：一是对民主本身认识上的分歧，他们对民主的基本意义有共识，但对民主的判断标准和实现路径分歧很大；二是西方的傲慢，认为西方的自由民主是世界民主的唯一出路，甚至罔顾发展事实，认为“中国现代化的成功正是因为中国没有民主化改革”①；三是意识形态分歧和价值偏见，宣扬柏林墙倒塌、冷战结束就是自由主义把共产主义打垮在地，这标志着“历史的终结”②，即使在近 20 年复制美国民主的国家大多以失败告终，而中国迅速崛起的背景下，仍然偏执地认为“中国尚没有民主治理这些东西”。以上分歧和论争的实质是民主的唯一性还是多样性问题。我们不是反对民主的基本要求，而是强调特色的合理性和重要性。这其中有一个根本点需要进一步厘清，这就是中国特色社会主义民主究竟是怎么形成的。可以说，揭示中国特色社会主义民主形成的特殊的内在逻辑，是进一步把握中国特色社会主义民主体系的锁钥。中国特色社会主义民主是中国传统民主思想演进、西方民主主义思潮传播以及马克思主义民主理论发展三股历史力量合力推进的结果。

---

① Susan Shirk. The Political Logic of Economic Reform in China. Berkeleg：UCLA Press，1993.

② ［美］弗朗西斯·福山：《历史的终结及最后之人》，中国社会科学出版社 2003 年版。

一、中国传统政治文化中的民主蕴涵与内在导向

民主，作为主体人的自我肯定，是人类社会一切文明的共同追求，虽然不同民族在不同的历史阶段对民主的理解呈现出不同特性。在中国古代浩瀚的文化典籍中，同样包含着丰富的民主因素，体现出具有中国传统特色的民主观。中国传统政治文化中蕴含的民主因素，无疑深刻地影响着中国政治发展的历史走向。

（一）“主体—自我意识”：中国传统政治文化中的民主前提因素

民主的前提是自我意识的觉醒。马克思指出：“民主制从人出发，把国家变成客体化的人”①，“人权表现为自然权利，因为有自我意识的活动集中于政治行为”②。中国传统政治文化中关于自我修养的阐释、对人欲的肯定、自我意识的倡扬以及对人的主体平等性认识等，无不体现个人自我意识觉醒这一民主前提因素。

中国传统政治文化对主体意识的肯定，首先体现在关于自我修养的阐释上。孔子说：“仁者安仁，知者利仁。”③孟子强调：“尽其心者，知其性也。知其性，则知天矣。存其心，养其性，所以事天也”④，“我善养吾浩然之气”⑤。老子指出：“知人者智，自知者明。胜人者有力，自胜者强。知足者富。强行者有志。不失其所者久。死而不忘者寿。”⑥这一切最终实现的正是“格物、致知、修身、齐家、治国、平天下”⑦的主体理想人格。

其次，体现在人欲的肯定和自我意识的觉醒上。早在春秋时期，孔子就

① 《马克思恩格斯全集》第 3 卷，人民出版社 2002 年版，第 40 页。

② 《马克思恩格斯全集》第 3 卷，人民出版社 2002 年版，第 188 页。

③ 《论语・里仁第四》。

④ 《孟子・尽心上》。

⑤ 《孟子・公孙丑上》。

⑥ 《老子》第三十三章。

⑦ 《大学・经：大学之道》。

提出“富与贵，是人之所欲也；不以其道得之，不处也。贫与贱，是人之所恶也”①。东汉时期的《潜夫论》进一步提出“民有性、有情、有化、有俗。情性者，心也，本也；化俗者，行也，末也”②。明清时期，随着资本主义的萌芽，中国启蒙思想家自我意识觉醒更为明显，开始公开论述人的私欲。李贽认为，“人必有私而后其心乃见”③，“就此百姓日用处提撕一番。如好货，如好色，如勤学，如进取，如多积金宝，如多买田宅为子孙谋”④。黄宗羲提出：“有生之初，人各自私也，人各自利也，天下有公利而莫或兴之，有公害而莫或除之”，“有人者出，不以一己之利为利，而使天下受其利，不以一己之害为害，而使天下释其害”。⑤ 王夫之提出：“天理即在人欲之中；无人欲，则天理亦无从发现。”⑥龚自珍在《论私》一文中更是实证了“先私后公”“先公后私”“公私并举”和“公私互举”。这一切无不体现了人欲肯定和自我意识觉醒思想的蕴含。

再次，体现在对主体人的平等性认识上。孟子指出：“人皆可以为尧、舜。”⑦荀子说：“涂人可以为禹。”⑧特别还有墨子著名的“兼相爱，交相利”⑨思想。后来的柳宗元把“兼爱”称为“博爱”，指出“博爱之谓仁，行而宜之之谓义，由是而之焉之谓道，足乎己而无待于外之谓德”⑩。现代民主经典作家科恩认为博爱的兄弟关系“是社会的理想的表现，因而也是民主的前提”⑪。李翱认为：“人之所以为圣人者性也，人之所以惑其性者情也。喜怒哀惧爱恶欲，七者皆情之所为也。情既昏，性斯匿矣”，“百姓之性与圣人之

① 《论语·里仁第四》。

② 《潜夫论·德化》。

③ 《藏书·德业儒臣后论》。

④ 《焚书卷一·答邓明府》。

⑤ 《明夷待访录·原君》。

⑥ 《张子正蒙注》。

⑦ 《孟子·告子下》。

⑧ 《荀子·性恶》。

⑨ 《墨子·兼爱中》。

⑩ 韩愈：《原道》，载于《诸子百家名篇鉴赏辞典》，上海辞书出版社 2003 年版，第 737 页。

⑪ [美]科恩：《论民主》，商务印书馆 1988 年版，第 58 页。

性弗差也”[①]。柳宗元提出：“上果贤乎？下果不肖乎？则生人之理乱，未可知也。”[②]黄宗羲认为：“贵不在朝廷，贱不在草莽。”[③]陈胜、吴广起义公然掀起“王侯将相宁有种乎”的呐喊。方腊起义时也提出“法分贵贱贫富，非善法也。我行法，当等贵贱、均贫富”。在以后的农民起义中，“等贵贱”有了进一步发展。马克思指出：“平等是人在实践领域中对他自身的意识，也就是说，人意识到别人是同自己平等的人，人把别人当做同自己平等的人来对待”，“它表示人同人的社会关系或人的关系”。[④] 中国传统政治文化中的平等蕴含集中体现出：任何社会层次的人本性一致；每个人都可以实现自我甚至成为统治者；人与人之间关系及社会地位贵贱平等。多以“平等联合”的形式反对压迫，是中国传统政治文化的一大特色。

自我修养、自我意识和主体人的平等性是依次深入的三个层次。中国传统政治文化对自我修养的阐释，具备了民主政治所必需的美德因素。自我修养虽然不能代替自我意识本身，但其内在包含了主体意识的修炼和升华。中国传统政治文化对人欲的肯定和自我意识的觉醒，弘扬了人的主体性，开启了民主的思想启蒙。而主体人的平等性，反映了每个主体之间的社会关系的应然认识，蕴含了民主政治所依赖的社会基础。这一切都成了中国传统政治文化蕴含的民主前提因素。

(二)“民本—民主主义”：中国传统政治文化中的民主基础因素

民主即实现人民的统治，因此民主的核心理念就是“人民主权”，即“人民的自我规定”[⑤]，“当全体人民掌握最高权力时便是民主政体”[⑥]。这样一种关于人民与国家权力之间的关系的探讨，事实上发起于启蒙者对君民关系的思考，即“君权民授”，“执行人如果不由人民任命，那就不是人民意志的

---

① 李翱：《复性书》，载于《诸子百家名篇鉴赏辞典》，上海辞书出版社 2003 年版，第 748—749 页。

② 柳宗元：《封建论》，载于《诸子百家名篇鉴赏辞典》，上海辞书出版社 2003 年版，第 759 页。

③ 《明夷待访录·原法》。

④ 《马克思恩格斯文集》第 1 卷，人民出版社 2009 年版，第 264 页。

⑤ 《马克思恩格斯全集》第 3 卷，人民出版社 2002 年版，第 39 页。

⑥ [法]孟德斯鸠：《论法的精神》，商务印书馆 2012 年版，第 18 页。

执行人”。[①] 在中国传统政治文化中，大量关于君民关系的探讨，体现出“以民为本”“君民同一”“民贵君轻”和“君权民授”等四个层次。这四个层次逻辑上依次递进，体现出中华民族拥有自己的民主文化土壤。

首先，“以民为本”。这四个层次中，“以民为本”占主体地位。毕竟在封建社会中，“整体，即人民，从属于他们的一种存在方式”[②]。这种思想，由“牧民之道”进步为“民为根本”。“道千乘之国，敬事而信，节用而爱人，使民以时”[③]；“闻之于政也，民无不为本也”“民无不为功也”“国以民为兴坏”“民者，万事之本”[④]。民本主义作为儒家思想的核心成为中国古代社会的意识形态，尽管与“民主主义”有根本差别，但毕竟相当程度上已经是对政治发展力量的察觉。“意识形态有时也能使科学思想活跃起来。”[⑤]“以民为本”以其概念的灵活性，在历史上彰显了很大发展空间。近代以来的先进分子无不引用并继承民本思想发展出中国风格的民主主义观。

其次，“君民同一”。“以民为本”思想在古代中国的进一步发展就是“君民同一”，即认为国家的兴亡与民心民意同一共生。比如：“自古有道之主，以百姓之心为心”，“乐民之乐者，民亦乐其乐；忧民之忧者，民亦忧其忧”。[⑥] 特别是《晏子春秋》里提出“先民而后身”。《管子》则更进一步，“政之所行，在顺民心；政之所废，在逆民心”[⑦]。毫无疑问，“顺民”一词某种程度上体现了国家权力之于人民的从属性。

再次，“民贵君轻”。如果说“顺民”体现了国家权力之于人民的从属性，那么“民贵君轻”更是“为民做主”的回应。《孟子》提出：“民为贵，社稷次之，君为轻”，“是故得丘民而为天子”。[⑧] 荀子提出：“君，舟也；人，水也。水能载舟，亦能覆舟。”[⑨]《晏子春秋》认为：“君得罪于民，谁将治之？敢问，桀、

① [法]孟德斯鸠：《论法的精神》，商务印书馆2012年版，第19页。

② 《马克思恩格斯全集》第3卷，人民出版社2002年版，第39页。

③ 《论语·学而》。

④ 《新书·大政》。

⑤ [波兰]科拉科夫斯基：《意识形态和理论》，载于《当代学者视野中的马克思主义哲学·苏联东欧学者卷(下)》，北京师范大学出版社2012年版，第105页。

⑥ 《孟子·梁惠王下》。

⑦ 《管子·牧民》。

⑧ 《孟子·尽心下》。

⑨ 《易经·系辞上》。

纣,君诛乎,民诛乎?"[①]《贞观政要》明确指明:"天子者,有道则人推而为主,无道则人弃而不用,诚可畏也。"[②]其中,"人推而为主"的提法,已经迫近"君权民授"。

最后,"君权民授"。这是中国传统民本主义的归宿。总体上讲,明清之交以前难有"君权民授"思想,但是也并不是没有偶然"亮点"。《礼记·礼运》中就提出"大道之行,天下为公","人不独亲其亲,不独子其子"。[③]《孟子》认为"使之主事而事治,百姓安之,是民受之也"[④],出现了"民受"二字。《吕氏春秋》指出:"天下,非一人之天下也,天下之天下也。阴阳之和,不长一类;甘露时雨,不私一物;万民之主,不阿一人。"[⑤]这其中已经暗含着"君权民授"的思想。两晋时期,商品经济发展的社会基础上,"君权民授"初现端倪。鲍敬言认为"天生烝民而树之君",在他看来,国家不过是"强者"统治的工具,由此提出了"无君论"。[⑥] 当然,元代之前这些思考还有大量天真成分。到了元代,邓牧更是指出:"天生民而立之君,非为君也,奈何以四海之广,足一夫之用邪!""彼所谓君者,非有四目两喙、鳞头而羽臂也,状貌咸与人同,则夫人固可为也。今夺人之所好,聚人之所争,慢藏诲盗,冶容诲淫,欲长治久安,得乎?"[⑦]"始生之者,天也;养成之者,人也。能养天之所生而勿撄之谓天子。天子之动也,以全天为故者也。此官之所自立也。"[⑧]这些思想呈现出主权在民之雏形。明清之际,随着资本主义萌芽,新的阶层在以往思想基础上萌发出新的社会意识。"君权民授"已经成为新知识分子的理性思考。唐甄《潜书》中强烈批判君主专制,认为"自秦以来,古代帝王皆贼也"。顾炎武认为,"人君之于天下,不能独治也"[⑨],并明确指出"以天下之

① 《晏子春秋·景公怒封人之祝不逊晏子谏》。

② 《贞观政要·政体第二》。

③ 《礼记·礼运》。

④ 《孟子·万章上》。

⑤ 《吕氏春秋·贵公》。

⑥ 鲍敬言:《无君论》,载于《诸子百家名篇鉴赏辞典》,上海辞书出版社2003年版,第599页。

⑦ 邓牧:《君道》,载于《诸子百家名篇鉴赏辞典》,上海辞书出版社2003年版,第878—879页。

⑧ 《吕氏春秋·本生》。

⑨ 《日知录·爱百姓故刑罚中》。

权寄天下之人，而权乃归天子”[①]。特别是黄宗羲对此进行了大量论述：“天下为主，君为客。”最后，他得出结论：“向使无君，人各得自私也，人各得自利也。呜呼，岂设君之道固如是乎！”“岂天地之大，于兆人万姓之中，独私其一人一姓乎？是故武王圣人也，孟子之言，圣人之言也。”[②]黄宗羲理性地论述了君主的起源、本质，揭示了国家权力的未来命运，成为近代中国民主主义的鼻祖。

“中华民族传统文化有它的许多珍贵的品质，许多人民性和民主性的好东西。”[③]的确，民本主义虽然在实质上有别于民主主义，但毕竟相当程度觉察到人类历史进步规律和国家政治发展规律，客观上对人的自由发展和政治解放起着进步作用。在中国商品经济发展基础上，中国社会结构不断调整，传统民本主义不断突破原有内涵，从而内在导向“人民主权”。明清之际个别知识分子开启了“民本主义”到“民主主义”转变的先河。到了近代，先进的中国人也正是以民本主义为逻辑起点，在黄宗羲的基础上完成了“民本主义”到“民主主义”的质变。当然，由于中国古代社会的亚细亚特点，这一质变的完成过程是相当迟滞和艰难的。

（三）“选拔—推举执政”“决策—参与议政”“限制—权力制约”：中国传统政治文化中的民主表现因素

中国传统政治文化中，不仅有个人自我意识觉醒的民主前提因素，有“民本—民主主义”的文化土壤，而且在多个层次上有民主基本因素的展现。

首先，“选拔—推举执政”。

通过民主选举产生权力执行者是民主的首要标志。中国传统政治文化中也包含着其中元素。如前所述，传统“民本—民主主义”观已经一般地规定了权力由民产生。此外，传统政治文化中还有一些关于选拔权力执行者的具体阐述。一是自上而下，公平选拔。孟子指出，“人皆可以为尧、舜”，而“舜发于畎亩之中，傅说举于版筑之间，胶鬲举于鱼盐之中，管夷吾举于士，

---

① 《日知录·卷九·守令》。

② 《明夷待访录·原君》

③ 温家宝：《把目光投向中国》，人民教育出版社2013年版，第51页。

孙叔敖举于海，百里奚举于市”。[①] 这意味着要从社会各阶层各领域中选拔国家管理者。依照儒家这一指导思想，中国古代建立了以科举制为代表的比较公正的选拔制度。二是自下而上，选择君主。《晏子春秋》里提出不仅君选择臣，而且臣还可以选君。“故君者择臣而使之，臣虽贱，亦得择君而事之。”[②]《礼记·礼运》提出，“大道之行也，天下为公，选贤与能，讲信修睦”，“不独亲其亲，不独子其子”。[③] 墨子更是提出，国家管理者的选举要打破社会等级差别。在他看来，“人无幼长贵贱，皆天之臣也”。因此，“虽在农与工肆之人，有能则举之”，“夫尚贤者，政之本也”。[④] 不仅如此，他甚至提出“生于无政长，是故选天下之贤可者，立以为天子”。这里已经明确提出天子也要由天下贤能选举产生。

其次，“决策—参与议政”。

民主决策是民主的重要组成部分，要实现民主决策就必须具有包容的政治参与，即“必须有一个自由的氛围，在这种范围中各种观点能够无所畏惧或不受限制地自由表达和讨论”[⑤]。古代君主政治的中国政治文化总体上达不到民主议政的理念，但不乏“参与议政”的民主因子。《管子》就提出“毋曰不同姓，远者不听；毋曰不同乡，远者不行”[⑥]，“言室满室，言堂满堂”[⑦]。《晏子春秋》也指出“言而见用，终身无难，臣奚死焉？谋而见从，终身不出，臣奚送焉？若言不用，有难而死之，是妄死也”[⑧]，“子不遮乎亲，臣不遮乎君。君同则来，异则去。故君虽尊，以白为黑，臣不能听；父虽亲，以黑为白，子不能从”[⑨]。《吕氏春秋》甚至从六个方面讨论了包容议政：“古者圣王之制，史在前书过失，工诵箴谏，瞽诵诗谏，公卿比谏，士传言谏，庶人谤于道，商旅议于市，然后君得闻其过失也。闻其过失而改之，见义而从之，所

---

① 《孟子·告子下》。

② 《晏子春秋·景公问臣之报君何以　晏子对报以德》。

③ 《礼记·礼运》

④ 《墨子·尚贤上》。

⑤ [英]安东尼·阿伯拉斯特：《民主》第三版，吉林人民出版社2005年版，第129页。

⑥ 《管子·牧民》。

⑦ 《管子·牧民》。

⑧ 《晏子春秋·景公问忠臣之事君何若　晏子对以不与君陷于难》。

⑨ 《吕氏春秋·应同》。

以永有天下也”，可见已经认识到政治参与的广度及深度的重要意义。《贞观政要》认为：“君之所以名者，兼听也；其所以暗者，偏信也。”“是故人君兼听纳天下，则贵臣不得壅蔽，而下情必得上通也。”①宋朝时期，士大夫与君主共治天下的精神传统开始呈现。明清之际，黄宗羲提出的“公其是非于学校”思想，很大程度上具有了民主议政之内涵，就是朝廷重大决策必须交给“学校”讨论，其成员包括士人甚至大量平民，以“公论”裁定最终行为。

再次，“限制—权力制约”。

有限权力制约权力是民主不可或缺的重要因素。中国传统政治文化主要有三种权力制约思想。一般认为，中国古代权力制约是通过道德维持的，事实上不仅如此，还有以法律制度制约权力的思想，一定程度上还涉及以权力制约权力的思想。

以制度制约权力的思想早在《管子》中就已经详尽阐释了。管子认为，国家权力必须加以限制，“故取于民有度，用之有止，国虽小必安；取于民无度，用之不止，国虽大必危”②，“君有三欲于民，三欲不节，则上位危。三欲者何也？一曰求，二曰禁，三曰令。求必欲得，禁必欲止，令必欲行。求多者，其得寡；禁多者，其止寡；令多者，其行寡。求而不得，则威日损；禁而不止，则刑罚侮；令而不行，则下凌上”③。对此，他提出的方案是“法制不议”“明陈其制”，④指出：“不法法，则事毋常；法不法，则令不行。令而不行，则令不法也；法而不行，则修令者不审也；审而不行，则赏罚轻也；重而不行，则赏罚不信也；信而不行，则不以身先之也。故曰：禁胜于身，则令行于民矣。”⑤不仅如此，他还详尽阐释了十八条君王禁律，涉及治国、修身、受禄、修行、治事、举人、职事、议言、远交、济人等各方面。这些禁律在以后历朝历代长期继承。后来的启蒙思想家黄宗羲又一次提出通过“立制”制约权力。伏尔泰对此不由自主地赞美：“如果说曾经有过一个国家，在那里人们的生命、名誉和财产受到法律保护，那就是中华帝国。执行法律的机构越多，行

---

① 《贞观政要·君道第一》。

② 《管子·权修》。

③ 《管子·法法》。

④ 《管子·法禁》。

⑤ 《管子·法法》。

政系统就越不能专断。”①

中国传统政治文化中还包含以权力制约权力的思想。夏商周时期，君主和贵族元老组成“议事会”，与国家最高权力相互制约。在皇帝制度确立的同时，辅之以宰相制度，采用“封还诏书”和“不肯平署”等方式制约最高权力。② “所谓和者，君甘则臣酸，君淡则臣咸”③，“君正臣从谓之顺，君僻臣从谓之逆”④。唐甄在《潜书》中猛烈批评君主专制，要求重视宰相对君权的制约作用。顾炎武在《日知录》中列举了“士师不从君主三令”和唐朝可以封还驳正皇帝诏令的封驳制度，以反对君主独裁专制。⑤ 黄宗羲同时提出以“宰相设政事堂，使新进士主之，或用待诏者”⑥来制约天子权力。伏尔泰对此也有评价：“在这种行政制度下，皇帝要实行专断是不可能的。一般法令出自皇帝，但是，由于有那样的政府机构，皇帝不向精通法律的、选出来的有识之士咨询是什么也做不成的。”⑦

总之，自上而下的选拔和自下而上的推举兼而有之；“决策—参与议政”联动结合；道德制约、制度制约、权力制约三位一体：这些都可以看到中国传统政治文化中民主因素的体现。当然，这些因素有严重的历史局限，不能过分抬高。比如，权力产生上，虽然选拔和推举兼而有之，但所谓“推举”只能停留在理想层面；权力运行上，议政的广度深度大多取决于权威的释放；权力监督上，这样一些约束对于一意孤行的天子也难以奏效。但是，“观念、范畴……是历史的、暂时的产物”⑧，民主在任何历史阶段都有其不同蕴含，我们不能用今天的眼光苛求古人。

(四)中国传统政治文化中民主蕴涵的特征和影响

中国传统政治文化中具备了民主发展所需的前提因素、核心因素和基

① [法]伏尔泰：《风俗论》下册，商务印书馆 2013 年版，第 510 页。

② 参见胡世庆：《中国文化通史》上册，浙江大学出版社 2005 年版，第 153—155 页。

③ 《晏子春秋·景公游公阜一日有三过言晏子谏》。

④ 《晏子春秋·景公嬖妾死守之三日不敛晏子谏》。

⑤ 《日知录·卷十二·封驳》。

⑥ 《明夷待访录·置相》。

⑦ [法]伏尔泰：《风俗论》下册，商务印书馆 2013 年版，第 509 页。

⑧ 《马克思恩格斯文集》第 1 卷，人民出版社 2009 年版，第 603 页。

本因素。这些因素是中华民族几千年来对人类政治发展规律思索的结晶。这说明，同其他民族一样，中华民族同样是追求自由、民主、进步的民族。中国传统民主文化有鲜明的自身特色，也产生了重要影响。中国传统民主文化的主要特色：

首先，“天下为公”。中国古代思想家既强调个体意识，又强调个人心系天下之社会责任；并且不认为最终裁定者是君主，而是“天意”。而“天意”一般就指整体概念的“黎民百姓”。这就朴素地从个人与社会之辩证关系的角度认识了人的本质，解释了人类社会发展动力。正因为有这样的特点，中国传统民主文化还带有某些社会主义色彩。当然这种特色亦有缺憾，即“黎民”“庶民”“百姓”同西方社会的“公民”毕竟存在一定差距。

其次，“权威秩序”。传统政治文化在讲民主因素的同时大都以秩序加以限定，而秩序的维持往往寄希望于强大权威。

再次，“多元争鸣”。诸子百家都提出了带有民主色彩的思想认识，形成了缤纷多彩的争鸣局面。这样复杂多样的文化碰撞在西方是少有的。但缺点是过于零散而未形成彻底的逻辑体系。

最后，“联合协商”。“天下为公”背景下，中国传统反专制方式都以“平等联合”形式呈现。相比于选举竞争，通常情况下更多强调“兼听则明”的协商讨论。所有这些特色都是在亚细亚社会结构特点基础上形成的。在这些特色民主文化的感染下，中国形成了比西方中世纪更繁荣的社会状态。也正是这样的特色，反映出亚细亚封建社会末期社会发展的迟滞。

中国传统政治文化孕育着现代性民主政治因素，进一步影响着中国民主政治的进程。首先，中国近代民主主义思想与古代民主蕴含一脉相承。康有为在《孟子微》中以民主主义阐释《孟子》经典，梁启超在《读孟子界说》中宣扬自由民主精神，谭嗣同在《仁学》中认为儒学仁爱之本质是民主主义的鼻祖。梁启超在评价黄宗羲《明夷访谈录》时指出：“梁启超、谭嗣同辈倡民权共和之说，则将其书节抄，印数万本，秘密散布，于晚清思想之骤变，极有力焉。”[①]严复提出的“秦以来为之君，正所谓大盗窃国者耳”与唐甄的思想相契合。其次，中国传统民主因素的影响深刻烙印在现当代中国民主实践中。中国传统民主因素的社会主义色彩使得中国近现代民主主义者都有

① 梁启超：《清代学术概论》，上海古籍出版社 1998 年版，第 18 页。

接受社会主义的内在倾向；中国近现代民主实践也无不是在权威强有力的领导下推进的；在一元意识形态指导下的民主化进程中也经常呈现百花齐放的讨论局面。今天中国特色社会主义民主中的选拔与推举的上下联动、各阶层广泛的政治参与协商，以及制度制约权力等思想都可以从中国传统政治文化中找到源头。中国共产党继承了传统的民主政治，实行"一党执政"，建立了选贤任能的干部制度，进一步发展为新型的民主集中制，其中特别强调"民意"和"民心"，进而由"群众路线"走向"人民民主"。可以说，理解中国传统民主因素发展逻辑，就不难理解中国特色社会主义政治发展道路形成的独立自主性；理解中国传统政治文化民主因素的自身特色，也就不难理解中国特色社会主义民主的自身特色。其中蕴含的正是中国传统政治民主思想的深刻影响。

中国传统的政治民主特色都是在亚细亚社会结构特点基础上形成的。漫长的历史时期，中国传统民主因素表现出"早熟"的优势，成为中世纪中国比西方更繁荣昌盛的思想原因。但是后期"早熟"的劣势就呈现出来，体现为发展的迟滞性。无论如何，中国传统民主因素作为一种文化基因印记在民族的成长进步中。

首先，中国传统政治文化的民主因素提供了中国民主形成的文化土壤。

民主的前提因素是自我意识和主体平等性的觉醒。民主的核心因素是"人民主权"。民主的基本因素是民主选举、民主决策和民主监督。中国传统政治文化中具备的这些民主发展所需的前提因素、核心因素和基本因素，体现了中华民族几千年来对人类政治发展规律思索的结晶。正如习近平指出的，"民主……自由、平等……传承着中国优秀传统文化的基因"[①]。当然，在封建宗法的小农社会，中国传统政治文化的民主性因素只能是不系统、不成熟、不彻底的，但这毕竟是民主主义在中国兴起的文化土壤。

其次，中国传统政治文化中的民主蕴含影响着中国民主的道路选择。

"天下为公"的社会契约思想、"强权专政"的国家权力论、寄托权威实现民主理想，当代中国社会依然存有大量前现代性因素。作为后发展现代化国家，民主的推进离不开权威，这个权威就是中国共产党的领导。不同民

① 习近平：《青年要自觉践行社会主义核心价值观——在北京大学师生座谈会上的讲话》(2014 年 5 月 4 日)，《人民日报》2014 年 5 月 5 日，第 2 版。

族、不同国家由于其自然条件和发展历程不同，产生和形成的民主认识也各有特点。中华民族“天下为公”的社会契约思想内在导向社会主义民主；“强权专政”的国家权力论与马克思主义民主理论相契合；寄托权威实现民主理想依然是当代中国民主推进的现实规定。今天的选拔与推举的上下联动、各阶层广泛的政治参与和民主协商以及以制度制约权力等思想都可在中国传统民主思想中找到源头。换言之，在中国特色社会主义民主道路形成中，中国传统民主思想起到了内在导向的基础性影响。

二、西方近代民主主义学说传播与历史指向

完整的民主主义学说是在西方创立的。西方民主主义冲破了“君权神授”的思想牢笼，创造性提出了“主权在民”“社会契约”“权力制约”等学说。在这些思想的启发下，西方国家实现了政治解放，把人类引领到新的历史时代。

第一，“社会契约·自由权利”论。

西方早期启蒙思想家已经认识到个人与社会辩证统一的关系。格劳秀斯第一个比较系统地提出了社会契约和天赋自然权利的学说。霍布斯认为“我承认这个人或这个集体，并放弃我管理自己的权利，把它授予这人或这个集体，但条件是你也把自己的权利拿出来授予他，并以同样的方式承认他的一切行为。这一点办到之后，像这样统一在一个人格之中的一群人就称为国家”①，同时肯定了人的自由，“任何人所担负的义务都是他自己的行为中产生的，因为所有的人都同样地是生而自由的”②。

第二，把“平等”的概念引入“自由”，把“秩序”引入“社会契约”，形成了“自由平等”与“社会秩序”并举的“人民主权”论。

单强调“个体自由”是不够的，还必须承认个体自由的平等性。洛克首先提出，“人们既然生来就享有完全自由的权利，并和世界上其他人或许多

① ［英］霍布斯：《利维坦》，商务印书馆 2013 年版，第 131—132 页。

② ［英］霍布斯：《利维坦》，商务印书馆 2013 年版，第 168 页。

人平等，不受控制地享有自然法的一切权利和利益”[①]。孟德斯鸠认为，民主的气氛是“自由平等的气氛”，“门第出身，道德品行，甚至戎马军功，无论何等煊赫辉煌，也不能使一个人在芸芸众生中超群出众”。[②] 卢梭指出：“大家生来都是平等和自由的。”[③]“平等”范畴的介入深化了对不同个体之间关系的认识，就必然丰富个人与社会关系的认识。西方思想家把“社会契约”论发展为“社会秩序”论，而社会秩序的维护通常以法律为手段。洛克指出：“真正的和唯一的政治社会是，在这个社会中，每一个成员都放弃了这一自然权力，把所有不排斥他可以向社会所建立的法律请求保护的事项都交给社会处理。”[④]卢梭提出：“除了把大家的力量集合起来形成一股力量，在一个动机的推动下，一致行动，才能战胜阻力，否则，人类就不可能继续存在”，“这股大力量，只有靠许多人的共同协作才能形成”。[⑤] 孟德斯鸠也认为：“人们生来便是彼此联结在一起的……这便是社会和社会形成的原因。”[⑥]

第三，引入“阶级”范畴，认为“阶级斗争”是“人民主权”的实现途径。

阶级斗争不是马克思主义的发明。波旁王朝复辟时期，资产阶级思想家已经认识到阶级斗争是实现人民主权的根本途径。他们反思法国大革命的历史教训，认为君主只不过是其所在阶级的一个代表。只有团结一切资产阶级并力争拉拢人民大众才能彻底推翻专制主义旧阶级的统治。如同基佐指出的那样，“社会各上层阶级的盲目争雄促使我们之间自由政府的试验趋于失败”，“同心协力一块儿使自己变得自由和强大”，[⑦]才能彻底推翻专制制度。米涅认为，法国混乱的根源是“种种特殊的制度和各个集团特权的存在”，而法国革命的性质就是“使人们摆脱了阶级的区分”[⑧]。米涅认可了革命是阶级斗争的彻底形式。梯叶里等思想家也有相同的表述。但资产阶级革命彻底胜利后，阶级斗争的思想基本被他们抛弃了。

---

① [英]洛克：《洛克说自由与人权》，华中科技大学出版社 2012 年版，第 56 页。
② [法]孟德斯鸠：《波斯人信札》，商务印书馆 2010 年版，第 166 页。
③ [法]卢梭：《社会契约论》，商务印书馆 2012 年版，第 5 页。
④ [英]洛克：《洛克说自由与人权》，华中科技大学出版社 2012 年版，第 57—58 页。
⑤ [法]卢梭：《社会契约论》，商务印书馆 2012 年版，第 18 页。
⑥ [法]孟德斯鸠：《波斯人信札》，商务印书馆 2010 年版，第 175 页。
⑦ [法]基佐：《法国文明史》第 1 卷，商务印书馆 1999 年版，第 2—3 页。
⑧ [法]米涅：《法国革命史》，商务印书馆 1977 年版，第 1 页。

第四，引入“社会调控”“共同意志”和“经济平等”范畴，形成“自由·社会民主”论。

西方经济社会发展越成熟，其矛盾也越发暴露。包括马克思主义在内的社会主义理论走上历史舞台后，西方民主主义还以自身的内在逻辑走向“自由·社会民主”论。民主要求平等，平等要求消灭阶级特权，所以无论是否预料，“民主的力量就在于此，它会转而反抗武装过他们的自由”①。罗素阐释了社会凝聚力并引入了“社会调控”范畴，同时指出：“政府在其他领域的职能应当是鼓励非政府性质的主动性，并且以宽容的态度为它的存在创造机会。”②霍布豪斯引入了“共同意志”范畴，认为“民主政治同样建立在个人作为社会一员的职责上。它把共同利益建立在共同意志上，同时嘱咐每一个聪明的成年人扮演一个角色”③，并得出结论：“个人主义在解决现实问题时，与社会主义相差无几。我们再一次发现，要维持个人自由和平等，就必须扩大社会控制的范围。”④科恩认为：“以社会为范围的自治或是自主就是民主。”⑤尽管他未必承认，但这无疑与马克思主义的社会理想契合。更多学者则引入“经济平等”范畴。密尔通过产权制度逐步加深了对民主的认识，“对共产主义原则的实践，并且通过将会在现有体系的运作中逐渐发动的改良，我们将会获得不断新鲜的观点”⑥。科恩肯定经济条件可以“提高我们对一般民主的认识”；“揭穿那些尚不具备民主必要条件的社会的骗人说法”；“指导经济改革”以促进民主实现。⑦ 阿伯拉斯特提出：“民主内部有一个趋向社会主义的逻辑”，“一个积极有效的民主和垄断性资本主义共存是多么地困难”。⑧

西方资产阶级以其强大的扩张性，想要迫使一切民族采用其现代政治

---

① [意]圭多·德·拉吉罗：《欧洲自由主义史》，吉林人民出版社 2011 年版，第 57 页。

② [英]伯特兰·罗素：《权威与个人》，商务印书馆 2010 年版，第 76 页。

③ [英]霍布豪斯：《自由主义》，商务印书馆 2013 年版，第 116 页。

④ [英]霍布豪斯：《自由主义》，商务印书馆 2013 年版，第 50 页。

⑤ [美]科恩：《论民主》，商务印书馆 1988 年版，第 9 页。

⑥ [英]约翰·密尔：《密尔论民主与社会主义》，吉林出版集团有限责任公司 2008 年版，第 340 页。

⑦ [美]科恩：《论民主》，商务印书馆 1988 年版，第 110 页。

⑧ [英]安东尼·阿伯拉斯特：《民主》，吉林人民出版社 2005 年版，第 142 页。

文明形式。西方民主主义学说的传播客观上打断了中国民主思想在专制主义禁锢中独立但孤独的成长命运，激发了民主主义在中国形成一个完整的学说体系。但是它的理论局限及其实践教训不得不使得中国人重新寻找民主的新思想。

西方民主主义思想在近代中国的传播激发了民主主义在中国的进一步兴起。

第一，开眼看世界，考察介绍西方民主政体。鸦片战争以后，中国人就已经开始考察西方民主制了。梁廷枏介绍了美国国会制度，“凡国是既与民共议，议事之民，必慎选之”①。魏源也介绍了美国民主制的轮廓，“议事听诵，选官举贤，皆自下始，众可可之，众否否之，众恶恶之，三占从二，舍读循同，即在下预议之人（国会议员），亦先由公举，可不谓周乎”②！徐继畬在《瀛环志略》中更翔实地介绍了西方各民主国家政治制度。这样一些介绍为中国知识分子打开了广阔视野，对他们的思想认识造成了巨大冲击。正是这样的冲击，一些先知先觉的知识分子完成了思想质变，民主主义学说开始在中国兴起。

第二，吸收西方民主主义合理内核，完成“民本主义”到“民主主义”的质变。王韬以“民惟邦本”为逻辑起点提出了“君民共主”说，“惟君民共主，上下相通，民隐得以上达，君惠亦得以下逮”③。康有为以民主主义阐释《孟子》经典，认为“民贵君轻”是“孟子立民主之制”。他重申了黄宗羲的民主精神，认为“民为主而君为客，民为主而君为仆”，指出西方民主政体实际上是“天下为公，选贤与能”。④ 梁启超引进“自由”精神诠释中国经典，认为“个体独立之人格”是“浩然之气”的内涵所在。谭嗣同把“仁学”作为“自由平等”的理论依据，认为“通”是“仁学”的“第一义”，在政治领域就是打破上下等级的尊卑贵贱，实现君臣平等。严复继承了“天生民而立之君”的思想，提出“惟天生民，各具赋畀，得自由者乃为全受”，进而得出“以自由为体，以民

① 梁廷枏：《海国四说》，中华书局 1993 年版，第 73 页。

② 魏源：《海国图志》，岳麓书社 1998 年版，第 1611 页。

③ 王韬：《弢园文录外编》，上海书店出版社 2002 年版，第 19 页。

④ 《礼记·礼运》。

主为用”的结论。[①] 孙中山则把“民本”思想发展为其“民权”思想。《中山全书》中写道：“中国古昔有唐虞之揖让，汤武之革命。其垂为学说者，有所谓‘天视自我民视，天听自我民听’；有所谓‘闻诛一夫纣，未闻弑君’；有所谓‘民为贵、君为轻’；此不可谓无民权思想矣。”[②]

第三，提出整套民主的政治主张，开启中国民主进步的闸门。既然对民主的本质有了认识，那么民主的国家究竟需要怎样的制度安排？先进的中国知识分子继续设想了在中国实现民主的政治模式。按照实践的先后顺序，依次产生了“君主立宪”和“民主共和”两种思想。君主立宪思想效法英日等国，主张在保留君主前提下兴议院开国会，三权分立，建立君民共和国。如康有为提出的：“以国会立法，以法官司法，以政府行政，而人主总之，立定宪法，同受治焉。”[③]民主共和思想效法美国，主张废除帝制，建立民选政府。如孙中山提出的：“今者由平民革命以建国民政府，凡为国民皆平等以有参政权。大总统由国民公举。议会以国民公举之议员构成之，制定中华民国宪法，人人共守。”[④]此外孙中山还独创地提出了“五权”政治思想。

西方民主主义学说为人类做出了重大历史贡献，但也有其致命弊端，就是形式上的民主讨论掩盖了资本主义实质上的不民主。对此，中国民主主义思想家早就有所觉察。康有为在《大同书》中揭露了西方社会的阶级对立的残酷现实。章太炎深刻揭示了西方代议制的弊病，认为：“选充议士者，大抵出于豪家，名为代表人民，其实依附政党，与官吏朋比，挟持门户之见，则所计不在民生利病，惟辩于私党之为。”[⑤]梁启超在《欧洲心影录》中更是论述了西方社会的种种危机。孙中山同样很早认识到“平等”只是西方社会的空头支票。[⑥] 特别是照搬西方政治模式实践先后失败的惨痛历史教训不得不使中国人重新思考和选择自己的民主模式及其实践途径。

---

① 《严复集》第1册，中华书局出版社1986年版，第3、11页。

② 转引自冯天瑜、何晓明、周积明：《中华文化史》，上海人民出版社2010年版，第695页。

③ 《康有为政论集》上册，中华书局1981年版，第338页。

④ 《孙中山选集》上册，人民出版社2011年版，第82页。

⑤ 章太炎：《五无论》，《辛亥革命前十年间时论选集》第2卷下册，生活·读书·新知三联书店1963年版，第755页。

⑥ 《孙中山选集》上册，人民出版社2011年版，第90页。

近代西方民主主义思潮在中国的传播和发展，极大地影响了中国近代民主主义的发展。一方面将中国迅速纳入世界民主主义体系之中，使得民主思想在中国近代开始深入人心；另一方面，先进分子对西方民主弊端的认识以及西方民主在中国实践的失败，又迫使中国人开始重新思考新出路。换言之，西方资本主义民主思想传播以及实践失败，给正处在新的选择中的中国人一个新的历史指向，那就是要走资本主义之外的民主道路。

三、马克思主义民主理论的指导与根本取向

中国特色社会主义民主是在马克思主义指导下形成的，理解中国特色社会主义民主的形成，不能不从马克思主义那里找到其理论渊源和线索。

第一，马克思主义以“现实的人”取代“抽象的人”，以“变革的社会关系”取代“静态的社会秩序”“能动的实践”取代“消极的束缚”讨论个人与社会关系，从而彻底奠定了民主的理论基础。

马克思主义在“有意识有目的的实践活动”意义上科学地肯定人的主体性。同时指出，实践主体的人是现实的人，在社会中从事实际活动的人，“人的本质不是单个人固有的抽象物，在其现实性上，是一切社会关系的总和”①。马克思主义认为：“每个人都有社会空间来展示他的重要的生命表现”，“既然人天生就是社会的，那他就只能在社会中发展自己的真正的天性；不应当根据单个个人的力量，而应当根据社会的力量来衡量人的天性的力量”。② 过去思想家总是把社会关系看作人的枷锁，“奴役的链条是由于人们的互相依赖和使他们联合在一起互相需要形成的”③。马克思则不同，认为社会关系的变革与人性的发展相互协同。“环境的改变和人的活动或自我改变的一致，只能被看作是合理地理解为革命的实践。”④总之，马克思主义科学地揭示了“现实的人”和“具体的社会关系”以“能动的实践”相互一

① 《马克思恩格斯选集》第1卷，人民出版社2012年版，第135页。

② 《马克思恩格斯文集》第1卷，人民出版社2009年版，第335页。

③ [法]卢梭：《论人与人之间不平等的起因和基础》，商务印书馆2012年版，第81页。

④ 《马克思恩格斯选集》第1卷，人民出版社2012年版，第134页。

致，阐明了通过人们社会关系的调整最终确立人类民主。“自由人的联合体”不仅成为彻底民主的必要，也成为革命的实践创造的可能。

第二，马克思主义以“一定物质资料生产方式为基础的社会形态”规定“阶级矛盾不可调和的国家形态”，以“阶级属性”规定“人民范畴”，不仅规范地揭示了民主的一般规定，而且科学地揭示了民主的本质规定和形式规定。

民主的确立要基于社会关系的调整，那么什么是真正民主的社会形态？马克思主义认识到，要科学地回答这个问题，不能停留在一般的哲学讨论，而是要研究基于一定物质生产资料生产方式的经济社会。“物质生活的生产方式制约着整个社会生活、政治生活和精神生活的过程。”①也就是说，民主的发展程度取决于物质生产力的现实规定，民主的性质内涵则取决于占统治地位的生产关系。“民主”是政治范畴，需要具体地讨论国家制度。在吸收西方民主主义合理内核的基础上，马克思主义更加规范地提出民主的一般规定，即“人民的自我规定”②。马克思主义经典作家没有停留于此，“这些观念、范畴也同它们所表现的关系一样……是历史的、暂时的产物”③。马克思主义认为，“国家是阶级统治的机关，是一个阶级压迫另一个阶级的机关，是建立一种‘秩序’来抑制阶级冲突，使这种冲突合法化、固定化”。因此民主“同任何国家一样，也是有组织有系统地使用暴力，这是一方面。但另一方面，民主意味着在形式上承认公民一律平等，承认大家都有决定国家制度和管理国家的平等权利”④，进一步揭示了作为民主是实质规定和形式规定。

从实质规定上看，民主是经济上占统治地位的阶级的政治意志，是对于统治阶级内部的权力平等和对于被统治阶级专政压迫的统一。如前所述，“阶级”和“阶级斗争”不是马克思主义的发明。马克思发展了“阶级”和“阶级斗争”理论，认为“阶级的存在仅仅同生产发展的一定历史阶段相联系”；“阶级斗争必然导致无产阶级专政”；“这个专政不过是达到消灭一切阶级和

① 《马克思恩格斯选集》第2卷，人民出版社2012年版，第2页。

② 《马克思恩格斯全集》第3卷，人民出版社2002年版，第39页。

③ 《马克思恩格斯文集》第1卷，人民出版社2009年版，第603页。

④ 《列宁选集》第3卷，人民出版社2012年版，第201页。

进入无阶级社会的过渡”。[①] “资产阶级的国家政权不过是管理整个资产阶级的共同事务的委员会罢了。”[②]要实现被压迫阶级的解放，就必须砸碎旧的国家机器，以无产阶级专政组织广大劳动人民建设当家作主的新社会。从形式规定上看，民主作为政权组织形式，要求统治阶级内部实行权力平等，与专制政体有根本区别。马克思主义从来不认为无产阶级上升到统治阶级就一定能实现民主，而是强调政权组织体系需要精心设计，正如马克思在评价巴黎公社时指出的：“公社最伟大的措施还是它本身的组织。”[③]列宁投入了大量精力思索无产阶级政权的组织体系，把民主集中制作为无产阶级政权的根本组织原则。

第三，马克思主义以“个人和人民群众”的历史主体论把“个人主义”扩展为“个人权利和普遍人权”，阐释了“社会主义公民社会”中“主体人”的新内涵。

民主是主体人和客体国家制度的相互生成。其中，“民主制从人出发，把国家变成客体化的人”[④]。马克思主义理论中的“人”包括两种含义：一是每个个人；二是人民群众。

在马克思看来，“任何人的职责、使命、任务就是全面地发展自己的一切能力……”[⑤]在政治生活中，“人权表现为自然权利，因为有自我意识的活动集中于政治行为”[⑥]。现代社会理应是市民社会。马克思主义还阐释了个人自我实现和他人自我实现之间的互动联系。在任何情况下，个人总是“从自己出发的，但由于从他们彼此不需要发生任何联系这个意义上说他们不是唯一的，由于他们的需要即他们的本性，以及他们求得满足的方式，把他们联系起来（两性关系、交换、分工），所以他们必然要发生相互关系”[⑦]。所以个人的自我实现并不意味着“物竞天择、适者生存”，而是要通过彼此联合才能全面自由充分地完善自我。马克思主义不仅阐释了个人与他人自我实

① 《马克思恩格斯文集》第 10 卷，人民出版社 2009 年版，第 106 页。
② 《马克思恩格斯选集》第 1 卷，人民出版社 2012 年版，第 402 页。
③ 《马克思恩格斯选集》第 3 卷，人民出版社 2012 年版，第 142 页。
④ 《马克思恩格斯全集》第 3 卷，人民出版社 2002 年版，第 40 页。
⑤ 《马克思恩格斯全集》第 3 卷，人民出版社 1960 年版，第 330 页。
⑥ 《马克思恩格斯全集》第 3 卷，人民出版社 2002 年版，第 188 页。
⑦ 《马克思恩格斯全集》第 3 卷，人民出版社 1960 年版，第 514 页。

现的关系，还进一步阐释了每个人自我实现相互作用的最终结果，这就是著名的历史合力理论。在政治生活中，“现代国家通过普遍人权承认了自己的这种自然基础本身”[1]。马克思说：“只有当现实的个人把抽象的公民复归于自身，并且作为个人，在自己的经验生活、自己的个体劳动、自己的个体关系中间，成为类存在物的时候，只有当人认识到自身‘固有的力量’是社会的力量，并把这种力量组织起来因而不再把政治力量的形式同自身分离的时候，只有到了那个时候，人的解放才能完成。”[2]马克思主义把个人权利的实现建立在现实基础上，认为只有个人占有生产资料、物质利益和精神需求得到满足、摆脱社会的政治的民族的剥削压迫、实际参与管理政治生活，个人权利才能实现。因此，社会主义理应成为个人权利充分发展的市民社会，也理应成为人民群众大联合的市民社会。

近代中国西方民主的实践失败了，中国先进分子面临新的选择。可以说，近代中国思想演进的主流是追求资本主义民主，中国传统的民主思想在近代中国并不是主流，而当中国近代资本主义民主探索和实践失败时，中国传统民主思想将在新的选择中产生决定性的影响。中国传统民主思想以其固有特质沟通着中国人与社会主义民主之间的内在联系，成为中国近代民主主义者走向社会主义民主的思想桥梁。特别是，十月革命一声炮响为中国送来了马克思主义。马克思主义以其理论的系统性、成熟性和可行性为中国民主实践带来了新的方向。

第一，马克思主义是民主理论的科学形态，从而根本上成为中国民主的行动指南。

一是马克思主义阐明了通过人们社会关系的调整最终确立人类民主，成为人类历史发展至今唯一一个在完全现实意义上建立人类民主理想的文化思想体系。马克思主义在“有意识有目的的实践活动”意义上科学地肯定人的主体性。并指出，实践主体的人是现实的人，在社会中从事实际活动的人，“人的本质……在其现实性上，是一切社会关系的总和”[3]。马克思主义认为社会关系的变革与人性的发展相互生成。由此揭示了现实的人和具体

① 《马克思恩格斯文集》第 1 卷，人民出版社 2009 年版，第 313 页。

② 《马克思恩格斯全集》第 3 卷，人民出版社 2002 年版，第 189 页。

③ 《马克思恩格斯选集》第 1 卷，人民出版社 2012 年版，第 135 页。

的社会关系以能动的实践相互一致，这就为民主建立了科学的理论基础。

二是马克思主义科学地提出了民主的社会形态和国家形态，从而正确揭示了民主的一般规定、本质规定和形式规定。民主的确立要基于社会关系的调整，那么什么是真正民主的社会形态？马克思主义认识到，要科学地回答这个问题，必须研究基于一定物质生产资料生产方式的经济社会。“物质生活的生产方式制约着整个社会生活、政治生活和精神生活的过程。”[①]这就是说，民主的发展程度取决于物质生产力的现实规定；民主的性质内涵则取决于占统治地位的生产关系。马克思主义提出了民主的一般规定，即“人民的自我规定”[②]，并进一步得出：“国家是阶级统治的机关，是一个阶级压迫另一个阶级的机关，是建立一种‘秩序’来抑制阶级冲突，使这种冲突合法化、固定化”，民主“同任何国家一样，也是有组织有系统地使用暴力，这是一方面。但另一方面，民主意味着在形式上承认公民一律平等，承认大家都有决定国家制度和管理国家的平等权利”。[③] 由此，马克思主义揭示出民主的实质规定和形式规定：民主是经济上占统治地位的阶级的政治意志，是对于统治阶级内部的权力平等和对于被统治阶级专政压迫的统一；民主作为政权组织形式，要求统治阶级内部实行权力平等，与专制政体有根本区别。

三是马克思主义科学地揭示了人民群众是历史发展的根本动力，从而准确把握了民主“主体人”的新内涵。在马克思看来，“任何人的职责、使命、任务就是全面地发展自己的一切能力……”[④]政治生活中，“人权表现为自然权利，因为有自我意识的活动集中于政治行为”[⑤]。马克思主义还阐释了个人自我实现和他人自我实现之间的互动联系。个人总是“从自己出发的，但由于从他们彼此不需要发生任何联系这个意义上说他们不是唯一的，由于他们的需要即他们的本性，以及他们求得满足的方式，把他们联系起来……所以他们必然要发生相互关系”[⑥]。在阐释个人与他人自我实现的关系基础上，马克思主义还进一步阐释了每个人自我实现相互作用的最终结

① 《马克思恩格斯选集》第2卷，人民出版社2012年版，第2页。
② 《马克思恩格斯全集》第3卷，人民出版社2002年版，第39页。
③ 《列宁选集》第3卷，人民出版社2012年版，第201页。
④ 《马克思恩格斯全集》第3卷，人民出版社1960年版，第330页。
⑤ 《马克思恩格斯全集》第3卷，人民出版社2002年版，第188页。
⑥ 《马克思恩格斯全集》第3卷，人民出版社1960年版，第514页。

果，这就是著名的历史合力理论。“历史活动是群众的活动，随着历史活动的深入，必将是群众队伍的扩大”①，在政治生活中，“现代国家通过普遍人权承认了自己的这种自然基础本身”②。从中国共产党人对民主的探索历程看，马克思主义民主理论中国化的形态最初是毛泽东的“民众的大联合”，后来是党的群众路线；马克思主义民主理论制度形态就是人民民主专政。

第二，马克思主义民主理论超越了西方民主主义学说，因而成为中国民主进步的新理想；它又与中国传统民主思想相契合，因而又成为中国民主道路的现实选择。

中华民族对理想社会的探求从来没有停止过。西方民主主义学说的政治理想在近代中国宣告破产，中国人民只能去选择具有超越意义的更崇高的民主理想。马克思主义以“现实的人”取代“抽象的人”，以“变革的社会关系”取代“静态的社会秩序”，以“人与社会能动的实践”取代“社会对人的消极的束缚”，超越了以往个人与社会关系的理解，奠定了民主的理论前提；马克思主义依据生产方式认识社会形态，道破了所谓“社会契约”的本质；马克思主义以“一定物质资料生产方式为基础的社会形态”规定“阶级矛盾不可调和的国家形态”，以“阶级属性”规定“人民范畴”，不仅规范地揭示了民主的一般规定，而且科学地揭示了民主的本质规定和形式规定；马克思主义以“个人和人民群众”的历史主体论把“个人主义”扩展为“个人权利和普遍人权”。所有的一切说明，马克思主义民主理论在吸收西方民主主义合理内核的基础上完成，又把民主理论立足于现实基础上，提出了更崇高的社会主义民主理想。

理论能否产生强大影响，不仅取决于它本身的科学性、彻底性和崇高性，更取决于它的现实需要性、适应性和可行性。这个意义上，马克思主义民主理论对中国人来说更是弥足珍贵。中国社会契约的独特形态表现了个人与社会的和谐完美，与马克思主义个人与社会关系高度和谐的社会理想内在一致。中国传统政治文化内生着人民主权论，还以“强权专政”探讨了国家权力的实际本质。马克思主义认为，国家权力本来就是人民赋予的，但现实中国家权力却是维护统治阶级而镇压另一个阶级的机器。中国传统民

① 《马克思恩格斯文集》第1卷，人民出版社2009年版，第287页。

② 《马克思恩格斯文集》第1卷，人民出版社2009年版，第313页。

主思想不可能出现“阶级”概念，但朴素地认识到国家是有组织的暴力。这表明中国传统政治文化的权力观与马克思主义国家观相互契合。中国传统民主思想的整体群众观也与马克思主义群众观宗旨一致。而这一系列的契合，是西方民主主义学说无法具有的。既然如此，选择马克思主义指导中国民主实践便现实而可行。

第三，马克思主义民主理论还阐明了社会主义民主的成熟形态和现实规定，指出了东方国家社会主义民主的发展途径，从而又为建立后的社会主义民主有序发展提供了根本指导。

社会主义民主是迄今为止人类社会形成的最高民主，它实现了劳动群众治理国家的民主本质。但是社会主义民主并不是社会主义制度建立就能立即完成的，它需要长期充分地发展才能达到高度成熟。民主的性质取决于占统治地位的生产关系，但民主的发展程度取决于以物质生产力为基础的社会文化发展状况。千百万劳动者亲自管理国家是社会主义民主的成熟形态。“社会主义不是按上面的命令创立的”，“生动的创造性的社会主义是由人民群众自己创立的”。[①] 无产阶级先锋队代表人民管理国家是东方国家社会主义民主的现实规定。这些国家大量封建宗法性质的小农经济文化仍然并长期制约着民主政治的发展。商品是天生的平等派，但是东方各国没有一个商品经济充分发展的历史阶段，落后的历史文化同样梦魇般地萦绕。所以东方各国现代化政治发展也往往寄托权威。在东方社会主义国家，这个权威便是先锋队即共产党的领导。所以，把党的领导和人民当家作主结合起来，以党内民主带动人民民主，通过政治体制改革和民主政治建设有序扩大人民民主，也就成为这些国家发展社会主义民主的有效途径。中国特色社会主义民主也就是因此而增量发展。换言之，在中国特色社会主义民主道路形成过程中，马克思主义民主理论起着决定性影响。

四、历史合力与中国特色社会主义民主的形成

正当中国面临民主发展道路选择时，三股力量组成的历史强力开始在

① 《列宁论苏维埃政权建设》上册，法律出版社 1958 年版，第 13 页。

近代中国凝聚：中国传统民主因素自身演进与内在导向；西方民主主义学说的传播与历史指向；马克思主义理论指导与根本取向。

首先，三股力量时间上依次递进，从民本主义到民主主义，从自由民主主义到新民主主义，最终由新民主主义导向中国特色社会主义民主。

中国的民主主义最早产生于民本主义的基础上。明清之际，启蒙思想家开启了从“民本主义”到“民主主义”转变的先河。近代中国知识分子吸收西方民主主义合理内核，把传统民本主义发展为自由民主主义。谭嗣同认为仁学之精髓在于平等仁爱，他提出“而则其国之贤明者，为之民主……俾人人自主，有以图存，斯信义可复也”①。梁启超系统地论述自由权利“天下第一大罪恶，莫甚于侵人之自由，而放弃己之自由者，最亦如之……人人自由，而以他人之自由为界”②。此时中国人吸收的已经是垄断时期有社会主义色彩的民主主义了。同时，他们还看到了西方民主的虚伪性。他们从当时最先进的社会主义理论中汲取营养，形成了中国的社会民主主义理论。梁启超先后发文章探讨社会主义，“讲到国民生计上，社会主义自然是现代最有价值的学说”③。他主张以“资本和劳工的互助”“国家分配公平”“生产消费组合”“工人自治”等方式改良中国社会。④ 孙中山在 1912 年就指出：“社会主义之国家，人民既不存尊卑贵贱之见，则尊卑贵贱之阶级，自无形而归于消灭……幸福不平而自平，权利不等而自等，自此演进，不难致大同也。”

十月革命一声炮响为中国送来了马克思列宁主义。孙中山站在时代最前列，追随列宁的思想，认为列宁的著作“是建立在一定会掌握和统治人类的思想和希望的这样的社会观念上的”⑤。在马克思列宁主义的影响下，孙中山正确地指出西方民主制的弊端，肯定了俄国苏维埃制度，认为“惟想这种人民独裁的政体，当然比代议政体改良得多”⑥。他提出“不是要学欧美，

---

① 谭嗣同：《仁学》，《谭嗣同集》，岳麓书社 2012 年版，第 380 页。

② 梁启超：《自由书·放弃自由之罪》，载《清议报》第 30 册，1899 年 10 月 15 日。

③ 《梁启超选集》，上海人民出版社 1984 年版，第 729 页。

④ 《梁启超选集》，上海人民出版社 1984 年版，第 730 页。

⑤ 《孙中山选集》下卷，人民出版社 2011 年版，第 632 页。

⑥ 《孙中山选集》下卷，人民出版社 2011 年版，第 786 页。

步他们的后尘；是用我们的民权主义，把中国改造成一个‘全民政治’的民国”[①]，“实行普通选举制，废除以资产为标准之阶级选举”[②]。中国共产党人发展了孙中山的新三民主义，抗日战争时期提出了“新民主主义共和国”理论。“国体——各革命阶级联合专政。政体——民主集中制。这就是新民主主义的政治，这就是新民主主义的共和国。”[③]新中国成立前夕，毛泽东把“各革命阶级联合专政”概括为“人民民主专政”。

新中国成立后，第一代中国共产党领导集体带领人民创立了作为社会主义根本政治制度的人民代表大会制度，作为我国一项基本政治制度的中国共产党领导的多党合作和政治协商制度，创立了我国第一部社会主义宪法和社会主义政治发展的若干原则。第二代中国共产党领导集体进一步指出建立适合国情的社会主义政治体制，提出了政治体制改革的宏观目标（即巩固社会主义制度；发展社会主义社会的生产力；发扬社会主义民主，调动人民的积极性）和微观目标（即始终保持党和国家的活力；克服官僚主义，提高工作效率；调动基层工人、农民和知识分子的积极性）。新时期新阶段，中国共产党人明确提出走“中国特色社会主义政治发展道路”：“坚持中国特色社会主义政治发展道路，坚持党的领导、人民当家作主、依法治国有机统一，坚持和完善人民代表大会制度、中国共产党领导的多党合作和政治协商制度、民族区域自治制度以及基层群众自治制度，不断推进社会主义政治制度自我完善和发展。”中国特色社会主义民主在中华民族伟大复兴的中国梦中不断成熟。

其次，三股力量空间上长期共存，其中马克思主义民主理论是指导力量，中国传统民主因素是传承力量，西方民主主义理论是影响力量，它们形成了历史的合力，推进了中国特色社会主义民主的形成。

康有为、梁启超、谭嗣同、孙中山、陈独秀、李大钊等无不是在继承中国传统民本精华并在黄宗羲的基础上完成向民主主义的思想质变的。“从孔夫子到孙中山，中华民族传统文化有它的许多珍贵的品质，许多人民性和民

① 《孙中山选集》下卷，人民出版社2011年版，第786页。

② 《孙中山选集》下卷，人民出版社2011年版，第620页。

③ 《毛泽东选集》第2卷，人民出版社1991年版，第677页。

主性的好东西。”[①]传统民主蕴含对个人与社会关系及对权力的认识，为马克思主义在中国生根发芽提供了土壤。今天的选拔与推举的上下联动、各阶层广泛的政治参与和民主协商以及以制度制约权力等思想都可以从中国传统政治文化中找到源头。传统民主因素的社会主义色彩使得中国先进分子有接受社会主义的内在倾向；中国近现代民主实践也无不是在权威强有力的领导下推进的；一元意识形态指导下的民主化进程中也经常呈现百花齐放的讨论局面。

西方民主主义理论提出“主权在民”“社会契约”“权力制约”等学说，凝练了“自由、民主、平等、博爱”的核心价值，阐释了民主的国家形态。“主权在民”“公民权利”“权力制衡”“宪政法治”等是现代国家的应有之义。同时民主主义学说还有导向社会主义的内在逻辑。在历史发展进程中，先知先觉的西方政治思想家又一定程度上力图克服其自身的理论局限，形成了不断接近社会主义民主的理论思索，“现代社会主义，……就其理论形式来说，它起初表现为18世纪法国伟大的启蒙学者们所提出的各种原则的进一步的、据称是更彻底的发展”[②]。当代中国政治发展道路也是在“积极借鉴人类政治文明有益成果，绝不照搬西方政治制度模式”[③]的条件下开辟形成的。

马克思主义民主理论是在充分吸收西方民主主义合理内核的基础上形成的。“关于人性本善和人民天资平等……同共产主义和社会主义有着必然联系。”[④]同时它又抛弃了西方民主主义的抽象解释，成为人类历史发展至今唯一一个在完全现实意义上建立人类民主理想的文化思想体系。中国人民不仅接受了马克思主义本身，还把马克思主义理论融合于中国文化中，在解决中国实际问题的基础上不断推进马克思主义民主理论的中国化。没有单纯地使用“无产阶级专政”这一范畴，而是确立了“人民民主专政”的新范畴。“人民民主专政”范畴既丰富了马克思主义民主理论，又表现出根植

---

① 温家宝：《把目光投向中国》，人民教育出版社2013年版，第51页。

② 《马克思恩格斯选集》第3卷，人民出版社2012年版，第391页。

③ 胡锦涛：《坚定不移沿着中国特色社会主义道路前进 为全面建成小康社会而奋斗》，人民出版社2012年版。

④ 《马克思恩格斯文集》第1卷，人民出版社2009年版，第334页。

于中国文化的中国气派和中国表达，在建设中国特色社会主义的新时期进一步丰富发展。

总之，民主是人类文明自我提升的内在追求。任何文明“都是顺着同一个悬崖从底层的起点向高处同一个目标攀登”①，有着厚重文明积淀的中华民族同样如此。中国特色社会主义民主的形成不是偶然的、孤立的历史现象，也不是中国共产党的“标新立异”，而是独立自主地遵循人类政治文明发展逻辑的历史必然。其中给我们以重要的启示：

第一，中国特色社会主义民主的形成是中国传统民主思想、西方民主主义思潮以及马克思主义民主三者辩证统一和逻辑递进的结果。

中国传统民主思想、西方民主主义思潮以及马克思主义民主三者在中国特色社会主义民主形成中是辩证统一的关系，中国传统政治文化中的民主蕴涵是中国特色社会主义民主形成的逻辑基础，它为中国特色社会主义民主发展提供了土壤；西方民主主义思潮激发了先进的中国人冲破思想牢笼，完成传统民主思想向近代民主主义的飞跃，使民主观念深入人心；而当中国人在实践中照搬西方民主方案，由于脱离中国自身的历史条件而走向失败，进一步面临着新的选择时，传统民主思想沟通了中国人与社会主义民主之间的内在联系，马克思主义的社会主义成为中国人走向民主的行动指南。正是建立在这一悠久的历史渊源和宏阔的思想视野基础上，中国共产党人根据马克思主义理论指导，依据于中国传统以及后发展国家的实际，实现了中国共产党的一党领导；吸取民主的基本内核，依据马克思主义民主的指导，实现了经由群众路线发展到人民民主；依据于中国传统的平等追求，根据于民主的基本要求，实现依法治国。正是这一切逻辑发展，开创了中国特色社会主义民主的新时代。

第二，在中国特色社会主义民主形成中，三股思潮的综合作用是建立在特定的历史条件和经济基础之上的。

马克思指出：“物质生活的生产方式制约着整个社会生活、政治生活和精神生活的过程。”②中国特色社会主义民主正是在中国特定的生产方式矛盾运动中开辟道路的。鸦片战争以前，亚细亚式的封建宗法小农生产方式

① ［英］阿诺德·汤因比：《历史研究》上卷，上海世纪出版集团2010年版，第242页。

② 《马克思恩格斯选集》第2卷，人民出版社2012年版，第2页。

是中国社会的基础。一方面，专制主义必然是占统治地位的意识形态；另一方面，统治阶级为了缓和社会矛盾、维护统治秩序，与专制主义相反相成的民本主义同样成为中国政治文化传统。尽管与专制主义异曲同工，但民本主义毕竟在处理个人和国家关系中更侧重于民，也就一定程度地体认了政治发展动力和社会历史发展规律。

在半殖民地半封建的近代中国社会，自给自足的自然经济崩溃了，但刚开始发展的民族资本主义始终未能成为主要经济形式。封建土地所有制依然维持，并与买办和高利贷资本一起，在近代中国经济社会中占主要地位。在这样的经济社会基础上，中国的民族资产阶级"也还是在一定时期中和一定程度上，保存着反对外国帝国主义和反对本国官僚军阀政府（这后者，例如在辛亥革命时期和北伐战争时期）的革命性，可以同无产阶级、小资产阶级联合起来，反对它们所愿意反对的敌人……但同时，也即是由于他们是殖民地半殖民地的资产阶级，他们在经济上和政治上是异常软弱的，他们又保存了另一种性质，即对于革命敌人的妥协性"①。近代中国社会资本主义"先天不足"，中国民族资产阶级力量不够强大，资产阶级民主模式在中国缺乏赖以生存的社会基础，不顾本国国情地照搬西方民主主义政治模式必然走向失败。

但是，随着半殖民地半封建社会资本主义的发展，无产阶级成为"中国新的生产力的代表者，是近代中国最进步的阶级"②。它不仅具有一般无产阶级的优点，同时由于受帝国主义、本国资产阶级、本国封建势力的三重压迫，没有欧洲社会改良主义的经济基础，因而成为最革命最先进的阶级。因此，中国的民主革命只能是无产阶级领导下实现资产阶级的历史任务，同时又必然走向非资本主义的政治前途。中国农民阶级是中国经济社会的主要力量，而且工人阶级与农民阶级有着天然联系；中国小资产阶级和民族资产阶级具有不同程度的革命性，是中国民主革命必须联合的重要力量。这意味着中国的政治前景必然是更广阔的代表无产阶级的中国共产党领导下的人民民主形态。

第三，中国特色社会主义民主又是在中国共产党领导下顺应历史潮流，

---

① 《毛泽东选集》第2卷，人民出版社1991年版，第673页。

② 《毛泽东选集》第1卷，人民出版社1991年版，第8页。

并沿着特定的政治发展道路不断推进的。

中国共产党人顺应了历史潮流，是开辟中国特色社会主义民主的政治势力和主体力量。以毛泽东为代表的中国共产党人继承了新三民主义的本质精神，遵循了马克思列宁主义的基本原则，创造性地从国体和政体两方面阐释新民主主义共和国，丰富了人类民主的理论宝库。新中国成立前夕，毛泽东把"各革命阶级联合专政"概括为"人民民主专政"，体现了人民民主广阔的社会基础，又体现了民主专政范畴的统一。毛泽东进一步创立了作为社会主义根本政治制度的人民代表大会制度，创立了作为我国一项基本政治制度的中国共产党领导的多党合作和政治协商制度，形成了我国社会主义民主政治发展的若干原则。改革开放以来，以邓小平为核心的党的第二代领导集体提出依据中国国情建设中国特色社会主义民主。以江泽民为核心的党的第三代领导集体又创造性提出了建设中国特色社会主义政治文明。此后，以胡锦涛为总书记的党中央提出走"中国特色社会主义政治发展道路"。中国特色社会主义民主道路在中华民族伟大复兴的中国梦征程中不断成熟。党的十八届三中全会决议进一步提出，"紧紧围绕坚持党的领导、人民当家作主、依法治国有机统一深化政治体制改革，加快推进社会主义民主政治制度化、规范化、程序化，建设社会主义法治国家，发展更加广泛、更加充分、更加健全的人民民主"。正是在马克思主义民主理论的指导下，中国共产党领导人民开创了工人阶级领导的人民民主，建立了民主集中制的政权组织形式，开辟了党的领导、人民当家作主、依法治国有机统一的中国政治发展道路，在社会进步的基础上实现了民主的增量发展。中国特色社会主义民主因此得以不断完善和成熟。

五、中国特色社会主义民主逻辑形成的规律

第一，中国特色社会主义民主的形成和演进，实现了民主思想逻辑递进与民主实践的反馈提升，遵循了社会意识自身演进与社会实践的辩证发展规律，即思想理论演进规律。

中国特色社会主义民主形成实现了民主思想的辩证统一和逻辑递进。如前所述，中国传统政治文化中的民主蕴涵是中国特色社会主义民主形成

的逻辑基础,它为中国特色社会主义民主发展提供了土壤;西方民主主义思潮激发了先进的中国人冲破思想牢笼,完成传统民主思想向近代民主主义的飞跃,使民主观念深入人心;而当中国人在实践中照搬西方民主方案,由于脱离中国自身的历史条件而走向失败,进一步面临着新的选择时,传统民主思想沟通了中国人与社会主义民主之间的内在联系,马克思主义的社会主义成为中国人走向民主的行动指南。正是建立在这一悠久的历史渊源和宏阔的思想视野基础上,中国共产党人根据马克思主义理论指导,实现中国特色社会主义民主的飞跃。

中国特色社会主义民主实现了民主思想与民主实践的反馈提升。随着商品经济特别是资本主义萌芽的社会新因素增长,中国人生产实践萌生了显著变化,阶级斗争也出现了新现象,像黄宗羲这样的个别知识分子就产生了民主的朴素认识。鸦片战争以后,先进的中国人开眼看世界,在实践中探索救亡图存的根本出路;资产阶级作为完整的阶级产生,并形成了其政治诉求。资本主义君主立宪方案曾经有过几次试探,最终证实在中国走不通。资产阶级民主共和国方案曾经有过持久实践,辛亥革命推翻了两千多年的封建君主专制制度,但旧民主主义最终还是走向尽头。一些坚持走西方民主共和国道路的自由派知识分子由于缺乏社会基础,加上自身局限,他们的民主设计方案始终无法成为人民的选择。实践证明,民主共和国应当成为中国特色社会主义民主的必要形式,但西式民主共和国模式在中国走不通。君主立宪模式和西式民主共和国模式的失败,标志着西式民主主义在中国的破产。

正因如此,许多先进的中国人由原来的西方民主主义思想转变为马克思列宁主义。西方民主主义在中国不适用已被实践证明,至于马克思主义民主理论能否适用中国也依然需要历经实践检验。在中国共产党的领导下,中国特色社会主义民主历经各个时期的长久培育,终于成型。在马克思主义及其中国化的民主理论指导下,中国的民主发展取得了真正进步。土地革命时期,工农民主专政的中华苏维埃共和国已经成为新中国政权的雏形,但是还很不完善。党在实践中及时发现了问题,纠正了错误,探索了在落后国家改革体制以发展民主的方法。特别是,中国共产党在实践中还认识到,城市小资产阶级和民族资产阶级都是中国的进步力量,单纯的工农民主专政不能完全适合中国社会阶级状况。党深化了马克思主义民主理论中国化的认识，把“工农民主专政”扩展为“人民民主专政”，终于确立了新中国的立国之本。

第二，中国特色社会主义民主的形成和演进，实现了民主形态与社会形态适应发展，遵循了物质资料生产方式的矛盾运动规律，即社会历史发展规律。

民主制度及其观念是一定社会历史阶段的产物。民主的发展程度取决于物质生产力；民主的性质内涵则取决于占统治地位的生产关系。中国特色社会主义民主同样是一定历史阶段的产物，它必然要适应那个阶段的物质资料生产方式并呈现深刻的历史烙印。中国特色社会主义民主的背景是封建宗法的小农社会，它脱胎于半殖民地半封建社会，成型于社会主义初级阶段。可以说，中国的社会土壤潜在地规定着中国特色社会主义民主的独特形态。

中国特色社会主义民主的建立不是“空中楼阁”，中国特色社会主义民主的发展也要与中国社会的发展相适应。江泽民提出：“我们进行政治体制改革，必须从中国实际出发，要与我国生产关系和生产力的发展相适应，与经济体制改革相适应，与我国的历史条件、经济发展水平和文化教育水平相适应。实际上，世界上任何国家的政治发展都要遵循与自己的经济社会发展相适应这个道理。”①在全面建成小康社会和全面深化改革的历史阶段，习近平更加强调推动中国特色社会主义民主发展，“我们一直认为，我们的民主法治建设同扩大人民民主和经济社会发展的要求还不完全适应，社会主义民主政治的体制、机制、程序、规范以及具体运行上还存在不完善的地方，在保障人民民主权利、发挥人民创造精神方面也还存在一些不足，必须继续加以完善”②。中国特色社会主义民主，正是在推进现代化的同时不失时机地改革政治体制实现增量发展的。

第三，中国特色社会主义民主的形成和演进，实现了思想理论、社会历史与政治实践的对立统一，遵循了思想与历史统一于实践的辩证唯物主义认识论规律。

---

① 《江泽民文选》第3卷，人民出版社2006年版，第236—237页。

② 习近平：《在庆祝全国人民代表大会成立60周年大会上的讲话》，《人民日报》2014年9月6日，第2版。

如前所述,中国特色社会主义民主的形成遵循了思想理论演进规律,同时遵循了社会历史发展规律。事实上,思想理论演进规律与社会历史发展规律不是单独存在的两条线索,而是共同作用于一条实践线索。“思想和客体的一致是一个过程”①,而这一过程,就是实践的过程,“真理是过程。人从主观观念,经过‘实践’……,走向客观真理”②。

人的活动是“具有有意识的生命活动”③,而概念则是人的意识的最高形式。同时,“应注意具体的主体(=人的生命)在客观环境中存在的一般前提”④。作为主体的人还受到客观环境的内在规定。“世界不会满足人,人决心以自己的行动来改变世界。”⑤人的行动就是人的实践活动。中国共产党自从成立伊始就是中国工人阶级和中国人民、中华民族的先锋队,代表中国先进生产力的发展要求,代表中国先进文化的前进方向,代表中国最广大人民的根本利益,是中国特色社会主义民主实践的领导力量。“人的实践经过亿万次的重复,在人的意识中以逻辑的式固定下来。这些式正是(而且只是),由于亿万次的重复才有先人之见的巩固性和公理的性质。”⑥中国特色社会主义民主的形成实践表明:“工人阶级(经过共产党)领导的以工农联盟为基础的人民民主专政……这就是我们的公式,这就是我们的主要经验,这就是我们的主要纲领。”⑦中国共产党领导中国人民,正是在科学思想理论的指导下,又科学地把握本国国情;正是顺应了社会历史发展潮流,又顺应了最广大人民的愿望,凝聚成与时俱进的中国特色社会主义民主实践,才形成了理论、道路、制度、形式等成果。中国特色社会主义民主的这一切成果,无不是中国共产党思想理论与社会历史高度统一的实践创举。

---

① [苏]列宁:《哲学笔记》,中共中央党校出版社 1990 年版,第 216 页。

② [苏]列宁:《哲学笔记》,中共中央党校出版社 1990 年版,第 223 页。

③ 《马克思恩格斯文集》第 1 卷,人民出版社 2009 年版,第 162 页。

④ [苏]列宁:《哲学笔记》,中共中央党校出版社 1990 年版,第 225 页。

⑤ [苏]列宁:《哲学笔记》,中共中央党校出版社 1990 年版,第 228 页。

⑥ [苏]列宁:《哲学笔记》,中共中央党校出版社 1990 年版,第 243 页。

⑦ 《毛泽东选集》第 4 卷,人民出版社 1991 年版,第 1480 页。

第四章　历史脉络与实践演进

——中国特色社会主义民主的逻辑进程

习近平同志指出："设计和发展国家政治制度，必须注重历史和现实、理论和实践、形式和内容有机统一。要坚持从国情出发、从实际出发，既要把握长期形成的历史传承，又要把握走过的发展道路、积累的政治经验、形成的政治原则，还要把握现实要求、着眼解决现实问题，不能割断历史，不能想象突然就搬来一座政治制度上的'飞来峰'。"①中国共产党始终是中国特色社会主义民主的历史使命承担者。与近代以来西方民主模式在中国失败的惨痛教训形成鲜明对比的是，中国共产党领导的人民民主却展示出强大生命力和无比优越性。中国共产党人立足本国历史依据，历经革命、建设、改革各个历史阶段，探索了符合国情的民主道路、民主制度和民主理论，最终确立了中国的民主形态，也就是今天的中国特色社会主义民主。中国特色社会主义民主历经近代170多年的总结，新中国60多年的探索，改革开放30多年的实践，展现出了宏伟壮丽而又不断递进的逻辑进程。

一、选择与开启：中国共产党早期的理论与实践

鸦片战争以后，先进的中国人开眼看世界，在实践中探索救亡图存的根本出路；资产阶级作为完整的阶级产生，并形成了其政治诉求。人只能在既有条件下创造历史。在当时，西方自由民主是主要进步潮流。中国资产阶级吸收了西方民主主义的合理内核，把中国传统文化的民主蕴含提升为民

---

① 习近平：《在庆祝全国人民代表大会成立60周年大会上的讲话》，《人民日报》2014年9月6日，第2版。

主主义，探索了中国的民主实现形式，主要是“君主立宪”和“民主共和”两种。

君主立宪方案曾经有过几次试探。戊戌变法曾波澜壮阔，清末新政一度让维新派满怀憧憬，帝制复辟又让已经阻碍历史发展的立宪派拍手称快。但是，这些试探或者失败，或者幻灭无奈，或者被人民扫出历史舞台。实践证明，君主立宪模式在中国走不通。一些原立宪派人士的思想发生了转变。梁启超发表《异哉所谓国体问题者》阻止袁世凯复辟帝制，甚至吸收了部分社会主义观念。杨度秘密加入中国共产党，为自己撰写了“帝道真知，如今都成过去事；医民救国，继起自有后来人”的挽联。资产阶级民主共和国方案曾经有过持久实践。辛亥革命推翻了两千多年的封建君主专制制度，中国民主进步的闸门从此拉开。但革命成果不久便被反动军阀窃取，中国人民被压迫被奴役的命运没有改变。二次革命、护国运动、护法运动等持续的探索均以失败告终，旧民主主义革命走向尽头。代表封建和买办的军阀政府召开过“国会”“国民大会”，但都被包括自由民主主义知识分子在内的广大人民揭穿了其反动本质。一些坚持走西方民主共和国道路的自由派知识分子由于缺乏社会基础，加上自身局限，他们的民主设计方案始终无法成为人民的选择。实践证明，民主共和国应当成为中国民主的必要形式；但西式民主共和国模式在中国走不通。君主立宪模式和西式民主共和国模式的失败，标志着西式民主在中国的破产。“一切别的东西都试过了，都失败了，曾经留恋过别的东西的人们，有些人倒下去了，有些人觉悟过来了，有些人正在转换脑筋。”①

西式民主实践失败后，孙中山在反思中继续探索。正在这时，俄国十月革命的一声炮响为中国送来了马克思列宁主义。孙中山站在时代的最前列。他追随列宁的思想，认为列宁的著作“是建立在一定会掌握和统治人类的思想和希望的这样的社会观念上的”②。在马克思列宁主义的影响下，孙中山正确地指出了西方民主制度的本质弊端：“各国实行这种代议政体都免不了流弊，不过传到中国，流弊更是不堪问罢了。大家对这种政体如果不去闻问，不想挽救，把国事都托付到一般猪仔议员，让他们去乱作乱为，国家前

---

① 《毛泽东选集》第4卷，人民出版社1991年版，第1471—1472页。

② 《孙中山选集》下卷，人民出版社2011年版，第632页。

途是很危险的。所以外国人所希望的代议政体，以为就是人类和国家的长治久安之计，那是不足信的。"[①]同时，他肯定了俄国苏维埃制度，认为"惟想这种人民独裁的政体，当然比代议政体改良得多"[②]。因此，他提出"近世各国所谓民权制度，往往为资产阶级所有，适成为压迫平民之工具。若国民党之民权主义，则为一般平民所共有，非少数者所得而私也"[③]；"实行普通选举制，废除以资产为标准之阶级选举"[④]；"我们拿欧美以往的历史来做材料，不是要学欧美，步他们的后尘；是用我们的民权主义，把中国改造成一个'全民政治'的民国，要驾乎于欧美之上"[⑤]。孙中山的实践表明，先进的中国人已经转变了选择，人民民主成为中国民主道路新取向。

新文化运动时期，李大钊、陈独秀等领袖，高举民主与科学的大旗，吸引了大批知识分子对资产阶级民主政治进行学理探讨，开始从历史与现实的角度，梳理晚清以来中国建立资产阶级民主政治的得失。李大钊以进化论、天赋人权为依据，说明民主政治是人类社会发展的必然，把自由视为民主政治的核心，把个性解放视为建立民主政治的基础，把代议制视为最好的民主政体，把民主政治理解为全民性的自由政治，同时，他从中国社会治乱的历史经验与推动中国社会进步的角度出发，根据中国的实际情况，突出强调思想和言论自由，把思想解放置于比民主制度更为根本的地位。陈独秀则大力宣传"卢梭式法国民主主义"的资产阶级民主主义，着重强调建立公民参与的大众民主，憧憬"多数人之国民政治"。他鼓吹法国民主学说，称道拉法耶特的"人权宣言"，意在唤醒中国民众的公民意识，为实现真正的民主共和理想而奋斗。

面对中华民国以来资产阶级民主政治实践的一次次挫败，接受民主主义的知识分子们早已对其是否可行产生了疑问。毛泽东认为："宪法，中国已有过了，曹锟不是颁布过宪法吗？但是民主自由在何处呢？大总统，那就更多，第一个是孙中山，他是好的，但被袁世凯取消了。第二个是袁世凯，第

---

① 《孙中山选集》下卷，人民出版社 2011 年版，第 785 页。
② 《孙中山选集》下卷，人民出版社 2011 年版，第 786 页。
③ 《孙中山选集》下卷，人民出版社 2011 年版，第 615—616 页。
④ 《孙中山选集》下卷，人民出版社 2011 年版，第 620 页。
⑤ 《孙中山选集》下卷，人民出版社 2011 年版，第 786 页。

三个是黎元洪，第四个是冯国璋，第五个是徐世昌，可谓多矣，但是他们和专职皇帝有什么分别呢？他们的宪法也好，总统也好，都是假东西。”[①]身处半殖民地半封建社会，中国的民族资产阶级“确实想要这种宪政，想要在中国实行资产阶级的专政，但是他们是要不来的”[②]。相反，封建势力的部分代表相继打起了宪政的招牌欺骗世人，“中国的顽固派所说的宪政，就是外国的旧式的资产阶级的民主政治。他们口里说要这种宪政，并不是真正要这种宪政，而是借此欺骗人民。他们实际上要的是法西斯主义的一党专政”[③]。因此，他对资产阶级民主政治进行了批判，认为：“现在的英、法、美等国，所谓宪政，所谓民主政治，实际上都是吃人政治。”“许多国家都挂起了共和国的招牌，实际上却是一点民主也没有。”[④]在毛泽东等先进分子看来，西方国家的民主政治“只是资产阶级一个阶级的独裁统治的别名”[⑤]。

十月革命后，经过五四新文化运动洗礼的一批进步知识分子开始关注苏俄，关注社会主义运动，关注马克思主义理论，特别是关注中国社会底层的人民生活状况。建立一个犹如苏维埃俄国般劳动群众当家作主人的政治和社会制度，成为先进分子的理想。李大钊、陈独秀迅速从激进的民主主义向确立无产阶级专政的社会主义共产主义转变。1920 年 5 月，陈独秀在上海创立马克思主义研究会，他的民主观转变为无产阶级专政的苏俄模式。他宣称：“十八世纪以来的‘德谟克拉西’是那被政府的新型财产工商阶级因为自身的共同利害，对于政府阶级的帝王贵族要求权力的旗帜”，“如今二十世纪的‘德谟克拉西’，那是被征服的新型无产阶级因为自身的共同利害，对于征服阶级的财产工商界要求权利的旗帜”。[⑥] 他认为民主主义“乃是资产阶级在从前拿他来达到封建制度底武器，在现在拿他来欺骗世人把持政权底诡计”，“若是妄想民主政治才合乎全民意，才真是平等自由，那便是大错特错”，“民主主义只能够代表资产阶级意，一方面不能代表封建党底意，一方面更不能够代表劳动阶级底意，他们往往拿全民意来反对社会主义，说社

---

① 《毛泽东选集》第 2 卷，人民出版社 1991 年版，第 736 页。

② 《毛泽东选集》第 2 卷，人民出版社 1991 年版，第 732 页。

③ 《毛泽东选集》第 2 卷，人民出版社 1991 年版，第 735 页。

④ 《毛泽东选集》第 2 卷，人民出版社 1991 年版，第 736 页。

⑤ 《毛泽东选集》第 4 卷，人民出版社 1991 年版，第 1495 页。

⑥ 陈独秀：《告北京劳动界》，《晨报》1919 年 12 月 1 日。

会主义是非民主的，所以不行，这都是欺骗世人把持政权的诡计”。[①]

蔡和森、毛泽东、张闻天等陈独秀、李大钊的追随者们，也在对中国的民主道路进行探索的过程中确立了马克思主义的信仰。他们希望通过资产阶级民主政治的选举制度，选出无产阶级劳动民众的代表，保障自身的利益，在此基础上通过无产阶级革命以及专政，来确立无产阶级的民主政治。中国共产党成立后，在中国革命的实践中，早期中国共产党人逐渐对中国的民主政治进行了自己的思考。中国共产党的民主理念在党的初期的宣言和纲领中得到集中体现。1922 年 9 月，《向导》发刊词曾明确指出：“近代民主政治，若不建设在最大多数人的真正民意之上，是没有不崩坏的。”“所谓近代政治，即民主政治立宪政治，是怎样发生的呢？他的精髓是什么呢？老老实实的简单说来，只是市民对于国家所要的言论，集会，结社，出版，宗教信仰，这几项自由权利。”[②]要突破资产阶级民主政治的狭隘，以苏俄为榜样，建立一个真正代表多数人的民意的无产阶级的民主政治——工农民主政权，成为中国共产党成立后发动革命运动的一个明确目标。

中国共产党成立前后，共产党人把一般民主理论提升到马克思主义民主理论，形成了我党早期的民主观。早在 1919 年，毛泽东已经认识到“民众的联合力量最强”。民众的联合力量，就是“由独裁政治，变为代议政治。由限制的选举，变为没有限制的选举……由少数阶级专制的黑暗社会，变为全体人民自由发展的光明社会”。总之，就是“由强权得自由”[③]。“民众的大联合”是马克思主义民主理论中国化的最初形态，它的提出成为党的群众路线和后来人民民主的理论起源。李大钊是当时我党马克思主义民主观最成熟的代表。他认为“平民主义……所用的‘人民’这一语，很是暧昧，很是含混……普通所说的平民政治，不是真正的平民政治，乃是中产阶级的平民政治”，而“工人政治就是为工人，属于工人，由于工人的事务管理”。[④] 在李大钊看来，“现在的平民政治正在由中产阶级的平民政治向无产阶级的平民政

① 陈独秀：《随感录民主党与共产党》，《新青年》第八卷第四号，1920 年 12 月 1 日。

② 中央档案馆：《中共中央文件选集》第 1 册，中共中央党校出版社 1989 年版，第 568 页。

③ 《中共一大代表早期文稿选编》上册，上海人民出版社 2011 年版，第 736 页。

④ 《建党以来重要文献选编》第 1 册，人民出版社 2011 年版，第 111—113 页。

治发展的途中”[①]。他相信，只有“无产阶级的平民政治”才是“真正的平民政治”。在马克思主义指导下，李大钊已经完成了思想转变，形成了民主的科学认识。特别是，“无产阶级的平民政治”这一范畴，实际上内在萌生着中国共产党以后提出的“工人阶级领导的人民民主专政”。

早期中国共产党人初步探讨了民主政治的具体内涵和奋斗目标。中共一大党纲提出“承认无产阶级专政”[②]。中国共产党成立后，在中国革命的实践中，中国共产党人逐渐对中国的民主政治进行了自己的思考。中国共产党发布的《中国共产党对时局的主张》公开提出要以“民主政治”代替“军阀政治”。所谓民主政治，“乃是由一个能建设新的政治组织应付世界的新环境之民主党或宗旨相近的数个党派之联合，用革命的手段完全打倒非民主的反动派军阀官僚，来掌握政权的意思”[③]。真正的民主派又要具备两个条件，一是“党纲和政策必须不违背民主主义的原则”，二是“行动必须始终拥护民主主义与军阀奋斗”。[④] 由此，党提出了“使工人、贫农和小资产阶级建立民主主义联合战线”的主张。同时提出，工人阶级要坚持自身利益，在民主革命后建立“与贫苦农民联合的无产阶级专政”[⑤]。中国共产党还比较准确地认识到公民权利是民主政治的题中之义。在党的民主革命纲领中明确规定，“实行无限制的普通选举”，“保障人民集会、结社、出版之言论自由权”，“平民需有建议权，罢官权，撤回代表权及废止法律权；中央地方重要的国家官员需民选”，“实行都市和乡村自治”等。[⑥]

早期中国共产党人探讨了国家民主和基层民主、市民社会之间的关系。毛泽东指出，实现民主政治，在政权层面，就要“由强权得自由”，就要“由独裁政治，变为代议政治。由限制的选举，变为没限制的选举”。在基层层面，就要“完全的县自治，和完全的省自治。乡长民选，省长民选，自己选出同辈中靠得住的人去执行公役”[⑦]。在社会层面，就要“政治组织是以社会组织

---

① 《建党以来重要文献选编》第1册，人民出版社2011年版，第112页。
② 《建党以来重要文献选编》第1册，人民出版社2011年版，第1页。
③ 《建党以来重要文献选编》第1册，人民出版社2011年版，第90页。
④ 《建党以来重要文献选编》第1册，人民出版社2011年版，第91页。
⑤ 《建党以来重要文献选编》第1册，人民出版社2011年版，第113页。
⑥ 《建党以来重要文献选编》第1册，人民出版社2011年版，第253页。
⑦ 《中共一大代表早期文稿选编》上册，上海人民出版社2011年版，第908页。

做基础，无社会组织决不能有政治组织，有之只是虚伪。……国民全体是以国民个人做基础，国民个人不健全，国民全体当然无健全之望”[①]。工会群众团体也从这个时期开始发挥了重要作用。毛泽东等为此探索了“自治模式”的政治实践。当然，在没有建立民主政权的情况下，“社会自治”是不可能实现的。毛泽东很快认识到这一点，决定以革命的共产党推翻军阀的反动统治，以实现社会根本改造。

早期中国共产党人首次实践了人民民主的第一个模式。党在1922年就发出了“各民主派举行联席会议并建立民主主义联合战线”的呼吁。1925年，在我党的主张下，中国共产党和中国国民党共同发起了“国民议会促成会”。“到会代表二百余人，代表二十余省区，一百二十余个地方的国民会议促成会。在这些促成会旗帜之下集合的是：工农群众，知识界，教职员，学生，商人，实业家，新闻记者，律师以及各种有职业的平民。”[②]赵世炎具体领导了这次民主实践。他评价说：“这是一个民众的会议！从会议之经过与结果来看，是颇良好的。这样从民间产出的会议，在我国实不易见、或者是真正的国民会议之先声。”[③]国民议会促成会作为人民民主实践的第一个模式，有重要的历史地位。从成员构成来看，它体现了各界群众的大联合，具有新民主主义的人民民主性质。从制度设计来看，它具有人民代议制民主性质。从运行方式来看，促成会代表由各革命阶级各界各职业团体选举产生，在决策议程中又进行了广泛而充分的协商，兼有选举民主和协商民主两种形式。因此，它实际上是中国民主模式的萌芽形态。

早期中国共产党人还认识并初步实践了以“党治”推进“全民政治”的民主道路。中国共产党提出的“乃是由一个能建设新的政治组织应付世界的新环境之民主党或宗旨相近的数个党派之联合……来掌握政权”[④]的主张就已经包含了由先进政党领导民主的含义。恽代英做出了详尽阐释：“党治不是开明专制或贤人政治，因一则其目的在达到民治，并非永久想要一个人或少数人包办下去；一则党治虽有少数人领导着进行一切，然此少数领袖绝

① 《中共一大代表早期文稿选编》上册，上海人民出版社2011年版，第898页。

② 《赵世炎选集》，四川人民出版社1984年版，第278页。

③ 《赵世炎选集》，四川人民出版社1984年版，第279页。

④ 《建党以来重要文献选编》第1册，人民出版社2011年版，第90页。

非孤悬于上，任意进行，他们乃本于一定之主义策略，而有多数同志在下面与之共同努力拥护监督之。故可无专制或贤人政治之弊。”①以“党治”推进“全民政治”的思想与实践，就是今天“以党内民主推动人民民主”的源头。

综上所述，中国共产党的这一系列探索，涵盖了新型民主的理论、制度、形式、道路。事实上，中国共产党的早期民主理论与实践探索，已经成为人民民主的历史性开端。

二、雏形与培育：中国共产党局部执政时期的理论与实践

中国共产党局部执政时期，我党实践了新民主主义民主制度，确立了人民民主的理论基础，形成了人民民主的模式雏形，并收获了民主建设的基本经验。

第一，从工农民主政权到“苏维埃民主共和国”。

1922 年，党的第二次全国代表大会阐明，党的最高纲领是实现社会主义、共产主义，但在现阶段的革命纲领是打倒军阀，推翻国际帝国主义的压迫，统一中国使它成为真正的民主共和国。这是党在全中国人民面前第一次提出明确的反帝反封建的民主革命纲领，并通过了《关于“民主的联合战线”的议决案》，指出：“共产党应该出来联合全国革新党，组织民主的联合阵线，以扫清封建军阀推翻帝国主义的压迫，建设真正民主政治的独立国家为职志。”②为了贯彻民主革命纲领，建立民主联合战线，中共中央派李大钊、陈独秀同孙中山等国民党领导人会晤，商谈国共合作问题。1924 年 1 月，在中国共产党的帮助下，孙中山改组国民党，召开第一次全国代表大会，实行“联俄、联共、扶助农工”的三大政策，实现了国共两党第一次合作，取得了北伐战争的胜利。

1927 年，国民党发动政变，国共合作破裂，国民革命失败。面对血的教训，毛泽东为代表的中国共产党人及时总结历史经验，走上了农村包围城

---

① 《恽代英文集》下卷，人民出版社 1984 年版，第 865—866 页。

② 中央档案馆：《中共中央文件选集》(1921—1925)，中共中央党校出版社 1982 年版，第 38 页。

市、武装夺取政权的正确道路，而在民主问题上，继续坚持以反帝反封建的民主革命来争取真正的民主，继续站在劳动人民的立场上追求无产阶级的民主，在革命斗争中开始尝试建立工农民主政权。

土地革命时期，中国共产党第一次在局部地区执政。党领导根据地人民开辟了工农革命根据地，建立了中华苏维埃共和国，进行了新民主主义民主制度的最早建设。随着革命形势的蓬勃发展，为了便于统一领导各革命根据地的政权，1931 年 11 月 7 日，中国共产党在江西瑞金召开了中华工农兵苏维埃第一次代表大会，成立了中华苏维埃临时中央政府。中华苏维埃共和国是新型的工农民主专政政权。《中华苏维埃共和国宪法大纲》规定，“苏维埃全部政权是属于工人农民士兵及一切劳苦民众的。在苏维埃政权下，所有的工人农民红军士兵及一切劳苦民众都有权选派代表掌握政权的管理”，同时规定“只有军阀、官僚、地主、豪绅、资本家、富农、僧侣及一切剥削人的人和反动分子，是没有选派代表参加政权和政治上自由的权利的”。① 这就以根本大法的名义规定了苏区政权的性质。与工农民主专政的国体相适应，党领导苏区人民建立了民主集中制原则的工农兵代表大会制度的政体。工农兵代表大会作为国家权力机关，由劳动群众选举产生，并排除了反动阶级，从而在权力属性上真正体现了工农民主专政。人民委员会（最高行政机关）、最高法院和审计委员会相互制衡监督，统一对全国工农兵代表大会负责。中华苏维埃共和国通过民主选举，把自己最信任的代表选到苏维埃代表大会和政府机构的各个部门中去，参与国家管理，行使民主权利。苏维埃政权实行选举民主，群众选举出乡代表，乡代表选出区代表，区代表选出县代表，县代表选出省代表，省代表选出全国代表。全国工农兵代表大会是最高权力机关，由各地工农兵代表大会和红军选出的全国工农兵代表大会代表组成，每两年召开一次；大会闭幕期间，中央执行委员会为最高权力机关，每六个月举行一次会议；中央执行委员会闭会期间，组织中央人民委员会作为中央最高行政机关，处理日常政务。

土地革命时期的工农民主专政是在中国共产党的领导下，通过普遍的民主选举产生工农兵代表大会代表，苏维埃的全部权力属于工人、农民、红军兵士及一切劳苦民众，人民享有充分的自由。

---

① 《中华苏维埃共和国法律文件选编》，江西人民出版社 1984 年版，第 6 页。

由于苏区普遍处于偏僻的农村，群众的文化水平不高，文盲、半文盲占据大多数，也从未经历民主训练，进行苏维埃的民主选举仍然存在许多困难。特别是在西北苏区，苏维埃代表的产生，很难按照中央执行委员会颁布的《暂行选举法》进行，因而因地制宜，采用了群众大会的方式进行，地方党组织和红军领导干部，会首先同当地的群众领袖及工农先进分子进行协商，推选群众中有觉悟、有威望的先进分子担任基层政权的领导人，经由党组织或红军代表召开群众大会进行宣布后，革命政权再宣告成立。

由于苏区落后的社会基础，也由于首次民主制度实践缺乏经验，中华苏维埃共和国不可避免会有偏差失误，主要是"名不副实"和"以党代政"："许多地方无所谓工农兵代表会。乡、区两级乃至县一级，政府的执行委员会，都是用一种群众会选举的。一哄而集的群众会，不能讨论问题，不能使群众得到政治训练，又最便于知识分子或投机分子的操纵。一些地方有了代表会，亦仅认为是对执行委员会的临时选举机关；选举完毕，大权揽于委员会，代表会再不谈起"；"党在群众中有极大的威权，政府的威权却差得多。这是由于许多事情为图省便，党在那里直接做了，把政权机关搁置一边"。[①] 党及时发现并纠正了这些问题。苏区制定了民主制度的组织法和相关政策使群众受到政治训练，培训了国家机关干部，大力发展根据地经济、文化，进行了相适应的社会改革，这就使得苏区民主的优越性充分发挥。党团制度的建立是正确处理党政关系的较好尝试。"党在政治上是领导苏维埃，但在组织上不能直接指导和命令苏维埃，党只能运用在苏维埃中的党员起党团作用，实现党的领导，党只能得到群众的公开邀请，公开派代表参加苏维埃大会，不能直接由自己经常出席苏维埃一切会议。"[②]

工农民主专政的中华苏维埃共和国实际上是新中国政权的雏形。尽管它在政治实践中出现过错误，苏区政权对小资产阶级和民族资产阶级的排斥在当时条件下有着历史局限性，但正如毛泽东所说："苏维埃政权的民主发展到了这样的程度，实在是历史上任何政治制度不曾有的。"[③]它为落后

---

① 《毛泽东选集》第1卷，人民出版社1991年版，第71—73页。

② 《中共中央文件选集》第6册，中共中央党校出版社1986年版，第216页。

③ 毛泽东：《在第二次全国苏维埃代表大会上的报告》，《中央革命根据地史料选编》下册，江西人民出版社1982年版，第309页。

社会条件下推进民主进程以及党的领导执政方式积累了宝贵经验。

第二，从“苏维埃人民共和国”到抗日人民民主政权。

抗日战争时期，由于中国主要矛盾的变化，也由于党对新民主主义认识的深化，党的民主制度实践由“工农民主专政的苏维埃共和国”发展为“各革命阶级联合专政的新民主主义共和国”，并全面推进根据地民主建设。

1931 年“九一八”事变爆发后，中日民族矛盾在国内主要矛盾的地位更加凸显，中国社会的阶级关系也相应地发生了重大变化。针对形势的深刻变化，共产党人对民主问题也在进行新的思考，最突出的表现就是将无产阶级的民主思想与全国各界团结抗日的要求紧密地结合起来，提出了从“苏维埃工农共和国”转变为“苏维埃人民共和国”甚至“民主共和国”的构想，以联合各抗日阶级从事抗日斗争，并相继建立了各抗日阶级的联合政权。与“苏维埃工农共和国”相比，“苏维埃人民共和国”“民主共和国”扩大了民主的范畴，政权的性质从只属于工农群众转变为属于抗日的全体人民。1935 年 12 月瓦窑堡会议召开，会议通过的《中央关于目前政治形势与党的任务决议》明确指出：“不论什么人，什么派别，什么武装队伍，什么阶级，只要是反对日本帝国主义与卖国贼蒋介石的，都应该联合起来开展神圣的民族革命战争，驱逐日本帝国主义出中国，打倒日本帝国主义的走狗在中国的统治，取得中华民族的彻底解放，保持中国的独立与领土的完整。”[①]同时向外界宣告：“为了使民族统一战线得到更加广大而强有力的基础，苏维埃工农共和国及其中央政府宣告：把自己改变为苏维埃人民共和国，把自己的政策，即苏维埃工农共和国的政策的许多部分，改变到更加适合反对日本帝国主义变中国为殖民地的情况。”[②]瓦窑堡会议之后，毛泽东做了《论反对日本帝国主义的策略》的报告，他指出：“如果说，我们过去的政府是工人、农民和城市小资产阶级联盟的政府，那末，从现在起，应当改变为除了工人、农民和城市小资产阶级以外，还要加上一切其他阶级中愿意参加民主革命的分子。”[③]“人民

① 中央档案馆：《中共中央文件选集》（1934—1935），中共中央党校出版社 1986 年版，第 611 页。

② 中央档案馆：《中共中央文件选集》（1934—1935），中共中央党校出版社 1986 年版，第 614 页。

③ 《毛泽东选集》第 1 卷，人民出版社 1991 年版，第 156 页。

共和国的政府以工农为主体，同时容纳其他反帝国主义反封建势力的阶级。”①“现在的情况，使得我们要把这个口号改变一下，改变为人民共和国。这是因为日本侵略的情况变动了中国的阶级关系，不但小资产阶级，而且民族资产阶级，有了参加抗日斗争的可能性。”②口号的转变，意味着中国共产党人扩大了民主的范围，适应了全国人民要求团结抗日的形势，有利于抗日民族统一战线的建立。在苏维埃人民共和国口号提出的同时，共产党人还提出了召集全国抗日救国代表大会、组织国防政府的主张。

随着国内政治局势的进一步发展，团结抗日的要求日益迫切，共产党人逐渐注意到，“苏维埃人民共和国”的主张存在着地域上的局限性，还不能完全适应团结全国人民进行抗战的迫切要求，也不能完全反映全国人民的民主要求，同样也不利于共产党人在新形势下从事革命斗争的实践，于是很快就放弃了这个口号，进而提出了“民主共和国”的构想。1936 年 8 月 25 日，中共中央在致《中国国民党书》中首次提出“民主共和国”的口号。9 月，《中央关于抗日救亡运动的新形势与民主共和国的决议》也指出：“中央认为在目前形势之下，有提出建立民主共和国口号的必要，因为这是团结一切抗日力量来保障中国领土完整和预防中国人民遭受亡国灭种的最好方法，而且这也是从广大人民的民主要求产生出来的最适当的统一战线的口号，是较之一部分领土上的苏维埃制度在地域上更普及的民主，较之全中国主要地区上国民党的一党专政大大进步的政治制度，因此便更能保障抗日战争的普遍发动与彻底胜利。同时，民主共和国不但能够使全中国最广大的人民群众参加到政治生活中来，提高他们的觉悟程度与组织力，而且也给中国无产阶级及其首领共产党为着将来的社会主义的胜利而斗争以自由活动的舞台。因此，中国共产党宣布：积极赞助民主共和国运动。并且宣布：民主共和国在全中国建立，依据普选权的国会实行召集之时，苏维埃区域即将成为它的一个组成部分，苏区人民将选派代表参加国会，并将在苏区内完成同样的民主制度。”③提出“民主共和国”的主张以取代“苏维埃人民共和国”的口

---

① 《毛泽东选集》第 1 卷，人民出版社 1991 年版，第 159 页。

② 《毛泽东选集》第 1 卷，人民出版社 1991 年版，第 158 页。

③ 中央档案馆：《中共中央文件选集》(1936—1938)，中共中央党校出版社 1985 年版，第 88 页。

号，表明中国共产党人的人民民主思想与全国人民的抗日民主要求进一步统一起来，也与国防政府的主张统一起来，成为这个阶段共产党人人民民主思想的中心内容。

共产党人提出“民主共和国”方案，在新民主主义民主思想发展史上有很重要的意义，它是马克思主义的民主思想与中国国情进一步结合的结果，是对工农民主专政思想“左”倾倾向的修正，这为以后共产党人进一步提出新民主主义理论，使新民主主义民主思想迅速走向成熟奠定了重要基础。

1937年，中国国民党五届三中全会接受了中国共产党提出的两党合作的建议，并规定取消国民革命军与红军的对立，取消国民政府与苏维埃政府的对立，苏区变成了边区。苏维埃区域的政权建设进入了新的历史阶段——抗日民主政权阶段，苏维埃工农民主演变为抗日人民民主。

中国共产党据此领导人民在抗日根据地建立了“三三制”政权的国家民主。“无论行政机关或民意机关，共产党员只占三分之一或少于三分之一，进步势力占三分之一，中间势力占三分之一。在民意机关中，还可吸收少数右派分子参加。”[①]“三三制”政权团结了一切革命阶级，具有最广泛的民主基础。“三三制”政权的民主性还在于它本身的组织运行。从政权组织形式上，抗日根据地“在全国范围内，首先实现普选民主制度，设立议会”，“各级议会议员的产生，均按照平等、直接、无记名投票方法选举”；同时，这种议会选举“与苏维埃多层的宝塔式的选举不同”，它是“适合各阶级联盟的民主制度，适合于各党各派及全体人民的要求”。[②] 从政权运行方式上，“重大问题预先交换意见，到相当成熟的程度，然后提到会议作决定。遇有原员分歧，争论不能避免时，也要尽量使用会外谈话方多求得解决”，“非到最后不得已时不要采取少数服从多数的表决形式”。[③] 这所有的一切说明，“三三制”政权是彻底选举民主和广泛协商民主的融合统一。“三三制”政权还科学地协调了党政关系。党的领导地位不仅靠组织成分取得，更根本的是靠人民群众对党主张的拥护。“党的指导机关只有命令政府中的党团和党员的权力，

① 《邓小平文选》第1卷，人民出版社1994年版，第8页。

② 《林伯渠文集》，华艺出版社1996年版，第46页。

③ 《林伯渠文集》，华艺出版社1996年版，第395页。

只有于必要时用党的名义向政府提出建议的权力，绝对没有命令政府的权力。"[①]正是在这个意义之上，邓小平指出，"三三制政权的实质是民主问题"，"这不仅是今天敌后抗战的最好政权形式，而且是将来新民主主义共和国所应采取的政权形式"。[②]

中国共产党领导人民建立了民主政府。政府负责人由群众代表选举产生，政府还要为群众服务，接受群众批评监督，群众甚至可以撤换不满意的政府工作人员。"这样，群众才感觉到政权是他们自己手中的工具，政府才真正是他们自己的政府。"[③]这样的民主政府不是几句空洞的口号，而是有制度的保证。各级政权组织不仅建立了行政机关，而且建立了参议会制度的民意机关。参议会由公民按普遍平等原则直接选举产生。在地位上，作为全权机关的民意机关堪称行政机关的"父母机关"。"各级政府行政委员会及其首长应由民意机关选举，并由民意机关罢免，政府对民意机关（各级的参议会）的决定有绝对服从的义务。民意机关不但有选举、罢免政府行政人员之权，而且有创制、复决之权，是行政机关的'上司'。"[④]

中国共产党还领导人民建立了基层民主。1939年开始，我党领导人民建立了村代表大会，部分地区建立区代表大会。基层政权是实行民主集中制的组织。"村设村代表会，代表由公民小组在村民大会上选举产生。各公民小组对其代表可随时撤换。"[⑤]

总之，无论在国家政权还是在基层组织，无论在民主选举还是民主决策和民主监督，无论在选举民主还是协商民主，中国共产党领导下的抗日根据地建立了真正的民主模式。作为当时中国的"民主高地"，它以其强大的行动力推动了边区改革和各项事业的发展；以其强大的感召力凝聚了整个人民的力量，为新民主主义革命的彻底胜利奠定了政治基础。

第三，从"人民民主的共和国""新民主主义共和国"到"人民共和国"。

卢沟桥事变爆发前，中国共产党人曾设计过"苏维埃人民共和国""民主

---

① 《邓小平文选》第1卷，人民出版社1994年版，第13页。

② 《邓小平文选》第1卷，人民出版社1994年版，第8页。

③ 《董必武选集》，人民出版社1984年版，第56页。

④ 《彭真文选》，人民出版社1991年版，第10页。

⑤ 《彭真文选》，人民出版社1991年版，第12页。

共和国”的方案。全面抗战开始后，中国共产党人在原有方案的基础上进行了进一步探索，先后提出“人民民主的共和国”和“新民主主义共和国”的构想。“人民民主的共和国”和“新民主主义共和国”具有同样的内涵，都是设想抗日战争胜利后在全国范围内建立联合政府，不同的是关注的角度。

1939 年 5 月 4 日，毛泽东在延安青年群众举行的五四运动二十周年纪念会上发表了题为《青年运动的方向》的讲话，指出“中国反对帝国主义和封建主义的人民民主革命，快要进到一个转折点了”①。他在讲话中明确了人民民主革命的主体、动力及革命的目标。他指出，人民民主革命的主体“就是中国的老百姓。革命的动力，有无产阶级、有农民阶级，还有其他阶级中一切愿意反帝反封建的人，他们都是反帝反封建的革命力量”②。“这个革命要达到的目的是什么呢？目的就是打倒帝国主义和封建主义，建立一个人民民主的共和国。”“在这个人民民主主义的制度中，还应当容许资本家存在。”③这是中国共产党人首次喊出“人民民主”的口号，意味着中国共产党人对民主又有新的思考。人民民主逐渐成为毛泽东对中国民主道路探索的核心，并根据人民民主的理论，最终形成了新民主主义共和国的构想。

1940 年 1 月，毛泽东发表《新民主主义论》，对“新民主主义共和国”进行了全面系统的阐述。他指出：大地主大资产阶级专政的、封建的、法西斯的、反人民的国家制度，资产阶级旧式民主专政的国家制度以及社会主义国家制度，均不适合中国当时的国情。“现在所要建立的”只能是“新民主主义的共和国”。就国体而言，它是“一切反帝反封建的人们联合专政的民主共和国”。毛泽东特别强调：“国体问题，只是指的一个问题，就是社会各阶级在国家中的地位”，“资产阶级总是隐瞒这种阶级地位，而用‘国民’的名词达到其一阶级专政的实际。这种隐瞒对于革命的人民，毫无利益，应该为之清楚地指明。‘国民’这个名词是可用的，但是国民不包括反革命分子，不包括汉奸”，因此，新民主主义共和国实际上是“一切革命的阶级对于反革命汉奸们的专政”。就政体而言，“新民主主义的政权组织，应该采取民主集中制，由各级人民代表大会决定大政方针，选举政府。它是民主的，又是集中的，

① 《毛泽东选集》第 2 卷，人民出版社 1991 年版，第 561 页。

② 《毛泽东选集》第 2 卷，人民出版社 1991 年版，第 562 页。

③ 《毛泽东选集》第 2 卷，人民出版社 1991 年版，第 563 页。

就是说,在民主基础上的集中,在集中指导下的民主。只有这个制度,才既能表现广泛的民主,使各级人民代表大会有高度的权力;又能集中处理国事,使各级政府能集中地处理被各级人民代表大会所委托的一切事务,并保障人民的一切必要的民主活动”①。对新民主主义共和国的国体、政体以及政权中各阶级的地位及相互关系等,都做了概括而明确的回答。“新民主主义共和国”是一个比较明确的与中国国情相适应的民主制度的模式,从中已能看到后来人民共和国的初步轮廓。《新民主主义论》的发表,意味着毛泽东对中国的民主道路探索在理论上已经趋于成熟。

第四,“人民共和国”的形成。

抗日战争胜利初期,中国共产党根据战后国际国内形势的发展变化,一面反对内战,一面顺应民意,在解放区内部仍保持了与抗战时期性质与组织形式都基本相同的人民民主政权,在全国范围内,提出和平、民主、团结的口号,继续扩大革命统一战线,要求国民党成立举国一致的民主的联合政府,迫使国民党不得不同意中共提出的“以和平民主团结为基础”的“和平建国的基本方针”,于1946年1月召开了由各党各派和无党派人士参加的政治协商会议。经过不懈的努力,与会各党派最后通过了《政府组织》《国民大会》《和平建国纲领》《宪法草案》《军事问题》等五项决议。尽管这些决议的内容不同于中国新民主主义的纲领,但却否定了国民党的一党专政和个人独裁,一定程度上有利于和平建国和民主建国,也有利于争取广大人民群众,团结中间阶级和国民党中的民主派,从而有力地孤立了国民党反动独裁势力。但是,中国共产党建立联合政府的美好愿望很快就在蒋介石及国民党发动内战后归于破灭。1946年6月26日,国民党统治集团彻底撕毁停战协议,以30万大军围攻中原解放区;7月12日又命令国民党军进攻苏北解放区,全面内战正式爆发。中国共产党根据形势的剧烈变动,迅速调整政策。在1946年10月举行的边区第三届政府委员会第二次会议上,中国共产党根据国内形势的变化,把反对美蒋反动派和彻底实行土地改革作为政府的主要任务。边区抗日民主政权从此基本完成向人民民主政权的转变。

随着解放战争的形势已经明朗,1948年年初,解放战争的形势已根本扭转,人民解放军通过半年的外线作战积极扩大战果,全国各地许多解放区

① 《毛泽东选集》第3卷,人民出版社1991年版,第1057页。

已经连成一片，形成一个整体，夺取了很多城市。人民解放军在战争中经过磨炼，其正规性、战斗力大为提高。夺取全国胜利已在眼前，“但同时党内和军内也存在很多无纪律无政府状态”。为夺取全国的胜利，“建立一个以全国绝大多数人民为基础而在工人阶级领导之下的统一战线的民主联盟的国家制度”，成为党下一步要完成的革命任务。

1949年1月，人民解放军已取得战略决战的胜利。3月，毛泽东在中共七届二中全会的报告中，初步提出了人民民主专政思想——“无产阶级领导的以工农联盟为基础的人民民主专政”①。4月23日，南京解放，国民党政权在全国垮台。形势的发展促使中国共产党人在民主理论上进一步发展。6月30日，在为纪念中国共产党成立二十八周年而写的《论人民民主专政》一文中，毛泽东全面系统地阐述了人民民主专政的理论。他提出并阐释了“人民民主专政”或者“人民民主独裁”的概念，同时对“人民民主主义”或“新民主主义”与孙中山的新“三民主义”中的“民权主义”之间的区别进行了详细辨别说明。毛泽东最后总结道，所谓人民民主专政，“总结我们的经验，集中到一点，就是工人阶级（经过共产党）领导的以工农联盟为基础的人民民主专政”②，表现为对人民内部的民主和对反对派的专政两方面的结合。“人民民主专政”的科学概念在这时正式形成，人民民主专政的理论论述基本完成。“人民共和国”的提出是新民主主义民主思想成熟的标志。这一概念也为新政权所采用，“中华人民共和国”国名因此而来。

为使人民民主专政的国家政权尽早建立，中国共产党人将抗日战争期间党派参加的参议会制度和解放区农村土地改革中创造的新经验创造性地结合起来，创立了人民代表会议制度。1947年11月，中共中央在给冀东区党委的指示中指出：“目前解放区各级政权形式，应采取从上至下的代表会议制度，其名称一般以称人民代表会议为妥。各级农民代表会，或人民代表会，为各级政府最高权力机关，一切权力应集中于代表会而不应集中于委员会，或群众大会。各级代表会代表，县以下由区、村人民直接选举（亦可以说由人民直接委派）。县以上由区、县代表会间接选举。各级政府机关，应向代表会报告自己的一切工作，并请求审查和批准。代表会对于政府的行政、

① 《毛泽东选集》第4卷，人民出版社1991年版，第1480页。

② 《毛泽东选集》第4卷，人民出版社1991年版，第1480页。

立法、司法、监察及武装等一切事项，均有权决议或否决之，各级政府机关须完全遵守并执行代表会决议。代表会代表不称职者，得随时由选民撤回另派。各级政府委员会不称职者，得由代表会全部或个别撤换、审核。”[①]1948年4月，毛泽东充分肯定了人民代表会议在解放区成功实施所取得的经验。毛泽东指出：“在反对封建制度的斗争中，在贫农团和农会的基础上建立起来的区村（乡）两级人民代表会议，是一项极可宝贵的经验。只有基于真正广大群众的意志建立起来的人民代表会议，才是真正的人民代表会议。这样的人民代表会议，现在已有可能在一切解放区出现。这样的人民代表会议一经建立，就应当成为当地的人民的权力机关，一切应有的权力必须归于代表会议及其选出的政府委员会。”[②]同年9月，毛泽东在西柏坡主持召开中共中央政治局会议（即九月会议）时指出：“关于建立民主集中制的各级人民代表会议制度问题，我们政权的制度是采取议会制呢，还是采取民主集中制？过去我们叫苏维埃代表大会制度，苏维埃就是代表会议，我们又叫‘苏维埃’，又叫‘代表大会’，‘苏维埃代表大会’就成了‘代表大会代表大会’。这是死搬外国名词。现在我们就用‘人民代表会议’这一名词。我们采用民主集中制，而不采用资产阶级议会制。议会制，袁世凯、曹锟都搞过，已经臭了。在中国采取民主集中制是很合适的。”[③]会后，解放区各地纷纷建立人民代表会议，并选举产生了各地人民政府。

新民主主义革命实践中，以毛泽东为代表的中国共产党人创造性地发展了马克思主义理论，提出了著名的国体政体学说和人民民主专政理论。毛泽东指出，国体就是“社会各阶级在国家中的地位”，政体就是“政权构成的形式问题，指的是一定的社会阶级取何种形式去组织那反对敌人保护自己的政权机关”。[④] 并进一步指出，新民主主义共和国的国体是各革命阶级联合专政，政体是民主集中制（具体可以采用人民代表大会制），这就是新民主主义的民主政治。新中国成立前夕，毛泽东又把“各革命阶级联合专政”凝练地

---

① 中共中央文献研究室：《毛泽东思想形成与发展大事记》，中央文献出版社2011年版，第434页。

② 《毛泽东选集》第4卷，人民出版社1991年版，第1308页。

③ 《毛泽东选集》第4卷，人民出版社1991年版，第136页。

④ 《毛泽东选集》第2卷，人民出版社1991年版，第676—677页。

概括为“人民民主专政”。“人民是什么？在中国，在现阶段，是工人阶级，农民阶级，城市小资产阶级和民族资产阶级……对于人民内部，则实行民主制度，人民有言论集会结社等项的自由权。选举权，只给人民，不给反动派。这两方面，对人民内部的民主方面和对反动派的专政方面，互相结合起来，就是人民民主专政。”①人民民主专政理论是中国化的马克思主义民主理论，是新中国的立国之本，也是当代中国特色社会主义民主的理论基础。

三、奠基与探索：社会主义过渡和建设时期的理论与实践

如何建立起新民主主义的民主制度，在实践中落实新民主主义的政治纲领，是摆在毛泽东等中国共产党人面前的首要任务。中国共产党人及时总结新民主主义革命实践的经验教训，适时将实践经验升华为相应的制度加以实施，从而在新民主主义的实践中确立了新民主主义的各项民主制度，建立了人民民主专政的社会主义民主制度和组织形式，为中国特色社会主义民主奠定了根本基础。此外，党的第一代领导集体还探索了人民民主发展的若干原则，并首次提出了政治体制改革设想。

第一，人民代表大会制度的确立。

人民代表大会制度是我国的根本政治制度。中国共产党领导的多党合作和政治协商制度是我国的一项基本政治制度。两者珠联璧合，构成了人民民主的核心制度。

《论人民民主专政》发表后，人民代表会议制度在全国解放区得到进一步完善和实践。1949 年 8 月，毛泽东为中共中央起草《复华东局并告各中央局、分局、各野战军前委电》，强调三万以上人口的城市和各县均应召开各界人民代表会议。

在毛泽东的倡导和督促下，全国各地先后召开了各界人民代表会议。毛泽东在 8 月 13 日亲自出席了北平市各界代表会议。解放区各界人民代表会议的召开，为新中国成立以后召开普选的各级人民代表大会准备了条件，奠定了基础。

---

① 《毛泽东选集》第 4 卷，人民出版社 1991 年版，第 1475 页。

新中国成立之初,全国尚未完全解放,召开地方各级直至全国人民代表大会的客观条件还不具备。为此,党和国家采取了一些过渡性的措施。在中央,由中国人民政治协商会议全体会议代行全国人民代表大会的职权,制定中华人民共和国中央人民政府组织法,选举中央人民政府委员会,并赋之以行使国家权力的职能。这种依法授权国家权力的方式,体现了共和国的缔造者对建国法定程序的特别尊重。在地方,则首先建立军事管制委员会这种临时性政权,同时自上而下委派人员组成地方人民政府;在政治条件许可时,召开各界人民代表会议,逐步代行人民代表大会的职权,通过民主选举的方式建立各级地方人民政府。1952 年年底,第一届全国政协任期届满,是否召开人民代表大会的问题被提到了议事日程上。是否如期召开人民代表大会,按照中央的已有承诺和设计,及时召开全国人民代表大会,结束政治协商会议代行政权组织形式的功能,并制定宪法,依法保障人民民主专政的国家政权,是党内争论的焦点。有部分领导人认为在较短时间内无法完成召开全国人大所做的各种准备工作,应该继续沿用政治协商会议,新中国成立的头三年,政治协商会议在全国人民心目中有很好的信誉,各民主党派政治协商会议的作用给予肯定,他们并不积极要求召开全国人民代表大会。中国共产党人从历史与现实的高度,肯定了民主党派的作用。1950 年 4 月,毛泽东在听取第一次全国统战工作会议汇报时指出:从长远和整体看,必须要民主党派。民主党派是联系小资产阶级和资产阶级的,政权中要有他们的代表才行。党中央经认真研究,初步考虑先在 1953 年春夏之间召开全国政协二届全体会议,而把全国人民代表大会推到三年以后再召开。做出如期召开全国人民代表大会的决定,标志着中国共产党人决心兑现民主革命时期的政治诺言,也标志着全党形成了采取代议制方式建立人民共和国的共识。这对于人大制度的确立起到了第一推动力的作用。

1953 年 1 月 20 日,在中央人民政府委员会第二十次会议讨论召开全国人民代表大会问题时,毛泽东宣布:就全国范围来说,召开各级人民代表大会的条件已经成熟。根据《中华人民共和国全国人民代表大会及地方各级人民代表大会选举法》,从 1953 年下半年开始,在全国范围内开展选民登记和投票选举。这是我国历史上第一次普选运动,它极大地唤醒了广大人民当家作主的意识,大大地推动了我国人民民主事业。1949 年制定通过的《共同纲领》已经不能适应形势进一步发展的要求,中国人民需要把建设社会主义的共同目标以及为实现这个目标所必需的民主制度和措施用根本大法的形式确定下来。1953年,中央成立了宪法起草委员会,负责起草宪法的工作,毛泽东亲自领导了宪法起草小组的工作,亲自参加宪法草案的具体内容讨论。他深入研究和比较了国内外各类宪法的优劣,学习吸收中外历史上一切革命性、民主性、进步性的东西,借鉴一切对人民有利的经验。宪法草案在1954年公布后,在两个月的时间里,引起了全国人民的热烈讨论,共有1.5亿人参加。1954年9月,第一届全国人民代表大会召开。会议通过了中国第一部社会主义类型的宪法。宪法明确规定中国的政权组织形式是人民代表大会制度,结束了由政协全体会议授权中央人民政府代行国家最高权力的历史。同时,大会还选举了中央各国家机构负责人,制定了中央和地方国家机关组织法等。根据这些法律,产生了全国人大常委会、国务院、最高人民法院和最高人民检察院。从此,全国人民代表大会制度正式在全国范围内建立起来。

经过人民代表会议的试点实践,新中国终于在1954年9月建立了人民代表大会制度,并颁布了我国历史上第一部社会主义类型的宪法。宪法规定"中华人民共和国是以工人阶级领导的以工农联盟为基础的人民民主国家",同时规定"中华人民共和国的一切权力属于人民。人民行使权力的机关是全国人民代表大会和地方各级人民代表大会",从而以根本大法的形式明确了我国的国体和政体。1954年9月,第一届全国人民代表大会第一次会议在北京召开,标志着人民代表大会制度在全国范围内建立起来。人民代表大会制度体现了人民主权原则与中国具体实际的结合,既符合我国国情又实现了人民当家作主,是我国的根本政治制度。

第二,共产党领导的多党合作政治协商制度的形成。

党派合作协商思想,是中国共产党在抗战期间领导参与宪政民主运动的实践中逐渐形成并发展起来的。抗战期间,根据"新民主主义共和国"的构想,结合抗日根据地的具体情况,中国共产党人形成了独到的"三三制"政权思想。"三三制"的实行,带来了中国历史上前所未有的民主之风,不仅从政治上进一步团结了各抗日党派、各抗日阶级与阶层,也争取了中间力量,调动起一切积极因素,共同为抗战救国贡献力量,在一定程度上推动了全国的民主化运动。"三三制"民主政权是抗日根据地民主政权建设的典型,也是中国协商民主制度的雏形。

抗战胜利后，为避免内战爆发，以毛泽东为首的中国共产党非常重视团结各民主党派，与各民主党派团结合作争取和平民主建立新中国。1945年8月25日，中共中央发出对目前时局的宣言，公开提出"和平、民主、团结"的方针。"要求国民党政府立即实施六项措施，承认各党派的合法地位，立即召开各党派和无党派代表人物会议成立举国一致的民主的联合政府。"①宣言得到各民主党派热烈响应。为进一步争取和平民主的实现，8月28日，毛泽东亲自率领中国代表团赴重庆与蒋介石展开重庆和谈。谈判期间，毛泽东与各民主党派、人民团体、无党派人士代表人物包括张澜、沈钧儒、黄炎培、章伯钧等人广泛接触会晤，开诚布公地向他们宣传中国共产党的政治主张和实现和平、民主、团结的和平建国基本方针。这样，团结了各民主党派，与各民主党派建立了亲密的友谊关系。

"双十协定"签订后，为了解决国内和平建设问题，在中国共产党与各民主党派紧密合作、努力斗争下，1946年1月，国民政府在重庆召开了政治协商会议。会议期间，中国共产党人进一步加强同民盟及其他民主党派的协商与合作，团结一致、抵制国民党一党专政的图谋，使政协会议通过了施政纲领、政治组织、宪法草案等五个决议案。这些决议规定的内容虽然与党的新民主主义纲领有很大差距，但却因公开地否定了蒋介石的专制独裁和内战政策，有利于人民而不利于蒋介石与国民党的独裁统治。中国共产党同民主党派和民主人士的团结合作，为多党合作和政治协商制度的确立打下了坚实的基础。国民党发动全面内战后，中国共产党坚持与民主党派真诚合作，共商国是，共同奋斗。各民主党派对中间路线仍抱有幻想，主张在国民党和共产党之间实行"中间路线"，另走"第三条道路"，试图在中国建立一个欧美式的资本主义国家，自由地发展资本主义。然而，已决心用武力解决一切的国民党，对民主党派所主张的"中间路线"已无法容忍，1947年10月，国民党政府勒令民盟解散，"第三条道路"和"中间路线"破产。这充分说明在抗战胜利后的中国，由于国内外局势的变化，民族资产阶级自身的两面性，根本不可能在国共两党之外建立起一个欧美式的资本主义民主政权。为了团结各民主党派、无党派爱国民主人士及社会各界，建立一个广泛的人民民主统一战线，1947年10月，毛泽东在《中国人民解放军宣言》中向中外

① 《毛泽东年谱(1893—1949)》下卷，人民出版社1993年版，第14页。

宣布:“联合工农兵学商各被压迫阶级、各人民团体、各民主党派、各少数民族、各地华侨和其他爱国分子,组成民族统一战线,打倒蒋介石独裁政府,成立民主联合政府。”①1948 年 4 月,中共中央发布纪念五一劳动节口号,号召“团结各民主党派、各人民团体、各社会贤达迅速召开没有反动分子参加的新的政治协商会议,讨论并实现召集人民代表大会,成立民主联合政府”②。中国共产党的号召,先后得到各民主党派、无党派民主人士和海外华侨的热烈响应。1948 年 5 月 1 日,毛泽东致信李济深、沈钧儒时指出:“此项会议似宜定名为政治协商会议。”1949 年 1 月,李济深、沈钧儒等 55 名抵达解放区的民主人士联名发表《我们对时局的意见》,一致表示“愿在中共领导下,献其绵薄,共策进行,以期中国人民民主革命之迅速成功,独立、自由、和平、幸福的新中国之早日实现”③。

1949 年 3 月,毛泽东在中共七届二中全会上的报告中,批评了在对待党外民主人士问题上存在的关门主义等错误倾向,全面阐述了同各民主党派长期合作的思想,明确提出了党派合作的重要性,要求全党对于这个问题必须有认真的检讨和正确的认识。通过七届二中全会,中国共产党进一步加强了同各民主党派、无党派人士的团结与合作,一个崭新的政党制度即将在新中国诞生。此后,中国共产党在与民主党派、无党派人士团结合作、共商国是的实践中,确定了多党合作的具体形式。

1949 年 6 月 15 日,新政治协商会议筹备会在北京召开第一次全体会议。1949 年 9 月 17 日,新政治协商会议筹备会第二次全体会议最终决定将新政治协商会议名称改为“中国人民政治协商会议”,在 9 月下旬召开中国人民政治协商会议第一届全体会议。9 月 21 日开始的中国人民政治协商会议,经多方讨论协商,通过法定程序最终成为多党合作制度的主要组织形式。政治协商会议上确定了民主党派人士在即将成立的中央政府任职参政,成为多党合作制度的又一具体形式。会议通过的《共同纲领》成为中国共产党和各民主党派合作的共同政治基础,这样,中国共产党领导的多党合

---

① 《毛泽东选集》第 4 卷,人民出版社 1991 年版,第 1237 页。

② 《毛泽东年谱(1893—1949)》下卷,人民出版社 1993 年版,第 305—306 页。

③ 中国民主同盟中央文献委员会:《中国民主同盟历史文献(1941—1949)》,文史资料出版社 1983 年版,第 505 页。

作和政治协商制度就在法律上和实践中得到了确立。

1954年12月，在中共中央的建议下，中国人民政治协商会议第二届全国委员会第一次会议在北京举行，会议通过了《中国政治协商会议章程》，奠定了中共领导下政治协商的制度基础，在中国共产党的领导下，各政党、各人民团体、少数民族和社会各界的代表，以中国人民政治协商会议为组织形式，就国家的大政方针进行民主协商的做法，逐渐成为人民民主专政的重要制度。随着过渡时期总路线的贯彻实施，社会主义改造在1956年年末基本完成，社会主义的基本制度已经确立。中国进入了崭新的社会主义社会。毛泽东在《论十大关系》《关于正确处理人民内部矛盾》等讲话中，对党派政治协商的原则进行了创造性地阐述，提出了“长期共存、互相监督”八字方针，对政治协商制度的发展起到了推动作用。在随后召开的全国人大第三次会议和党的第八次全国代表大会上，“长期共存、互相监督”作为社会主义时期多党合作、处理党派关系的指导方针，得到了正式的确认。对于政协二届全国委员的产生，中共中央确定了人民政协以各民主党派、人民团体为基础的政治原则和全国委员会名单由各党派协商提名的原则，最后达到了559人，比第一届全国委员会198人增加了1倍多，中共委员名额被有意识地减少，为150人，仅占26.8%，各民主党派和各界民主人士达409人，占73.2%。大会选出的16名副主席当中，各民主党派负责人和无党派民主人士13人，占81.2%。

中国人民政治协商会议以中国共产党领导的多党合作和政治协商的重要机构的职能发挥作用，成为我国社会主义民主的重要组成部分。“人民通过选举、投票行使权力和人民内部各方面在选举投票之前进行充分协商，尽可能就共同性问题取得一致意见，是我国社会主义民主的两种形式。”①这两种形式使得中国特色社会主义民主开始就与苏联等社会主义国家不同，更是西方民主无可比拟的。

第三，民族区域自治制度的奠基。

民族问题一向是困扰中国这个多民族国家的难题。在历史上对民族问题的处理，历代统治者的政策自有其利弊得失，但总体上并未得到妥善处

① 中共中央文献研究室：《江泽民论有中国特色社会主义（专题摘编）》，中央文献出版社2002年版，第347页。

理。辛亥革命后的中华民国政府,在民族问题民族政策上依然具有大汉族主义的倾向,其民族政策也始终未能平等对待各少数民族。中国共产党人接受列宁领导下的共产国际所提出的民族政策,在二大上明确提出"民族自决"的主张。这是有关民族问题的理论雏形。长征结束后,中国共产党在西北地区发展,对民族自决的政策进行了发展,逐渐形成了民族自治的思想。1937 年 8 月 15 日,中国共产党公布了《抗日救国十大纲领》,在"全国人民的总动员"条文中,曾明确规定:"动员蒙民、回民及其他一切少数民族,在民族自决和民族自治的原则下,共同抗日。"[①]同年 11 月,中共中央制定的陕甘宁边区施政纲领中也有同样的规定。国难当头,中国共产党人已经将民族纲领的重心开始向实现民族自治转移。

1938 年 9 月,中共在延安召开扩大的第六届中央委员会第六次全体会议,毛泽东在会上做了题为《论新阶段》的政治报告。在报告中,毛泽东对"民族区域自治"基本政策进行了全面系统的理论阐述。提出允许各少数民族与汉族享有平等权利,在共同抗日原则之下,有自己管理自己事务的权利,尊重各少数民族的文化、宗教、习惯,赞助他们发展各自的文化教育。六届六中全会是民族区域自治思想趋于成熟的历史标志。随后,中共中央在西北局专门成立了民族问题研究室,调研西北各少数民族,特别是蒙古族、回族的情况,为中央制定民族政策提供依据。民族自治构想的提出,推动了各少数民族团结一致参加抗战。抗战期间,大青山革命根据地蒙汉民族民主政权、琼崖抗日根据地民主政权的创建发展,陕甘宁边区辖区民族自治权的实施,在很大程度上与民族自治构想的实施有密切关系。

抗战胜利后,中国共产党人进一步发展民族自治的构想。1946 年中共代表团在政治协商会议上提交了《和平建国纲领草案》,提出少数民族区域承认其自治权,确定省县参议员的名额等主张。《草案》获得通过,少数民族的自治权得到法律保障,或国家政权认可。

此后,中共中央在内蒙古、海南、新疆等地将民族自治的政策不断贯彻实施,获得了空前的发展。理论上,民族区域自治已经发展成为一个基本成熟的政策体系。实践上,1948 年内蒙古民族自治政权的建设取得了历史性

---

① 中央档案馆:《中共中央文件选集》第 11 册,中共中央党校出版社 1991 年版,第 328 页。

的成功，为新民主主义社会民族区域自治的国家制度奠定了理论基础，积累了经验。

1949年年初，毛泽东根据中国历史和当时国情，决定不实行联邦制而采用民族区域自治制度。1949年9月，周恩来在向政治协商会议代表征询意见时指出："任何民族都是有自决权的，这是毫无疑问的事。但是今天帝国主义者又想分裂我们的西藏、台湾甚至新疆，在这种情况下，我们希望各民族不要听帝国主义者的挑拨。为了这一点，我们国家的名称，叫中华人民共和国，而不叫联邦。我们虽然不是联邦，但却主张民族区域自治，行使民族自治的权力。"①经过充分协商与讨论，民族区域自治制度最终被明确写入《共同纲领》中，这标志着中国共产党民族区域自治在理论上形成和在实践上被作为国家的一项政治制度正式确立了。

解放战争时期中国共产党制定的民族自治政策，既使所有少数民族都能享受自治权利，维护本民族的民主权益，真正使各族人民群众都实现当家作主，都能广泛参与国家和本民族内部事务的管理，又保证了中华民族的大团结和国家政治的统一。民族区域自治是对民主实现形式的伟大创造，被称为"史无前例的创举"。

除了以上各项民主制度的确立外，党的第一代领导集体还领导人民开启了社会主义法制建设。在当时的历史时期，刘少奇曾提出："无产阶级法制，就是人民民主的法制，也就是社会主义法制。法制不一定是指专政方面的，人民内部也要有法制，国家工作人员和群众也要受公共章程的约束……法院独立审判是对的，是宪法规定了的，党委和政府不应该干涉他们判案子。"②与此同时，民族区域自治制度也在这个时期建立起来。《中国人民政治协商会议共同纲领》明确规定："各少数民族聚居的地区，实行民族区域自治，按照民族聚居的人口多少和区域大小，分别建立各种民族自治机关。"后来，民族区域自治制度载入宪法，成为我国一项重要的基本政治制度。此外，中国共产党还领导人民建立了街道居民委员会的群众自治组织，开始了基层民主实践。

中国共产党第一代领导集体还创造性提出了中国特色社会主义民主发

---

① 《周恩来统一战线文选》，浙江人民出版社1985年版，第139—140页。

② 《刘少奇选集》下卷，人民出版社1985年版，第452页。

展的若干原则。毛泽东指出，要调动一切积极因素建设社会主义，以“团结—批评—团结”的民主方式正确处理人民内部矛盾，造成一种“又有集中又有民主，又有纪律又有自由，又有统一意志又有个人心情舒畅、生动活泼”①的政治局面，“劳动者管理国家、管理军队、管理各种企业、管理文化教育的权利……这是社会主义制度下劳动者的最大权利，最根本的权利”②，以及发动群众反对官僚主义，精简党政机构，用规章制度管人，等等。此外，毛泽东还特别提出要依据经济基础和生产力的发展需要，鼓励群众以首创精神改革国家制度的重要思想。毛泽东指出：“上层建筑一定要适合经济基础和生产力的发展需要……在群众觉悟提高的基础上，允许并且鼓励群众的那些打破限制生产力发展的规章制度的创举。”③这所有的一切对当代中国特色社会主义民主的发展仍有着重要指导意义。周恩来指出：“我们现在还不是普遍实行直接的、秘密的选举，全国的经济和文化水平还没有发展到具备这样的条件。但是我们可以从另外一些方面来扩大民主，例如：第一，使人大代表经常去接触人民。我们的人大代表，还有政协委员，每年应有两次到人民中去直接视察工作。他们可以从与政府不同的角度去接触广大人民，接触实际，看我们的工作是否做得恰当，做错了没有，有什么缺点，有什么偏差……第二……就是把所有代表的发言，包括批评政府工作的发言，不管对的、部分对的甚至错的都发表出来。这就在人民中揭露了政府工作的缺点……西方议会的某些形式和方法还是可以学的，这能够使我们从不同方面来发现问题……第三，我们还要进一步使人大代表参加对政府工作的检查，一直到检查公安、司法工作……不仅这样，中央与地方也要互相影响……中央与地方要相互影响，相互监督，不要以为只是上面对下面监督，下面同样要监督上面，起制约的作用。唱‘对台戏’就是从两个方面看问题，来完成社会主义的伟大事业。”④可以说，今天我们完善人民代表大会制度的重大举措，都是在实践周恩来当年提出的设想。此外，刘少奇还提出了借鉴

① 《毛泽东选集》第5卷，人民出版社1977年版，第456页。

② 《毛泽东文集》第8卷，人民出版社1999年版，第129页。

③ 《毛泽东文集》第7卷，人民出版社1999年版，第353页。

④ 《周恩来选集》下卷，人民出版社1984年版，第107—108页。

参考美国总统任期制的设想。[1] 在中国共产党领导的多党合作和政治协商制度方面，在明确政协性质和任务基础上发展了协商民主；以"长期共存、互相监督"的方针发展了社会主义新型政党关系；等等。

当然，在全面建设社会主义时期，党的第一代领导集体在我国民主实践中出现了失误。重提"以阶级斗争为纲"，以及把"大鸣、大放、大辩论、大字报"作为"充分发挥了社会主义民主"的形式，最终导致深重浩劫的十年内乱。事实证明，"大民主"对社会主义民主不是发展了，而是严重破坏了。这些错误的理论与实践给党和国家民主政治发展带来了深刻教训。

四、成型与创新：改革开放新时期的理论与实践

中共十一届三中全会以后，党领导人民开始了改革开放和社会主义建设的新征程。我国民主运行恢复了正常秩序，中国特色社会主义民主随着社会主义现代化建设的发展逐步完善。1982 年，《中华人民共和国宪法》正式施行。"以国家根本法的形式，确立了中国特色社会主义道路、中国特色社会主义理论体系、中国特色社会主义制度的发展成果，反映了我国各族人民的共同意志和根本利益，成为历史新时期党和国家的中心工作、基本原则、重大方针、重要政策在国家法制上的最高体现。"[2]邓小平提出"没有民主就没有社会主义，也就没有社会主义现代化"[3]这一重要论断，特别强调"我们提出改革时，就包括政治体制改革。现在经济体制改革每前进一步，都深深感到政治体制改革的必要性。不改革政治体制，就不能保障经济体制改革的成果，不能使经济体制改革继续前进，就会阻碍生产力的发展，阻碍四个现代化的实现"[4]。党的十三大提出包括完善人民代表大会制度、中国共产党领导的多党合作和政治协商制度以及基层民主生活制度化在内的

---

① 萧东连：《求索中国：文革前十年史》下，中共党史出版社 2011 年版，第 855—856 页。

② 习近平：《在首都各界纪念现行宪法公布施行 30 周年大会上的讲话》，《人民日报》2012 年 12 月 5 日，第 2 版。

③ 《邓小平文选》第 2 卷，人民出版社 1993 年版，第 168 页。

④ 《邓小平文选》第 3 卷，人民出版社 1993 年版，第 176 页。

社会主义民主政治若干制度。特别是依据1982年宪法正式创建了包括城市居民委员会和农村村民委员会两方面的直接民主的基层群众自治制度。至此,我们党明确把国家政权的人民代表大会制度和国家基层的群众自治制度共同作为人民民主的两个层面。[①] 党的十三大还提出不断推进政治体制改革发展社会主义民主政治的基本思路。十三大报告认为,政治体制改革的长远目标是“建立高度民主、法治完备、富有效率、充满活力的政治体制”,近期目标是“建立有利于提高效率、增强活力和调动各方面积极性的领导体制”。[②]

党的十四大进一步完善了人民代表大会制度,提出“逐步形成深入了解民情、充分反映民意、广泛集中民智的决策机制”;进一步完善中国共产党领导的多党合作和政治协商制度,提出以“规范化”“制度化”地推进人民政协政治协商、民主监督和参政议政;把基层民主提升到“社会主义民主最广泛的实践”高度,并把职工代表大会制度为基本形式的企业民主管理制度纳入其中,使得原有的基层群众自治制度扩展到由城市居民委员会、农村村民委员会和职工代表大会制度组成的三个方面。[③] 党的十五大把“建设有中国特色社会主义的政治”作为社会主义初级阶段基本纲领的重要组成部分,具体内容有:“在中国共产党领导下,在人民当家作主的基础上,依法治国,发展社会主义民主政治。这就是要坚持和完善工人阶级领导的、以工农联盟为基础的人民民主专政;坚持和完善人民代表大会制度和共产党领导的多党合作、政治协商制度以及民族区域自治制度。发展社会主义民主,健全法制,建设社会主义法治国家。实现社会安定,政府廉洁高效,全国各族人民团结和睦,生动活泼的政治局面。”[④]此外,十五大还正式把“依法治国”作为党领导人民治理国家的基本方略,以实现社会主义民主的制度化、法律化。

党的十六大进一步提出了“实现社会主义民主政治的制度化、规范化和程序化”的要求,并首次提出建设“社会主义政治文明”。党的十七大第一次完整地阐述了“中国特色社会主义政治发展道路”命题,指出中国特色社会主义政治发展道路就是“坚持中国特色社会主义政治发展道路,坚持党的领

---

① 《彭真文选》,人民出版社1991年版,第607—608页。

② 《十三大以来重要文献选编》上,人民出版社2011年版,第39页。

③ 《江泽民文选》第2卷,人民出版社2006年版,第29—30页。

④ 《十五大以来重要文献选编》上,人民出版社2011年版,第16页。

导、人民当家作主、依法治国有机统一，坚持和完善人民代表大会制度、中国共产党领导的多党合作和政治协商制度、民族区域自治制度以及基层群众自治制度，不断推进社会主义政治制度自我完善和发展”①。与此同时，还第一次把基层群众自治制度纳入中国特色社会主义民主制度体系。人民代表大会的根本政治制度、中国共产党领导的多党合作和政治协商制度、民族区域自治制度、基层群众自治制度以及建立在这个制度上的政治体制共同构成了中国特色社会主义政治制度。中国特色社会主义政治制度同经济制度、文化制度、社会制度等一起，“是党和人民九十多年奋斗、创造、积累的根本成就”，同时是“改革开放三十多年一以贯之的接力探索”的成果。② 党的十七届四中全会又提出以“党内民主带动人民民主”这一推动中国特色社会主义民主发展的新举措。

党的十八大对中国特色社会主义民主进行了崭新的布局。十八大报告提出提高基层人大代表特别是一线工人、农民、知识分子代表比例，降低党政干部代表比例；在人大设立代表联络制度，完善代表联系群众制度；加强权力机关组织制度创新，优化常委会、专委会知识、年龄结构，提高专职人员比例；加强对“一府两院”的监督，并首次提出“加强对政府全口径预算结算的审查和监督”等一系列重大举措，发展了作为根本政治制度的人民代表大会制度。十八大报告首次提出“社会主义协商民主制度”这一命题。社会主义协商民主制度，包括人民政协政治协商制度、中国共产党同民主党派的政治协商制度，也包括专题协商、对口协商、界别协商、提案办理协商制度等多形式协商制度；国家政权机关政治协商、政协组织政治协商、党派团体政治协商等多渠道协商制度；以及基层民主协商、地方政治协商、国家政治协商等多层次政治协商制度。“社会主义协商民主制度”的提出，大大拓展了原有中国共产党领导的多党合作和政治协商制度，使得协商民主由“形式”上升到“制度”。十八大报告对基层民主制度做出了新界定，把原先的“农村村民委员会、城市居民委员会、企业职工代表大会”重新概括为包括“城乡社区治理群众自治、基层公共事务群众自治、公益事业群众自治和企事业单位职工代表大会制度”在内的基层民主自治体系。十八大报告正式提出我国行

① 《十七大以来重要文献选编》上，人民出版社 2011 年版，第 22 页。

② 《十七大以来重要文献选编》上，人民出版社 2011 年版，第 12 页。

政体制改革的目标是建立中国特色社会主义行政体制，即"深入推进政企分开、政资分开、政事分开、政社分开，建设职能科学、结构优化、廉洁高效、人民满意的服务型政府。"[①]十八大报告提出"健全权力运行制约和监督体系"，包括四个方面：健全决策机制和程序；健全问责和纠错制度；健全公开制度；健全监督制度。十八大报告还提出在民主集中制基础上健全党内民主制度体系。作为人民民主的带头示范，党内民主取得了率先发展。

2013年十八届三中全会召开，会议提出了《中共中央关于全面深化改革若干重大问题的决定》，实现了推进民主政治建设的进一步创新。

首先，提出加快推进社会主义民主政治制度化、规范化、程序化。

十八届三中全会提出：紧紧围绕坚持党的领导、人民当家作主、依法治国有机统一深化政治体制改革，加快推进社会主义民主政治制度化、规范化、程序化，建设社会主义法治国家，发展更加广泛、更加充分、更加健全的人民民主。要求紧紧围绕提高科学执政、民主执政、依法执政水平深化党的建设制度改革，加强民主集中制建设，完善党的领导体制和执政方式，保持党的先进性和纯洁性，为改革开放和社会主义现代化建设提供坚强政治保证。指出：发展社会主义民主政治，必须以保证人民当家作主为根本，坚持和完善人民代表大会制度、中国共产党领导的多党合作和政治协商制度、民族区域自治制度以及基层群众自治制度，更加注重健全民主制度、丰富民主形式，从各层次各领域扩大公民有序政治参与，充分发挥我国社会主义政治制度优越性。

其次，对社会主义民主政治建设做出了全面部署。

一是推动人民代表大会制度与时俱进。坚持人民主体地位，推进人民代表大会制度理论和实践创新，发挥人民代表大会制度的根本政治制度作用。完善中国特色社会主义法律体系，健全立法起草、论证、协调、审议机制，提高立法质量，防止地方保护和部门利益法制化。健全"一府两院"由人大产生、对人大负责、受人大监督制度。健全人大讨论、决定重大事项制度，各级政府重大决策出台前向本级人大报告。加强人大预算决算审查监督、国有资产监督职能。落实税收法定原则。加强人大常委会同人大代表的联

① 胡锦涛：《坚定不移沿着中国特色社会主义道路前进 为全面建成小康社会而奋斗》，人民出版社2012年版，第28页。

系，充分发挥代表作用。通过建立健全代表联络机构、网络平台等形式密切代表同人民群众联系。完善人大工作机制，通过座谈、听证、评估、公布法律草案等扩大公民有序参与立法途径，通过询问、质询、特定问题调查、备案审查等积极回应社会关切。

二是推进协商民主广泛多层制度化发展。指出协商民主是我国社会主义民主政治的特有形式和独特优势，是党的群众路线在政治领域的重要体现。在党的领导下，以经济社会发展重大问题和涉及群众切身利益的实际问题为内容，在全社会开展广泛协商，坚持协商于决策之前和决策实施之中。要求：构建程序合理、环节完整的协商民主体系，拓宽国家政权机关、政协组织、党派团体、基层组织、社会组织的协商渠道。深入开展立法协商、行政协商、民主协商、参政协商、社会协商。加强中国特色新型智库建设，建立健全决策咨询制度。要求发挥统一战线在协商民主中的重要作用。完善中国共产党同各民主党派的政治协商，认真听取各民主党派和无党派人士意见。中共中央根据年度工作重点提出规划，采取协商会、谈心会、座谈会等进行协商。完善民主党派直接向中共中央提出建议制度。贯彻党的民族政策，保障少数民族合法权益，巩固和发展平等团结、互助和谐的社会主义民族关系。进一步发挥人民政协作为协商民主重要渠道作用。重点推进政治协商、民主监督、参政议政制度化、规范化、程序化。各级党委和政府、政协制定并组织实施协商年度工作计划，就一些重要决策听取政协意见。完善人民政协制度体系，规范协商内容、协商程序。拓展协商民主形式，更加活跃有序地组织专题协商、对口协商、界别协商、提案办理协商，增加协商密度，提高协商成效。在政协健全委员联络机构，完善委员联络制度。

三是发展基层民主。畅通民主渠道，健全基层选举、议事、公开、述职、问责等机制。开展形式多样的基层民主协商，推进基层协商制度化，建立健全居民、村民监督机制，促进群众在城乡社区治理、基层公共事务和公益事业中依法自我管理、自我服务、自我教育、自我监督。健全以职工代表大会为基本形式的企事业单位民主管理制度，加强社会组织民主机制建设，保障职工参与管理和监督的民主权利。

随着改革开放的进一步深入，特别是党的十八届三中全会对今后十年全面深化改革的总目标定为“完善和发展中国特色社会主义制度，推进国家治理体系和治理能力的现代化”。并将国家治理思想概括为八个方面：一是中国共产党与人大、政府、政协等其他各个主体之间的责、权、利关系；二是政府与市场的关系；三是公有制经济与非公有制经济的关系；四是中央政府与地方政府的关系；五是农村与城市之间的关系；六是当代人与后代人在资源环境权益方面的关系；七是特权与民权的关系；八是国内与国际的关系。[①] 在十八届三中全会《决定》强调了两个重点：一是中国共产党在未来的改革中发挥领导作用；二是改革要保证正确的政治方向，不能走封闭僵化的老路，也不能走改旗易帜的邪路，一定要坚定不移地走中国特色社会主义道路。在政府方面，《决定》重点强调了政府职能转变。在人大方面，明确指出"一府两院"由人大任免，对人大负责，接受人大监管，各级政府的重大决策必须通过同级人大。在政协方面，强调要推进协商民主，作为中国特色民主的主要形式。

总结十八大以来，以习近平为核心的党的新一届领导集体对中国特色社会主义民主及其发展做出了重大贡献：

首先，对中国特色社会主义民主及其发展做出了进一步明确的阐释："紧紧围绕坚持党的领导、人民当家作主、依法治国有机统一深化政治体制改革，加快推进社会主义民主政治制度化、规范化、程序化，建设社会主义法治国家，发展更加广泛、更加充分、更加健全的人民民主"，重申了中国特色社会主义民主的发展道路；同时指出："更加注重健全民主制度、丰富民主形式，从各层次各领域扩大公民有序政治参与，充分发挥我国社会主义政治制度优越性。"[②]

其次，具体地提出了中国特色社会主义民主发展的基本方略。中国特色社会主义民主治理已然构成国家治理体系的核心枢纽。2014 年 9 月 5 日，习近平在庆祝全国人民代表大会成立 60 周年大会上讲话，论述了中国特色社会主义民主的合理性与必然性："各国国情不同，每个国家的政治制度都是独特的，都是由这个国家的人民决定的，都是在这个国家历史传承、文化传统、经济社会发展的基础上长期发展、渐进改进、内生性演化的结果。

---

① 李佐军：《十八届三中全会的国家治理思想》，《华中科技大学学报》（社会科学版）2014 年第 3 期。

② 《中共中央关于全面深化改革若干重大问题的决定》，http://paper.people.com.cn/rmrbhwb/html/2013－11/16/content_1325398.htm.

中国特色社会主义政治制度之所以行得通、有生命力、有效率，就是因为它是从中国的社会土壤中生长起来的。中国特色社会主义政治制度过去和现在一直生长在中国的社会土壤之中，未来要继续茁壮成长，也必须深深扎根于中国的社会土壤。”

再次，系统地概括了中国特色社会主义民主的制度安排及其特色。习近平指出：“中国实行工人阶级领导的、以工农联盟为基础的人民民主专政的国体，实行人民代表大会制度的政体，实行中国共产党领导的多党合作和政治协商制度，实行民族区域自治制度，实行基层群众自治制度，具有鲜明的中国特色。”①

最后，明确了中国特色社会主义选举民主和协商民主的内在关系。2014 年 9 月 21 日，习近平在庆祝中国人民政治协商会议成立 65 周年大会上讲话，重申了中国特色社会主义民主的两种形式及其内在关系：“人民通过选举、投票行使权利和人民内部各方面在重大决策之前进行充分协商，尽可能就共同性问题取得一致意见，是中国社会主义民主的两种重要形式。在中国，这两种民主形式不是相互替代、相互否定的，而是相互补充、相得益彰的，共同构成了中国社会主义民主政治的制度特点和优势。”②

另外，中共十八大以来，以习近平同志为核心的中共中央认清时代性、把握规律性、富于创造性，形成一系列重大理论创新。比如：“设计和发展国家政治制度，必须注重历史和现实、理论和实践、形式和内容有机统一。要坚持从国情出发、从实际出发，既要把握长期形成的历史传承，又要把握走过的发展道路、积累的政治经验、形成的政治原则，还要把握现实要求、着眼解决现实问题，不能割断历史，不能想象突然就搬来一座政治制度上的‘飞来峰’”；“各国国情不同，每个国家的政治制度都是独特的，都是由这个国家的人民决定的，都是在这个国家历史传承、文化传统、经济社会发展的基础上长期发展、渐进改进、内生性演化的结果”；“评价一个国家政治制度是不是民主的、有效的，主要看国家领导层能否依法有序更替，全体人民能否依

① 习近平：《在庆祝全国人民代表大会成立 60 周年大会上的讲话》，《人民日报》2014 年 9 月 6 日，第 2 版。

② 习近平：《在庆祝中国人民政治协商会议成立 65 周年大会上的讲话》，《人民日报》2014 年 9 月 22 日，第 2 版。

法管理国家事务和社会事务、管理经济和文化事业，人民群众能否畅通表达利益要求，社会各方面能否有效参与国家政治生活，国家决策能否实现科学化、民主化，各方面人才能否通过公平竞争进入国家领导和管理体系，执政党能否依照宪法法律规定实现对国家事务的领导，权力运用能否得到有效制约和监督”。[①] 这一系列论断，集中体现在《在首都各界纪念现行宪法公布施行30周年大会上的讲话》《在庆祝全国人民代表大会成立60周年大会上的讲话》《在庆祝中国人民政治协商会议成立65周年大会上的讲话》等习近平同志的一系列重要讲话中，涵盖了民主制度的设计和发展原则、民主制度的形成规律和民主制度的评价标准，成为马克思主义民主理论中国化的最新成果。

总之，以习近平为核心的党的新一届领导集体，系统地阐释了中国特色社会主义民主的合理性和必然性，阐释了中国特色社会主义民主的制度、形式和发展道路，凝练地概括了中国特色社会主义民主的特色和优势，这所有的一切标志着中国特色社会主义民主的成型。在全面建成小康社会的历史新起点下，在完善和发展中国特色社会主义制度、推进国家治理体系和治理能力现代化的改革推进中，在“两个一百年”和中华民族伟大复兴的中国梦历史征程中，中国特色社会主义民主必将进一步成熟，发挥其强大的生命力和无比的优越性。

五、中国特色社会主义民主的内涵与模式

(一)中国特色社会主义民主的内涵

第一，从制度构成来看，中国特色社会主义民主是一项根本政治制度和三项基本政治制度的有机整体。

马克思指出，“政治制度是国家机体，或者国家机体是政治制度”[②]。民

---

① 习近平：《在庆祝全国人民代表大会成立60周年大会上的讲话》，《人民日报》2014年9月6日，第2版。

② 《马克思恩格斯全集》第3卷，人民出版社2002年版，第15页。

主制度是民主治理体系的骨架。中国特色社会主义民主制度,就是以人民代表大会制度为根本政治制度,以中国共产党领导的多党合作和政治协商制度、民族区域自治制度和基层群众自治制度为三项基本政治制度组成的有机整体。习近平指出:“这样一套制度安排,能够有效保证人民享有更加广泛、更加充实的权利和自由,保证人民广泛参加国家治理和社会治理;能够有效调节国家政治关系,发展充满活力的政党关系、民族关系、宗教关系、阶层关系、海内外同胞关系,增强民族凝聚力,形成安定团结的政治局面;能够集中力量办大事,有效促进社会生产力解放和发展,促进现代化建设各项事业,促进人民生活质量和水平不断提高;能够有效维护国家独立自主,有力维护国家主权、安全、发展利益,维护中国人民和中华民族的福祉。”①

人民代表大会制度作为中国特色社会主义民主的政权组织形式,是支撑中国国家治理体系的根本政治制度,是中国特色社会主义民主的最高实现形式。政体是国体的制度表现。人民代表大会制度是我国新型人民民主的根本实现形式。中华人民共和国的一切权力属于人民,人民行使国家权力的机关是全国人民代表大会和地方各级人民代表大会,全国人民代表大会和地方各级人民代表大会都由人民选举产生,对人民负责,受人民监督,国家行政机关、审判机关、检察机关都由人民代表大会产生,对它负责,受它监督。人民代表大会制度与西方国家政体有本质区别。一是人民代表大会与西方议会有本质不同。我国“县乡人大代表是按选区直接选举产生的。县级以上人大的代表由下一级人民代表大会选举产生,并按照选举单位组成代表团参加代表大会。我们的人民代表大会中没有议会党团,也不以界别开展活动。无论是代表大会,还是常委会或专门委员会,都不按党派分配席位。我们的人大代表、常委会组成人员、专门委员会组成人员,无论是共产党员,还是民主党派成员或者无党派人士,肩负的都是人民的重托,都在中国共产党领导下依法履行职责,为人民服务,根本利益是一致的。”二是人大与“一府两院”的关系与西方国家机关关系有本质区别。我国是由人民代表大会统一行使国家权力,“一府两院”由人大选举产生,对人大负责,受人大监督,不是西方的“三权分立”。这体现了在我国人民权利高于一切。三

① 习近平:《在庆祝全国人民代表大会成立60周年大会上的讲话》,《人民日报》2014年9月6日,第2版。

是人民代表与西方议员有本质区别。“我们的全国人大代表，来自各地区、各民族、各方面，人口再少的民族也至少有一名代表，具有广泛的代表性，不像西方议员是某党某派的代表。我们的人大代表，生活在人民中间，同人民群众保持密切联系。我们的人大代表，有各自的工作岗位，对党和国家的方针政策、宪法法律的贯彻实施情况体会最深刻，对现实生活中的实际问题了解最深入。我们的人大代表，是通过会议的方式依法集体行使职权，而不是每个代表个人直接去处理问题，各级人大常委会办事机构是代表的集体参谋助手和服务班子。”①

中国共产党领导的多党合作和政治协商制度（简称中国多党合作制度）作为中国特色社会主义民主的政党制度，是支撑中国特色社会主义民主治理体系的一项基本政治制度。中国多党合作制度与我国国体相适应，既体现了工人阶级的领导地位，又体现了最广泛的人民民主；既与西方资产阶级专政有本质区别，又比一般的无产阶级专政更丰富；既避免了西方多党制的相互竞争倾轧，又避免了一党制的固执己见。中国共产党与各民主党派长期共存、互相监督、肝胆相照、荣辱与共，形成了以“共产党领导、多党派合作，共产党执政、多党派参政”为基本特征的团结合作的新型政党关系。中国多党合作制的内容有：“第一，中国共产党就重大方针政策和重要事务同各民主党派进行政治协商，实行相互监督。第二，各民主党派成员在国家权力机关中占有适当数量，依法履行职权。第三，各民主党派成员担任国家及地方人民政府和司法机关的领导职务；各级人民政府通过多种形式与民主党派联系，发挥他们的参政议政作用。第四，各民主党派通过人民政协参加国家重大事务的协商。第五，中国共产党支持民主党派参加改革开放和社会主义现代化建设。”②人民政协作为中国多党合作和政治协商的机构，发挥政治协商、民主监督、参政议政的职能，是中国特色社会主义民主的重要实现形式。新时期新形势下，人民政协政治协商已经纳入决策程序；人民政协民主监督的组织领导、权益保障、知情反馈、沟通协调机制更加完善；人民政协建言资政作用更好发挥。

民族区域自治制度同样是支撑中国特色社会主义民主治理体系的一项

① 《十七大以来重要文献选编》上，人民出版社2009年版，第929—930页。

② 国务院新闻办：《中国的政党制度》白皮书，2007年11月15日。

基本政治制度，是指在国家的统一领导下，各少数民族聚居的地方实行区域自治，设立自治机关，行使自治权的制度。民族区域自治制度的核心是保障少数民族当家作主，管理本民族、本地方事务的权利。根据我国《民族区域自治法》的规定，自治区主席、自治州州长、自治县县长由实行区域自治的民族的公民担任；民族自治地方的人民代表大会常务委员会应当由实行区域自治的民族的公民担任主任或者副主任；民族自治地方的人民代表大会中，除实行区域自治的民族的代表外，其他居住在本行政区内的民族特别是少数民族也应有适当名额的代表，而且对人口较少的民族的代表名额和比例分配将依法给予适当的照顾；民族自治地方的人民政府的组成人员以及政府所属工作机构中，要尽量配备少数民族的干部，对基本符合条件的少数民族干部要优先配备。

基层群众自治制度是中国特色社会主义民主最直接、最广泛的民主制度形式，是支撑中国特色社会主义民主治理体系又一项基本政治制度。邓小平指出，“把权力下放给基层和人民……这就是最大的民主”[①]。党的十七大报告首次把基层群众自治制度纳入中国特色社会主义民主的基本范畴。十八大报告将基层群众自治制度的职能由原先的“自我管理、自我教育、自我服务”拓展为“自我管理、自我服务、自我教育、自我监督”；并将中国基层群众自治体系由之前的农村村民委员会、城市居民委员会、企业职工代表大会三个组成部分重新概括为城乡社区治理群众自治、基层公共事务群众自治、公益事业群众自治和企事业单位职工代表大会制度四个组成部分。基层群众自治制度的属性更加明确，内涵更加丰富，地位更加提升。可以说，基层群众自治制度正是现阶段中国特色社会主义民主的基础性制度形态。

第二，从实践形式来看，中国特色社会主义民主是选举民主和协商民主的结合并举。

如果说一项根本政治制度和三项基本政治制度的有机整体是构成中国特色社会主义民主治理体系的骨架，那么选举民主和协商民主的结合并举就是中国特色社会主义民主治理体系的实践形式。这两种形式内在地包含于四项民主制度中，是中国特色社会主义民主的独特创举。“在中国，这两种民主形式不是相互替代、相互否定的，而是相互补充、相得益彰的，共同构

① 《邓小平文选》第3卷，人民出版社1993年版，第252页。

成了中国社会主义民主政治的制度特点和优势。"①

事实上,选举民主和协商民主结合并举的形式,在新中国成立后就成为中国特色社会主义民主实践的优良传统。江泽民第一次提出:"人民通过选举、投票行使权力和人民内部各方面在选举投票之前进行充分协商,尽可能就共同性问题取得一致意见,是我国社会主义民主的两种形式。这是西方民主无可比拟的,也是他们无法理解的。"②2006 年 2 月,《中共中央关于加强人民政协工作的意见》第一次以文件形式明确规定了选举民主、协商民主是中国特色社会主义民主的两种重要形式。2014 年 9 月 21 日,习近平在庆祝中国人民政治协商会议成立 65 周年大会上的讲话中指出:"人民是否享有民主权利,要看人民是否在选举时有投票的权利,也要看人民在日常政治生活中是否有持续参与的权利;要看人民有没有进行民主选举的权利,也要看人民有没有进行民主决策、民主管理、民主监督的权利。社会主义民主不仅需要完整的制度程序,而且需要完整的参与实践";"古今中外的实践都表明,保证和支持人民当家作主,通过依法选举、让人民的代表来参与国家生活和社会生活的管理是十分重要的,通过选举以外的制度和方式让人民参与国家生活和社会生活的管理也是十分重要的。人民只有投票的权利而没有广泛参与的权利,人民只有在投票时被唤醒、投票后就进入休眠期,这样的民主是形式主义的"。这些讲话阐述了两种民主实践形式相结合的理论依据。

选举民主是民主政治的根本形式。马克思指出:"代表制迈进了一大步,因为它是现代国家状况的公开的、真实的、彻底的表现。"③列宁指出:"民主的组织原则,在其高级形式……就意味着要使每一位群众代表,每一个公民都既能参加讨论国家的法律,选举自己的代表,又能执行国家的法律……群众有权为自己选择负责的领导者。"④西方政治生活向来标榜它所谓"一人一票"的选举政治。事实上,只有社会主义民主政治才能给以选举民主制度、法律、物质的保障,确保民主选举的公平有效。我国《选举法》明确

---

① 习近平:《在庆祝中国人民政治协商会议成立 65 周年大会上的讲话》,《人民日报》2014 年 9 月 22 日,第 2 版。

② 中共中央文献研究室:《江泽民论有中国特色社会主义(专题摘编)》,中央文献出版社 2002 年版,第347 页。

③ 《马克思恩格斯全集》第 1 卷,人民出版社 1956 年版,第 338 页。

④ 《列宁论苏维埃政权建设》上册,法律出版社 1958 年版,第 91—92 页。

规定："中华人民共和国年满十八周岁的公民，不分民族、种族、性别、职业、家庭出身、宗教信仰、教育程度、财产状况和居住期限，都有选举权和被选举权。"中国式选举民主主要包括三个方面。一是国家权力机关即人民代表大会的选举民主。人民代表大会选举民主包含直接选举和间接选举两种方式，即全国人民代表大会的代表，省、自治区、直辖市、设区的市、自治州的人民代表大会的代表，由下一级人民代表大会选举；不设区的市、市辖区、县、自治县、乡、民族乡、镇的人民代表大会的代表，由选民直接选举。二是基层选举民主。基层选举民主采用直接选举方式，包括村委会选举民主、城市社区居委会选举民主和企事业职工代表大会选举民主。三是政党、人民团体的选举民主。

协商民主是民主政治有效性的关键形式。"民主与平等参与的理念联系在一起，同时它还意味着表达意见所不可或缺的公民权利。"①在西方，为了矫正选举民主的不足，20 世纪 80 年代产生了"协商民主"的概念。事实上，协商民主在中国的实践远远早于西方。习近平指出："协商民主是中国社会主义民主政治中独特的、独有的、独到的民主形式。"②邓颖超在担任政协主席时对协商民主有过一段经典生动的论述："经常想到发扬民主，就会想到这件事或那件事应该找哪几个同志商议商议，应该跟哪几个同志谈谈心。因为一个人想问题总不如两个人，两个人不如三个人，三个人不如四个人、五个人。"③"社会主义协商民主"这一命题，是党的十八大第一次提出的。党的十八大以来，我们推进协商民主广泛、多层、制度化发展，远远突破了原有"政治协商"的内涵。习近平指出："在中国社会主义制度下，有事好商量，众人的事情由众人商量，找到全社会意愿和要求的最大公约数，是人民民主的真谛。"这段论述实际上已经指出了社会主义协商民主的本质。西方的协商民主只是停留于对代议制民主的某种修补，未能上升至成规模的民主实践形式。在中国，协商民主作为两大民主形式之一，已经形成一套完整的体系。协商渠道上，既有宏观层次的国家政权机关、政协组织、党派团

---

① [美]基恩·福克斯：《公民身份》，吉林出版集团有限责任公司 2009 年版，第 92 页。

② 习近平：《在庆祝中国人民政治协商会议成立 65 周年大会上的讲话》，《人民日报》2014 年 9 月 22 日，第 2 版。

③ 《十二大以来重要文献选编》下，人民出版社 2011 年版，第 7 页。

体的政治协商，又有中观层次的专题协商、对口协商、界别协商、提案办理协商，还积极发展微观层次的基层协商、企事业单位协商、社会组织协商、各类智库协商；协商方式上，有提案、会议、座谈、论证、听证、公示、评估、咨询、网络等多种协商；不仅如此，协商民主实践过程上，还把协商民主纳入决策程序，既有决策之前的协商，又有决策之中的协商。

第三，从发展模式来看，中国特色社会主义民主是"执政党民主—国家民主—群众民主"的协同推进。

如前所述，中国特色社会主义民主治理体系有其骨架，也有其内在实践形式。但并不是说它是封闭的、停滞的、僵化的静态体系，而是开放的、发展的、不断完善的动态体系。除了其本身的内容结构，发展模式同样是动态体系的本质属性。中国特色社会主义民主，是按照"执政党民主—国家民主—群众民主"协同推进的模式不断发展的。

西方社会先有民主国家后有政党。中国则先有政党后有民主国家。中国共产党正是在中国人民对民主的艰辛探索中应运而生的。人民民主是中国共产党始终高举的旗帜。中国特色社会主义民主制度是中国共产党领导人民创建的。改革开放以来中国特色社会主义民主的发展也是党领导下推进的。历史证明，中国共产党是代表中国民主进步的先进政党。中国共产党执政的实质是代表无产阶级领导下的最广大人民执政。这是党的性质决定的。因此，党的领导是中国特色社会主义民主的根本保证。中国共产党是中国人民和中华民族的先锋队，就必须亲自带头和示范人民民主。因此，党的十七届四中全会决议指出，"坚持以党内民主带动人民民主，以党的坚强团结保证全国各族人民的大团结"①。与此同时，由于中国共产党处于中国国家权力的核心，中国共产党的党内民主实质是中国国家权力的核心民主。因此，中共十八大提出"在民主集中制基础上健全党内民主制度体系"的要求，并从七个方面提出完善和创建党内民主制度体系的重要举措，包括：党员民主权利保障制度、党的代表大会制度、党内选举制度、常委会议事规则和决定程序、地方党委讨论决定重大问题和任用重要干部票决制、党员定期评议基层领导班子等制度和党员旁听基层党委会议、党代会代表列席

① 《中共中央关于新形势下加强和改进党的建设若干重大问题的决定》，《人民日报》2009年9月28日，第1版。

同级党委有关会议等。①

列宁指出："民主是国家形式，是国家形态的一种。"②没有国家民主，党内民主就会失去生存载体，群众民主也会失去政治保障。因此，完善国家民主是中国特色社会主义民主进步的中心环节。对此，中国特色社会主义民主已经取得了重大进步。在人民代表大会制度方面，提高基层人大代表特别是一线工人、农民、知识分子代表比例，降低党政干部代表比例；设立代表联络制度，完善代表联系群众制度；拓展人民有序参与立法途径，这些无不是保证人民主体地位、发展人民民主制度的重大创举。中共十八大提出支持和保证人民通过人民代表大会行使国家权力，党的主张必须通过人民代表大会的法定程序才能上升为国家意志，进一步改善了党的执政方式，保证了人民的主体地位，避免了"党替民做主"。人民代表对党的决议已不再是无条件地表示支持，而是进行积极讨论，许多情况下甚至提出了反对意见。③ 不仅如此，人民代表大会依法加强对"一府两院"的监督，加强对政府全口径预算结算的审查和监督，严格确保任何组织和个人必须在宪法和法律的范围内活动，这些充分表明人民代表大会作为我国权力机关的职能进一步增强。在人民政协事业方面，把人民政协政治协商纳入决策程序；通过完善民主监督的组织领导、权益保障、知情反馈、沟通协调机制以加强人民政协民主监督；完善政协委员产生机制，吸纳优秀人士到政协委员队伍中；拓展有序政治参与空间等，这些无不进一步完善了中国共产党领导的多党合作和政治协商制度。

马克思指出："历史活动是群众的活动，随着历史活动的深入，必将是群众队伍的扩大。"④群众民主是推动中国特色社会主义民主进步的重要基础。首先，群众的民主实践直接推动了基层民主的创建，又进一步推动了中国特色社会主义民主的全面进步。农村村民自治制度就是中国农民群众的创造。正是村级自治的良好效应推动了乡镇长直选。从四川省最先以"公

① 参见胡锦涛：《坚定不移沿着中国特色社会主义道路前进 为全面建成小康社会而奋斗》，人民出版社 2012 年版，第 51—52 页。

② 《列宁选集》第 3 卷，人民出版社 2012 年版，第 201 页。

③ [日]加茂具树：《人民代表大会的职能改革及其与中国共产党的关系》，载于《民主的长征：海外学者论中国政治发展》，中央编译出版社 2011 年版，第 107 页。

④ 《马克思恩格斯文集》第 1 卷，人民出版社 2009 年版，第 287 页。

推公选”的方式选举乡镇长，到我国《选举法》规定“不设区的市、市辖区、县、自治县、乡、民族乡、镇的人民代表大会的代表，由选民直接选举”，正是群众的民主实践成果。邓小平曾经预言，21 世纪中叶可以实现普选。[①] 普通公民的自荐竞选基层人大代表，又推动了《选举法》改革。群众的民主实践还推动了党内民主的进步。多个省市推行了“两票制”“公推直选”“两推一选”等方式选举党支部干部，展现了群众的主人翁地位。其次，群众的民主实践推动着中国市民社会的成熟发育，从而开拓了中国特色社会主义民主发展的新内涵。根据《中国民政统计年鉴 2008》，民政部登记注册的社会组织共计 386916 个，其中社团 211661 个，民办非企业单位 173915 个，基金会 1340 个。2009 年第一季度，在民政部登记注册的各类民间组织共计 414614 个。社会组织的蓬勃发展使其跃升为基层群众自治制度的重要组成部分。它直接推动了行政体制改革和政府转型。如今，它又成为中国协商民主的重要渠道。再次，群众的民主实践创造了无数推进民主的生动案例，为中国特色社会主义民主发展提供了丰富启示。无论是浙江温岭的“民主恳谈”，还是河北青县的“村代会常任制”；无论是黑龙江富锦市“新三权”县域权力配置的创新性民主制度设计，还是浙江枫桥把传统和现实、管理和参与、专业化和群众化有机结合的民主管理典型，甚至温州乐清的“广场政治”“人民听证”等，无不显示了活力。

（二）中国特色社会主义民主的模式选择

回顾 94 年党的民主政治建设的实践以及 66 年新中国民主政治建设的历程，经过艰难探索，中国共产党终于找到了一个具有中国特色的社会主义民主政治模式。

改革开放以来，与经济体制渐进式改革相适应，中国的政治发展明显不同于中国的传统政治意识形态和政治制度，更不同于西方的资本主义政治模式。相反，中国正在形成一种具有中国特色的社会主义民主政治模式，这种模式的理想目标是实现党的领导、人民当家作主和依法治国三者的有机统一。这种政治模式最明显的特征，就是通过渐进式的增量改革来逐渐推

---

① 《邓小平文选》第 3 卷，人民出版社 1993 年版，第 284 页。

进中国的民主治理，扩大公民的政治权益[①]，其基本制度框架包括人民代表大会制度、共产党领导的多党合作和政治协商制度、民族区域自治制度以及基层群众自治制度。如何切实地坚持和完善好上述四项政治制度，已成为建设中国特色社会主义民主，进一步推进政治体制改革、发展社会主义政治文明的一项重要内容。政治体制改革中的渐进式的"增量民主"模式，巩固了人民民主专政，坚持和完善了中国特色社会主义民主的基本制度框架。

首先，"增量民主"是坚持和完善中国特色社会主义民主基本制度框架的题中应有之义。"增量民主"的核心理念就是要通过增量改革来逐渐推进中国的民主建设，扩大公民的政治权益。这种增量式的民主化过程，一个重要前提就是强调既有"存量"民主的基础作用，即一方面必须与既定的社会经济体制和经济发展水平相一致，另一方面又必须符合现存的政治法律框架，不能违背现有的宪法及其他基本法律。从这个意义上讲，通过渐进式的"增量民主"改革，推进民主政治的发展，其前提就是要坚持既有制度的基本框架，只能在既有的制度框架内进行突破。因此，坚持人民代表大会制度、坚持中国共产党领导的多党合作和政治协商制度、坚持民族区域自治制度以及坚持基层群众自治制度就成了推行渐进式的"增量民主"改革的重要前提。同时，渐进式的"增量民主"又是个渐进的民主化过程，强调对"存量"要不断地增加，必须在原有的基础上有所突破，而不能是对既有民主政治建设成绩的简单固守。这就要求人民代表大会制度、中国共产党领导的多党合作和政治协商制度、民族区域自治制度以及基层群众自治制度也必须不断地进行自我完善。也就是说，坚持中国特色社会主义民主的基本制度框架是推行渐进式的"增量民主"改革的前提，而完善中国特色社会主义民主的基本制度框架则是推行渐进式的"增量民主"改革的题中应有之义，没有中国特色社会主义民主基本制度框架的坚持与完善，政治体制的增量化改革之路显然是难以取得成效的。

其次，渐进式的"增量民主"是一条坚持和完善中国特色社会主义民主的可行路径。人民代表大会制度作为我国的根本政治制度，是人民当家作主的根本途径和最高实现形式，集中体现了中国特色社会主义民主的特点和优势。实践证明，人民代表大会制度是需要不断地进行自我发展与完善

① 俞可平：《增量民主：中国特色政治模式》，《上海教育》2008 年第 2 期。

的。通过60多年的实践探索，我们已总结出了一些坚持和完善中国特色社会主义民主具体制度的宝贵经验，确立了若干基本原则，其中最关键的就是要坚持党的领导、人民当家作主和依法治国的有机统一。渐进式的"增量民主"是坚持和完善中国特色社会主义民主基本制度框架的一条可行路径。因为这种增量改革，它在过程上是渐进的，是在遵循先前的历史轨道上进行的某种延伸，其结果是一种突破而非突变。以此来衡量我们的基本制度框架，对哪些东西应该坚持，哪些方面应该完善，就可以有大致明确的方向。如对于人民代表大会制度的基本内容就应当坚持，对于人民代表大会制度的具体制度就应当予以完善，包括具体的选举制度、代表工作制度、人大组织制度，以及立法、监督等人大议事制度，就应当根据社会发展的实际情况，进行适时的调整与完善。

最后，渐进式的"增量民主"为坚持和完善中国特色社会主义民主提供了可资衡量的一种标准。人民代表大会制度是我国社会主义政治文明的重要制度载体，能否坚持好、完善好人民代表大会制度，对于中国特色社会主义民主的建设，具有决定性的作用。当下有关完善人民代表大会制度的各种实践，都在进行中。因此，如何评价这些探索和举措是否有利于我国社会主义民主政治的发展，是否有利于人民代表大会制度的坚持与完善，至关重要。十八届三中全会公布的《决定》中，特别提到坚持和完善中国共产党领导的多党合作和政治协商制度，发展协商民主。当下有关完善协商民主各种类型的实践探索，如立法协商、行政协商、民主协商、参政协商、社会协商，以及拓展协商民主形式，更加活跃有序地组织专题协商、对口协商、界别协商、提案办理协商等等，为坚持和完善中国特色的协商民主，具有重要意义。渐进式的"增量民主"模式可以为此提供一个可资衡量的标准。因为，渐进式的"增量民主"，其实质就是在不损害人民群众原有政治利益的前提下，最大限度地增加人民群众新的政治权益。多年的实践证明，渐进式的增量改革模式符合我国政治发展的实际，有利于社会主义各项事业的和谐发展。因此，以渐进式的"增量民主"来推动中国特色社会主义民主的不断完善，不失为一个较为可行的选择。

第五章 “四位一体”的新布局

——中国特色社会主义民主的逻辑构成

人民民主是社会主义的生命，没有人民民主就没有社会主义，就没有社会主义的现代化。发展社会主义民主政治，是我们党始终不渝的奋斗目标。长期以来，我们坚持中国特色社会主义政治发展道路，坚持党的领导、人民当家作主、依法治国有机统一，不断扩大人民民主，保证人民当家作主，使中国特色社会主义民主展现出旺盛的生命力。中国特色社会主义民主是马克思主义民主理论与中国特色社会主义实践相结合的产物，是对资本主义民主的扬弃和超越，是符合民主本意、更高类型的民主。“我们进行社会主义现代化建设，是要在经济上赶上发达的资本主义国家，在政治上创造比资本主义国家民主更高更切实的民主。”①党的十八大对中国特色社会主义认识达到了新高度，推动了中国特色社会主义民主的新发展。这集中体现在十八大报告对中国特色社会主义民主建设进行了崭新的布局，这一新布局包括选举民主、协商民主、基层民主和党内民主四个方面的整体架构和全面展开。这种“四位一体”的新布局，深刻内蕴着党对中国特色社会主义民主观的新自觉，也找到了中国特色社会主义民主建设新发展的路径。

① 《邓小平文选》第2卷，人民出版社1994年版，第322页。

一、选举民主:人民通过人民代表大会行使民主权力

(一)选举民主的意涵

现代政治意义上的选举民主是人民通过选举的方式参与国家权力行使过程的一种基本民主形式,是公民最基本的参政活动。“选举式民主论认为——请回想一下——(1)民主要求以独立的公共舆论为先决条件;(2)它通过选举,支持得到同意的统治;(3)这种统治又反过来对公共舆论负责。”①选举民主是参与民主的一种,“在有关政治的理论研究和经验研究中,参与都是一个核心概念。它在对于民主的分析中具有特别重要的作用”②。选举民主具有以下几个特征。

第一,公民基本政治权利和自由是选举民主的前提条件。

公民如果没有基本的政治权利和自由,也就没有真正的选举民主。现代社会选举民主的一个最典型特点就是选举权的普遍性,选举活动不再是特定阶级或某个集团的选举民主,而成为广大人民的选举民主。选举权的普遍程度,是衡量无产阶级政党是否成熟的一个重要尺度。因而,现代选举民主的前提是公民享有基本政治权利和自由,其中包括平等权、选举权与被选举权、表达自由等等。公民享有平等权,意味着公民在政治权利上是平等的,其受到法律的平等保护。平等权的确立,也是人民群众经过长期的艰苦奋斗得来的结果。“身份平等的逐步发展,是事所必至,天意使然。这种发展具有的主要特征是:它是普遍的和持久的,它每时每刻都能摆脱人力的阻扰,所有的事和所有的人都在帮助它前进。”③正是基于公民的平等权,所以公民平等地享有选举权与被选举权不因性别、财产、种族、教育程度、财产状况等不同而有所不同。公民既可以选举他人,也可以被选举担任国家机关

---

① [美]乔万尼·萨托利:《民主新论》,上海人民出版社 2009 年版,第 125 页。

② [美]戴维·米勒、韦农·波格丹诺:《布莱克维尔政治学百科全书》,中国政法大学出版社 1992 年版,第 563 页。

③ [法]托克维尔:《论美国的民主》,商务印书馆 1991 年版,第 7 页。

工作人员，参与国家事务的管理。公民还应享有法律保障的表达自由，可以就政治问题自由发表意见。只有当选民们能够对于国家事务以选择的方式表达的时候，选民的意志才能充分反映出来。可见，公民基本政治权利和自由是选举民主的先决条件。

第二，选举是选举民主的基本特征。

民主是一种价值追求，也是一种政治方法，还是一种治理技术，民主本身意味着多数人意志对国家事务的公共决策。在民主国家，公众的意见不仅是个人理性的唯一向导，而且拥有比在任何其他国家都大的无限权力。①当人类社会的民主进程从直接民主走向间接民主，从古典民主走向现代民主之后，选举与民主的关系就变得密不可分了。托克维尔曾高度评价选举对民主的作用，“使美国的民主制度昌盛的，并不是被选举出来的行政和立法官员。美国的民主制度之所以能够繁荣昌盛，是因为这些官员是通过选举产生的”②。民主是选举的目的，选举是民主的形式，选举与民主相互促进，共同发展。选举成为选举民主的最基本特征。现代选举民主为选举制度提出了新的要求。选举应当是自由的、公正的。公民依法所享有的选举权与被选举权不得受任何限制，每一张选票应该有同等的分量；选举组织机构必须是保持中立的，不受任何外在影响；选举的规则应当保证选举活动能够自由、真实、公正地实现。选举还应当是定期的、有竞争的。选举的定期举行是为了保障人民对国家事务的最终控制，选举的竞争是为了确保公民充分享有选择的权利。

第三，“少数服从多数”是选举民主运作的基本原则。

如果用一句话简单地描述一下民主，这句话就是少数服从多数的意愿。在进行选举民主的实际过程中，少数人与大多数人的意见产生分歧时，少数人要对大多数人的意见妥协，即便是心里不同意这样的决定，在实际的生活及其他过程中，也要按照大家共同约定的方法去践行。既然人民通过选举的形式，平等地行使自己的基本政治权利和自由，对国家事务进行公共决策，那么选举过程中的每一票都有着同等神圣的价值。选举民主要求投票的结果应当具有唯一性，但事实上无法保证每一次投票都会得到所有公民

---

① [法]托克维尔：《论美国的民主》，商务印书馆 1991 年版，第 526 页。

② [法]托克维尔：《论美国的民主》，商务印书馆 1991 年版，第 633 页。

无一例外地做出同样的选择，此时就需要用"少数服从多数"这种多数裁决原则来达成一致。多数裁决原则是选举民主运作的基本原则，主要是保障在意见发生分歧时候，有效做出公共决策，同时能够符合社会整体的统一行动方向，即多数人的意见。但是需要指出的是，多数裁决原则并不能和选举民主的本质画等号。多数裁决原则只是选举民主的运行原则，多数人的意见也有可能带来多数人对少数人的暴政。因此，协商民主、自治民主与选举民主相互作用，互为补充，共同组成我国社会主义民主的基本形式。

第四，票决制是选举民主运作的基本方式。

公民投票是公民直接参与立法、决策活动的一种方式，它的意义在于保证政府的政策在人民中享有更大程度的合法性和得到公众更广泛的支持。① 现代选举民主也称票决式民主，意为选民采取投票或者内涵类似的方式来选择自己的利益代表。选举民主的方式可以多种多样，比如直接选举、间接选举、等额选举、差额选举等。无论是哪种形式的选举民主，投票是当今世界各国所普遍采用的基本和最主要的表决手段。这是由于相对于其他运作方式来说，投票的方式具有优越性。举手表决和鼓掌通过虽然简单易行、便于操作，但其弊端显而易见，由于人与人之间复杂的社会关系和心理活动，很可能抱有不同看法的公民碍于情面也举手表示同意，导致选举流于形式。而抽签与轮流的方式虽然可以防止贿赂、威吓，影响选举，但是很难保证民主的平等性。现代的公共事务越来越专业化，大多数从事政府部门工作的人都是经过系统学习和严格训练的。抽签决定虽然保证了形式上的平等，却可能导致当选的人能力不能满足相应岗位提出的要求。相比较而言，"一人一票"的投票选举方式，更能保障民主的平等性。而且，现在的投票都强调无记名，确保了选举民主的真实性。

(二)中国特色社会主义民主实现了宪法规定

第一，宪法确立人民代表大会制度，为选举民主提供了制度载体。

人民代表大会制度是中国共产党领导全国各族人民，把马克思主义国家学说同中国实际相结合，在长期的政权建设实践中不懈探索而创立的，是我国选举民主的主要制度形式。我国《宪法》序言中就强调："本宪法以法律

① 参见应克复等:《西方民主史》，中国社会科学出版社 2012 年版，第 358—360 页。

的形式确认了中国各族人民奋斗的成果，规定了国家的根本制度和根本任务，是国家的根本法，具有最高的法律效力。"

我国《宪法》明确了我国的国家性质是"工人阶级领导的、以工农联盟为基础的人民民主专政的社会主义国家"，人民是国家的主人。《宪法》第 2 条的规定，指出了我国政权的权力来源和组织形式，即"中华人民共和国的一切权力属于人民"，"人民行使国家权力的机关是全国人民代表大会和地方各级人民代表大会"。这是与我国人民民主专政的国家性质相适应的。人民当家作主，国家一切权力属于人民的国家政权本质，决定了需要建立一套能够使人民形成统一意志，集中统一行使国家权力，既有民主又有集中的政治制度。我国宪法作为国家根本大法，以法律形式规定了"中华人民共和国的国家机构实行民主集中制的原则"。"全国人民代表大会和地方各级人民代表大会都由民主选举产生，对人民负责，受人民监督。""国家行政机关、审判机关、检察机关都由人民代表大会产生，对它负责，受它监督。""中央和地方国家机构职权的划分，遵循在中央统一领导下，充分发挥地方的主动性、积极性的原则"等内容。这些都表明，在我国政权组织形式、政权制度中，人民代表大会处于基础和中心的地位，国家的一切权力属于人民是人民代表大会制度的逻辑起点。要确保国家权力真实有效地属于人民，人民通过自己手中神圣的选票决定自己的代表者无疑是最好的方式。人民代表大会制度就是人民行使国家权力的制度保障。

第二，宪法明确公民当家作主之选举权利，规定了选举民主之本质。

公民享有基本政治权利和自由是选举民主实现的前提条件，我国宪法赋予公民广泛的政治权利和自由。

《宪法》第 33 条规定："中华人民共和国公民在法律面前一律平等。"通过根本大法的方式确立了法律面前人人平等这一原则，同时赋予了公民平等权这一基本政治权利。《宪法》第 34 条规定："中华人民共和国年满十八周岁的公民，不分民族、种族、性别、职业、家庭出身、宗教信仰、教育程度、财产状况、居住期限，都有选举权和被选举权；但是依照法律被剥夺政治权利的人除外。"这里以宪法的形式赋予我国公民广泛的、真实的政治权利，为选举民主的实现奠定了法律基础。

选举民主所要求的公民基本政治权利和自由不仅局限于平等权、选举权和被选举权，还包括表达自由。《宪法》第 35 条明确规定："中华人民共和国公民有言论、出版、集会、结社、游行、示威的自由。”这里言论、出版、集会、结社、游行、示威的自由都属于表达自由的范畴。任何自由都是有限度的，自由超越了限度，就容易转化为散漫甚至混乱，表达自由也是同样如此。这就提示我们在行使表达自由的时候，一定要在法律限定的范围内进行。如公民可以正常表达自己的宗教信仰，但是如果在非宗教场合传播、宣传宗教信仰，就是法律所不允许的了。宪法赋予公民的表达自由越广泛，越利于选民意志的充分反映。

另外，《宪法》第 36 条规定的宗教信仰自由，第 37 条明确的人身自由不受侵犯，第 38 条赋予的人格尊严不受侵犯，第 40 条规定的通信自由和通信秘密受法律的保护，以及第 41 条赋予“公民对于任何国家机关和国家工作人员，有提出批评和建议的权利”“有向有关国家机关提出申诉、控告或者检举的权利”等都是真实为人民群众所享有的，都为选举民主的实现提供了前提保障。

第三，宪法规定国家机构的组成方式，明确了选举民主的实现形式。

尽管国家的一切权力属于人民是我国国家政权的本质，但是我国地缘广阔、人口众多等基本国情决定了应当采取选举民主，而非直接民主的民主形式。也就是说，国家权力的所有者不可能直接地经常地行使属于自己的权力，而是实行间接民主的人民代表大会制度。我国《宪法》规定：“全国人民代表大会和地方各级人民代表大会都由民主选举产生，对人民负责，受人民监督。”全国人大是最高国家权力机关，它的常设机关是全国人大常委会；地方人大是地方国家机关，县级以上地方各级人大设立常委会作为本级人大的常设机关。这就明确了人民代表大会的组成方式，各级人民代表大会代表的产生，由选民直接选举和选举单位间接选举产生，所选出的人民代表都是根据人民的意志选举出来的，这是选举民主的重要实现形式。

国家机构是国家为了实现其职能而建立起来的国家机关的总和。我国人民代表大会作为国家权力机关，是全权性的国家机关，享有广泛的职权。但是，国家职能的全部实现仅仅依靠人民代表大会远远不够，其还有赖于人民代表大会以外的其他国家机关。我国宪法对我国国家机构的组织系统进行了明确规定，即纵向上分为中央国家机关和地方各级国家机关；横向上，主要分为国家权力机关、行政机关、审判机关、检察机关。宪法同时明确了这些国家机关的产生方式和相互关系。“全国人民代表大会和地方各级人民代表大会都由民主选举产生,对人民负责,受人民监督”,“国家行政机关、审判机关、检察机关都由人民代表大会产生,对它负责,受它监督”,各级人民政府是各级人民代表大会的执行机关。也就是说,国家行政机关、审判机关、检察机关都由人大产生,对它负责,向它报告工作,受它监督。人民代表大会统一行使国家权力,在这个前提下,明确划分国家的行政权、审判权、检察权。这样,既能使我们国家的行政、审判、检察机关不脱离人民代表大会或者违背人民代表大会的意志而进行活动,又能使各个国家机关在法律规定的各自职权范围内独立负责地进行工作,形成一个统一的整体。

据此,可以看出我国人民通过人民代表大会行使国家权力,实现选举民主主要通过两个途径实现:一是由人民选举出的人民代表组成人民代表大会,人民代表大会直接行使宪法和法律所赋予的广泛职权,实现人民对社会事务的管理。二是由人民代表大会选举产生的国家行政机关、审判机关、检察机关,这些国家机关行使宪法和法律所赋予的职权,并对人民代表大会负责,受到人民代表大会的监督,受到人民群众的监督。

我国宪法对我国国家机构组织系统进行规定的同时,还明确了“中华人民共和国的国家机构实行民主集中制的原则”。这意味着在人民代表大会统一行使国家权力的前提下,国家行政、审判、检察等机关各司其职,协调一致地工作;在中央的统一领导下,充分发挥地方的主动性、积极性。

总体而言,无论是国家机构的建立还是在其具体运行过程中,人民代表大会始终处于主导地位。宪法建构了以人民代表大会为基础而建立的我国政权体系。也正因此,才能够真正体现和保证国家机构始终以实现人民意志和利益为宗旨,始终以保障人民当家作主为目标。以人民代表大会为基础建立的全部国家机构是人民代表大会制度的核心。

(三)中国特色社会主义选举民主的制度及实践

第一,人民代表大会制度:选举民主的基本制度。

人民代表大会制度随着新中国的诞生、发展而建立、发展并不断完善。1949 年新中国成立之初,由于不具备制定宪法的必要条件,所以制定了起临时宪法作用的《中国人民政治协商会议共同纲领》,确定了新中国的政体是人民代表大会制度。1954 年,由毛泽东同志亲自主持起草,第一届全国人民代表大会第一次会议制定的 1954 年宪法,是我国第一部社会主义类型的宪法。1954年宪法对人民代表大会制度做出了比较系统的规定，确立全国人民代表大会为最高国家权力机关。1954年宪法明确规定全国人民代表大会的常设机构是全国人民代表大会常务委员会，国务院是最高国家权力机关的执行机关，是最高国家行政机关。全国人民代表大会产生了中华人民共和国主席和全国人大常委会、国务院、最高人民法院、最高人民检察院等国家机关。至此，我国以人民代表大会为基础的政权制度全面确立，国家权力开始由人民选举产生的人民代表大会统一行使。

1954年宪法颁布后的最初三年，实施的情况是好的。各级人民代表大会认真行使职权，全国人大及其常委会通过了80多部法律、法令和有关法律问题的决定，审查批准了“一五”计划和年度经济计划、预算，决定了综合治理黄河的方案等，在国家生活中发挥了重要作用。但是，1957年开始，由于反右斗争中“左”的思想干扰，宪法的实施受到影响，人大工作也难以开展，处于一种“徒有虚名，而无其实”的状态。到1966年“文化大革命”开始后，全国人大及其常委会被停止活动，地方人大则被所谓的临时权力机构“革命委员会”所取代。1975年四届全国人大一次会议通过了新中国成立以后的第二部宪法，但是1975年宪法是在国家政治生活很不正常的情况下制定的，所以很不完善，相比1954年宪法是个倒退。1978年五届全国人大一次会议通过1978年宪法，并经过1979年、1980年两次局部修改，但总体上仍带有明显的局限性，不能适应客观形势发展的需要。

1982年五届全国人大五次会议召开并通过宪法，即我国现行宪法，再次明确全国人民代表大会制度是我国的根本政治制度。1982年宪法继承了1954年宪法的优良传统，从我国的实际情况和需要出发，对健全人民代表大会制度做出了一系列新的重要规定，包括改革和完善选举制度；扩大全国人大常委会的职权和加强它的组织；县级以上地方各级人大设立常委会；赋予省级人大及其常委会制定地方性法规的权力等。所有这些规定，对于坚持和完善人民代表大会制度，实现选举民主，支持和保证人民通过人民代表大会行使国家权力具有重要的现实意义和深远的历史意义。

习近平同志在首都各界纪念现行宪法公布施行30周年大会上的讲话中强调：再往前追溯至新中国成立以来60多年我国宪法制度的发展历程，我们可以清楚地看到，宪法与国家前途、人民命运息息相关。维护宪法权威，就是维护党和人民共同意志的权威。捍卫宪法尊严，就是捍卫党和人民共同意志的尊严。保证宪法实施,就是保证人民根本利益的实现。只要我们切实尊重和有效实施宪法,人民当家作主就有保证,党和国家事业就能顺利发展。反之,如果宪法受到漠视、削弱甚至破坏,人民权利和自由就无法保证,党和国家事业就会遭受挫折。这些从长期实践中得出的宝贵启示,必须倍加珍惜。我们要更加自觉地恪守宪法原则、弘扬宪法精神、履行宪法使命。①

人民代表大会制度是依据宪法和有关法律的规定,由人民按照一定的原则和程序,选举人民代表组成全国人大和地方各级人大,作为国家的权力机关;再由各级权力机关产生同级其他国家机关,这些国家机关要对人民代表大会负责,并接受其监督的一种国家政权组织形式。人民代表大会制度是我国的根本政治制度,反映了我国政治生活的全貌。人民代表大会制度是我国实现社会主义民主的基本形式,是选举民主的直接制度体现。

第二,人民代表大会制度的优越性:选举民主的价值体现。

人民代表大会制度作为我们国家的根本政治制度,作为实现社会主义选举民主的基本形式,产生于我国的革命斗争中,是其他政治制度赖以建立的基础。我国的人民代表大会制度是马克思主义国家学说与我国革命实践相结合的产物。人民代表大会制度反映了我国政治生活的全貌,成功地将马克思主义与我国具体的国情结合在一起,具有巨大的优越性。

一是人民代表大会制度最适合中国国情。选举民主最主要的功能价值就在于通过选举,产生最有利于、最合乎民意的政权,这种政权应当是多数人的意愿选择,也应当符合主权国家的基本国情。

人类政治文明发展的历史和现实情况表明,世界上不存在放之四海而皆准的、普遍适用的民主政治模式。一个国家实行什么样的民主政治制度,归根结底是由这个国家的国情决定的。“对于我们这样一个有着十三亿多人口、五十六个民族的发展中大国来说,始终坚持正确的政治发展道路,更是一个关系全局的重大问题。”②我们国家实行人民代表大会制度,与我们国家必须坚持中国共产党领导一样,都是人民的选择,历史的选择。人民代

---

① 新华网,http://news.xinhuanet.com/politics/2012-12/04/c_113907206.htm.

② 中共中央宣传部:《习近平总书记系列重要讲话读本》,学习出版社2014年版,第76—77页。

表大会制度与中国的文化传统、生产力发展水平、国内外政治环境相适应，符合中国的基本国情，具有很强的生命力。历史已经证明，资本主义的政治制度不适合中国国情，中国只能走人民当家作主的社会主义道路，只有社会主义道路才能实现中华民族的伟大复兴。在中国特色社会主义制度下，只能采取人民代表大会这一政权组织形式，人民代表大会制度是中国各族人民在中国共产党的领导下，在长期的政权建设实践中创立的。新中国成立以来，特别是改革开放以来的实践证明，人民代表大会制度不仅是最适合我国人民民主专政的社会主义性质的民主政治制度，而且是最能保证国家长治久安，促进全国各族人民大团结，调动社会各方面积极性的民主政治制度。人民代表大会制度具有与时俱进的优秀品质，能够根据社会主义现代化各个时期的发展需要，不断地进行改革和自我完善，不断地汲取和借鉴全人类共同创造的政治文明成果。也正因为如此，人民代表大会制度具有很强的生命力，是充满生机和活力的民主政治制度。这样的民主政治制度不仅能很好地实现选举民主的内在要求，更有益于选举民主本身的发展。

二是人民代表大会制度最能保证人民通过选举实现当家作主。选举民主的真正实现，不仅在于参与选举的选民广泛、普遍地享有诸如平等、自由等真实地选举权利，还应当体现在通过选举的形式实现最为广泛和最为真实的人民当家作主。人民通过自己手中的选票真实地选举出了代表自己意愿的人民代表，人民代表又代表广大人民群众对国家事务进行管理，广大人民群众正是在这种意义上实现了最广泛、最真实的当家作主。人民代表大会制度不仅是最符合我国国情的民主政治制度，也是最能保证人民当家作主的民主政治制度。现代国家治理的复杂性决定了不可能采取诸如古希腊形式的直接民主，中国的国情决定了不能照搬西方的议会制民主。人民代表大会制度既保障了人民管理国家的权利，又便于国家统一行使权力，发挥社会主义国家集中力量办大事的优势。

任何一个国家的国家政权，都是国体和政体的统一。我国是人民当家作主的社会主义国家，我们国家的国体是工人阶级领导的、以工农联盟为基础的人民民主专政。这就决定了我们国家的政体必须是最能保障最广大人民根本利益的政体，最能反映全国各族人民共同意志的政体，最便于人民群众管理国家和社会事务的政体，归根到底一句话，必须是最能确保人民当家作主的政体，这个政体便是人民代表大会制度。

人民代表大会制度便于人民参加国家管理。根据我国宪法和人民代表大会组织法的规定，全国人民代表大会和地方各级人民代表大会的人民代表都由选民通过直接选举或间接选举的方式产生，对人民负责、受人民监督；人民代表大会代表具有广泛的代表性，除被剥夺政治权利者外，中华人民共和国年满 18 周岁的公民，不分民族、种族、性别、职业、家庭出身、宗教信仰、教育程度、财产状况、居住期限，都有选举权和被选举权；人民代表大会代表除具有与会权、审议权、表决权、选举权等基本权利之外，还具有提名权、建议批评权、询问权、质询权、视察权；人民代表大会代表在人民代表大会各种会议上的发言和表决，不受法律追究，县级以上各级人民代表大会代表，在人民代表大会开会期间，非经本级人民代表大会主席团许可，在本级人民代表大会闭会期间非经本级人民代表大会常务委员会许可，不受逮捕或刑事审判；人民代表大会代表必须按照宪法和法律的要求，认真履行应尽的责任和义务，依法认真行使职权，必须与选民或选举单位保持密切的联系，并自觉接受选民和原选举单位的监督。由此可见，我国的人民代表大会制度，是最具实质性、广泛性、代表性、合理性的政权组织形式，是最能保证人民当家作主的民主政治制度。

第三，人民代表大会制度的完善：选举民主的发展趋势。

党的十八大报告总结了我国社会主义民主发展的经验，肯定了我国“实行城乡按相同人口比例选举人大代表，基层民主不断发展”的做法。对于选举民主的完善和发展做出了明确指示，需要“支持和保证人民通过人民代表大会行使国家权力”，强调“人民代表大会制度”是保证人民当家作主的根本政治制度。要善于使党的主张通过法定程序成为国家意志，支持人大及其常委会充分发挥国家权力机关作用，依法行使立法、监督、决定、任免等职权，加强立法工作组织协调，加强对“一府两院”的监督，加强对政府全口径预算决算的审查和监督。提高基层人大代表特别是一线工人、农民、知识分子代表比例，降低党政领导干部代表比例。在人大设立代表联络机构，完善代表联系群众制度。健全国家权力机关组织制度，优化常委会、专委会组成人员知识和年龄结构，提高专职委员比例，增强依法履职能力。可见，我国选举民主的发展完善，在制度层面主要体现在人民代表大会制度的完善上。

改革开放以来，人民代表大会制度在国家与社会管理方面发挥着越来越重要的作用。然而，不可否认的是人民代表大会制度目前还有许多不尽如人意的地方。比如:代表的业务素质参差不齐,对政府的监督工作有待加强等。可喜的是,我们党已经深刻认识到了目前人民代表大会制度中存在的问题。习近平同志在庆祝全国人民代表大会成立60周年大会上的讲话中指出,当前和今后一个时期,坚持和完善人民代表大会制度,必须从加强和改进立法工作、加强和改进法律实施工作、加强和改进监督工作、加强人大代表和人民群众的联系、加强和改进人大工作等几个方面来努力。① 在现有人民代表大会制度的基础上,做好补充与完善,发挥人民代表大会制度这一最根本的存量民主优势,既是对选举民主的发展与完善,也是对未来民主发展趋势的现实回应。

健全和发展人民代表大会制度,必须本着有利于加强和改善党的领导,有利于发挥社会主义制度的政治优势,有利于调动最广大人民群众的积极性,有利于国家统一、民族团结和社会稳定,有利于促进经济发展和社会进步的原则来进行;必须坚持正确的政治方向,始终以不断发展着的马克思主义为指导,不搞指导思想的“多元化”;始终坚定不移地走中国特色社会主义政治发展道路,既要积极借鉴人类共同创造的政治文明成果,又要坚持独立自主的原则,不照搬西方民主政治的制度模式;始终坚持民主集中制原则,坚持人民代表大会统一行使权力,严格依法依程序办事,集体决定问题,集体行使权力;始终坚持走群众路线,坚持以人为本,把维护好、实现好、发展好最广大人民的根本利益作为完善人民代表大会制度的出发点和归宿;始终把坚持党的领导、人民当家作主、依法治国统一于社会主义民主政治建设的伟大实践,统一于社会主义现代化建设的全过程,推动人民代表大会制度与时俱进,使社会主义民主更加完善,社会主义法制更加健全,依法治国的基本方略得到全面落实,全国各族人民的经济、政治、文化权益得到切实保障。

---

① 新华网,http://news.xinhuanet.com/politics/2014-09/05/c_1112384483.htm.

二、协商民主:中国特色社会主义民主的独特优势

(一)协商民主的理论解读

协商民主作为一种民主理论,是中国人民探索与实践的智慧结晶,其在理论架构与实际践行方面皆与西方民主理论存在着显著差异。协商民主是在反思和批判传统民主理论的基础上产生的旨在扩大和完善民主参与的一种理论和制度方案,其通过对程序化的“传统式民主”的反思与批判,提出了“理想的民主制度不仅通过投票分配权力,亦需保证参与决策权和集体判断中的平等参与有所联系”之民主理念。不同学者对协商民主有不同的理解。何包钢认为:“协商民主是一种大众参与的公共决策机制和治理模式,是一种行政民主。”[①]燕继荣认为:“协商民主是上个世纪 80 年代兴起的一种新的民主理论范式,其含义是公民通过自由而平等的对话、讨论、审议等方式,参与公共决策和政治生活,它以公民参与决策作为民主的核心价值。”[②]刘务勇认为:“协商民主理论是 20 世纪晚期出现的一种新的民主理论模式。它强调民主的协商性,决策的合法性,协商的平等性、公开性和责任性,是对西方竞争性民主模式的反思和替代。”[③]借鉴以上各位学者的理论,我们可将协商民主定义为:多元主体广泛而平等地参与国家一切权力运行过程中商讨、辩论、说服和寻求共识的参与机制。它具有如下特点:

第一,主体多元性。协商民主的主体可分为个体参与者和社群参与者。前者是指公民个体,后者是指政党、群众组织等复合型政治主体。从协商民主本质属性看,公众平等而广泛的协商是其“质”的规定性。凡是涉及自身利益的公众、社会团体和组织均有权利直接参与或者推选自己利益的最佳代表参与协商,与自身切身利益无关但涉及公共利益、长远利益的公众、社会团体和组织也有权利直接参与或者推选自己的利益代表参与协商。在协

① 何包钢:《协商民主:理论、方法和实践》,中国社会科学出版社 2008 年版,第2 页。

② 燕继荣:《协商民主的价值和意义》,《科学社会主义》2006 年第 6 期。

③ 刘务勇:《协商民主:一种新的民主观》,《甘肃理论学刊》2006 年第 2 期。

商过程中，身份、发言机会、意见和建议等均受到平等的认同和尊重。“能力平等被认为体现着协商民主理论的根本特征。这种能力即所有公民都必须培养那些赋予其实际参与公共领域的能力，包括有效社会行为的能力、参与共通活动并在其中实现自己目标的能力。”[①]在协商主题、议题、议程的选择上具有均等参与机会和平等发表意见和建议的权利，对做出最终的决定有“一人一票”“同票同权”的协商参与地位和价值。

第二，领域广泛性。“许多学者认为，现代协商民主不能仅限于宪政框架内，更多地应反映在市民社会和公共领域内。澳大利亚国立大学教授John S. Dryzek 即持此观点，他把协商民主按‘发生的不同地点’归纳为三个层面：一是国家制度，二是普通公民或政治鼓吹者发起的特设论坛，三是公共领域。他认为，每个场所的实践都可以构建一个协商民主。”[②]协商的领域包括经济社会发展等宏观层面的问题，也包括社会管理、公共安全、公共福利等中观层面的问题，还包括涉及社会公众衣、食、住、用、行等微观层面的民主问题。协商就是各种观点不受限制地交流，这些观点涉及实践推理并总是潜在地促进偏好变化。[③] 这里的偏好指的是“行为者基于自身利益而表现出来的对于特定目标对象的倾向性与选择性”[④]。参与主体可以就这些议题向有权机关提起专题协商，并对是否选择议题拥有表决权。

第三，过程辩论性。辩论性是协商民主区别于其他民主形式的显著特征。“真理在公开的市场越辩越明。”辩论的目的在于阐明事实，说清理由，揭示真相，寻求真理。充分有效的辩论还能够使不同的主张、诉求、核心需求、价值偏好趋向一致，为统一意见、达成共识做铺垫。组织协商的机关要为这种辩论提供平台，要采取座谈会、辩论会、恳谈会、听证会等多种形式进行。参与主体有权利和机会对自己的主张进行阐述说明，对于别人的主张有权利提出不同意见和看法，并在有组织的前提下进行理性对话、辩论。每个人的建议和意见是否被采纳，要建立反馈机制，没有采纳要说明理由。总

① 应克复等：《西方民主史》，中国社会科学出版社 2012 年版，第 459 页。

② 应克复等：《西方民主史》，中国社会科学出版社 2012 年版，第 460 页。

③ Maeve Cooke. Five Arguments for deliberative Democracy. Political Studies, 2000 (148): 947-969. 转引自应克复等：《西方民主史》，中国社会科学出版社 2012 年版，第 460 页。

④ 陈家刚：《协商民主：概念、要素与价值》，《中共天津市委党校学报》2005 年第 3 期。

之，辩论过程要体现程序正义，要体现协商主导机关的透明性、回应性、责任性与合法性。

第四，结果共识性。协商的目的是在“增进共识、增强合力”的基础上找到尽可能多的认同，尽最大努力达成共识。达成共识一般需要经过召集会议、区分角色、明确任务、进行对话、达成一致、承诺兑现等环节。要让结果得到最大共识，达成的观点还要进行大众化的解释。古特曼等指出：“应当承认，争论双方所提供的一部分证据是技术性的（如联合国观察员提供的报告），但这种现象在现代政府中司空见惯。公民们不得不经常依赖专家，这并不意味着所提供的理由（或理由的依据）就是深奥莫测、无法理解的。只要专家们以公民能够理解的方式来陈述其结论的根据，只要公民有坚实的根据相信这些专家是值得信赖的，公民就能信赖专家的证明。”①因此，建立共识是一种能够让协商主体达成近乎全体一致意向，并促使意向被成功履行的方法。

（二）中国共产党人对协商民主的当代阐释

习近平同志指出，“我们要借鉴人类政治文明的有益成果，但绝不照搬西方政治制度模式，绝不会接受任何外国颐指气使的说教”。协商民主在中国的产生和发展也同样如此，作为完整而系统的制度实践，协商民主是中国共产党领导中国人民在长期奋斗中探索的确保人民当家作主的重要形式，是中国人民集体智慧的结晶。党在不同历史时期对协商民主及其制度实践的具体规定则是理解协商民主的钥匙。尽管政治协商作为一种制度，中国共产党早在革命时期就予以规定并在以后的建设时期不断丰富和发展，但把协商民主这一概念写进中共中央文件的则是 2011 年的中办 11 号文件，随后的中共十八大则明确将“充分发挥人民政协作为协商民主重要渠道作用”写进工作报告，该报告对协商民主的有关表达是理解我国协商民主的基石。十八届三中全会《决定》指出：“协商民主是我国社会主义民主政治的特有形式和独特优势，是党的群众路线在政治领域的重要体现。”《决定》的内容更有助于我们全面深刻地理解协商民主的地位和作用。习近平同志在庆祝中国人民政治协商会议成立 65 周年大会的讲话中对协商民主做了精彩

① 谈火生：《审议民主》，江苏人民出版社 2007 年版，第 5 页。

阐释:“人民政协是人民民主的重要形式。人民政协要适应推进国家治理体系和治理能力现代化的要求,坚持改革创新精神,推进人民政协理论创新、制度创新、工作创新,丰富民主形式,畅通民主渠道,有效组织各党派、各团体、各民族、各阶层、各界人士共商国是,推动实现广泛有效的人民民主。”① 同时他还指出,做好人民政协工作,还需要从多方面努力:“人民政协要提高政治把握能力,坚定理想信念,增进政治认同,提高运用科学理论分析判断形势、研究解决问题的能力和水平。要提高调查研究能力,坚持问题导向,深入实际摸清真实情况,集合众智提出解决办法,努力使对策建议有的放矢、切中要害。要提高联系群众能力,创新群众工作方法,畅通和拓宽各界群众的利益诉求表达渠道,发挥好桥梁纽带作用。要提高合作共事能力,发扬求同存异、体谅包容的优良传统,贯彻民主协商、平等议事的工作原则,尊重和包容不同意见的存在和表达,以民主的作风团结人,不断增进思想共识、加强合作共事。”②

中共十八大第一次将“协商民主”内容概括为:“健全社会主义协商民主制度。社会主义协商民主是我国人民民主的重要形式。要完善协商民主制度和工作机制,推进协商民主广泛、多层、制度化发展。通过国家政权机关、政协组织、党派团体等渠道,就经济社会发展重大问题和涉及群众切身利益的实际问题广泛协商,广纳群言、广集民智,增进共识、增强合力。坚持和完善中国共产党领导的多党合作和政治协商制度,充分发挥人民政协作为协商民主重要渠道作用,围绕团结和民主两大主题,推进政治协商、民主监督、参政议政制度建设,更好协调关系、汇聚力量、建言献策、服务大局。加强同民主党派的政治协商。把政治协商纳入决策程序,坚持协商于决策之前和决策之中,增强民主协商实效性。深入进行专题协商、对口协商、界别协商、提案办理协商。积极开展基层民主协商。”报告仅用了 330 个字就将协商民主的地位、性质、基本制度、参与主体、协商领域、协商要求和发展趋势等重点要素进行了阐述。由是协商民主可解读为:社会主义协商民主是特定主体通过多种途径和形式就经济社会发展重大问题和涉及群众切身利益等实际问题进行广泛协商并达成一致的协商制度和工作机制的总和,是我国人

① 新华网,http://news.xinhuanet.com/yuqing/2014-09/22/c_127014744.htm.

② 新华网,http://news.xinhuanet.com/yuqing/2014-09/22/c_127014744.htm.

民民主的重要形式。

从地位看，社会主义协商民主是我国人民民主的重要形式。习近平在庆祝中国人民政治协商会议成立65周年大会上的讲话中指出："协商民主深深嵌入了中国社会主义民主政治全过程。中国社会主义协商民主，既坚持了中国共产党的领导，又发挥了各方面的积极作用；既坚持了人民主体地位，又贯彻了民主集中制的领导制度和组织原则；既坚持了人民民主的原则，又贯彻了团结和谐的要求。所以说，中国社会主义协商民主丰富了民主的形式、拓展了民主的渠道、加深了民主的内涵。"①协商民主和选举民主、自治民主"三位一体"地架构了中国特色社会主义人民民主的基本体系。作为基本单元的各种民主形式均有对应的核心制度作为支撑，即选举民主对应人民代表大会制度，协商民主对应中国共产党领导的多党合作和政治协商制度，自治民主对应民族区域自治制度与基层群众自治制度。这三种民主样式和民主制度共同建构了中国特色社会主义人民民主的"大厦"。

从性质看，社会主义协商民主既是一项制度又是一种工作机制。作为一项制度，其主体制度是中国共产党领导的多党合作和政治协商制度，并且主要是由国家政权机关、政协组织、党派团体等渠道进行协商。作为一种工作机制，主要表现在政治协商制度之外所进行的专题协商、对口协商、界别协商、提案办理协商以及基层协商，这几类协商虽然在特定的领域、特定的地域、特定的场合已经做了规范甚至是"制度化"了，但是它们仅仅只是实现中国共产党领导的多党合作和政治协商制度这一主体制度的方式、手段、途径和渠道，还没有上升为协商民主的基本制度，因而是一种工作机制。

从协商主体看，协商主体具有广泛性、多层性、代表性，协商民主的主体可分为个体参与者和社群参与者。个体参与者即公民个体，社群参与者又可分为机关主体、职务代表、专家和公民代表三类。机关主体主要包括党和国家领导人、国家政权机关、政协组织、党派团体；职务代表主要指人大代表、政协委员和其他没有当选为人大代表和政协委员的党派团体代表；专家由组织协商的机关遴选或者由社会公众推选，并对特定协商事项发表专业意见；公民代表由参与协商事项并进入协商程序的社会公众（一般指公民）所推选并由组织协商的机关指定。把专家和公民代表作为社群参与者是因

① 新华网，http://news.xinhuanet.com/yuqing/2014-09/22/c_127014744.htm.

为他们代表的是特定社群的利益。

从协商领域看，主要涉及经济社会发展重大问题和涉及群众切身利益的实际问题。在经济社会发展层面，协商民主要融入中国特色社会主义物质文明、精神文明、政治文明、社会文明和生态文明“五位一体”建设，要在实现中华民族伟大复兴的“中国梦”上凝神聚气；在发展群众民生层面，协商民主要融入实现学有所教、劳有所得、病有所医、老有所养、住有所居之“五有之乡”的梦想，要在增进群众民生福祉和改善民生权利上聚焦用力。习近平同志指出：在中国社会主义制度下，有事好商量，众人的事情由众人商量，找到全社会意愿和要求的最大公约数，是人民民主的真谛。

从协商过程和结果看，十八大报告提出了三项要求：从宏观理念层面看，要求“三广两增”，即“广泛协商、广纳群言、广集民智，增进共识、增强合力”，可以说是团结一切可以团结的力量，调动一切可以调动的积极性。从中观制度层面看，要求在坚持和完善中国共产党领导的多党合作和政治协商制度的前提和基础上，围绕团结和民主两大主题，推进政治协商、民主监督、参政议政制度建设，更好协调关系、汇聚力量、建言献策、服务大局。这一要求相对而言，将协商纳入到了法制轨道，协商程序和结果都被“规整”了，即通过“政治协商、民主监督、参政议政”三种方式，实现“协调关系、汇聚力量、建言献策、服务大局”四项目标。从微观落实层面看，无论是决策协商、专题协商、对口协商、界别协商、提案办理协商，还是基层民主协商，都要求实现“增强民主协商实效性”。

(三)中国特色社会主义协商民主实现了宪法规定

第一，宪法序言对协商民主制度的原则规定。

《宪法》序言明确写道：“中国人民政治协商会议是有广泛代表性的统一战线组织，过去发挥了重要的历史作用，今后在国家政治生活、社会生活和对外友好活动中，在进行社会主义现代化建设、维护国家的统一和团结的斗争中，将进一步发挥它的重要作用。中国共产党领导的多党合作和政治协商制度将长期存在和发展。”这一规定表明，以政治协商为核心的协商民主制度是中国特色社会主义政治文明的重要组成部分，是历史的选择，是人民的选择，是民主的选择。《宪法》将共产党领导全国各族人民奋斗而形成的政治协商确定为国家的一项基本制度，赋予了政治协商制度宪法地位和权威，是国家机关和公民个体普遍遵从的宪法准则。

《宪法》规定“中国共产党领导的多党合作和政治协商制度将长期存在和发展”，这表明我国的政治协商制度中共产党处于领导地位，共产党与其他党的关系是合作协商。这是历史的总结，更是民主的形式。从历史视角看，在长期的革命和建设过程中，结成了由中国共产党领导的、有各民主党派和各人民团体参加的爱国统一战线，在这条战线上，中国共产党与其他党派“长期共存、相互监督、肝胆相照、荣辱与共”。中国共产党的领导地位是历史形成的，它回答了“中国共产党为什么能够领导其他党派”这一前提性问题。“中国共产党怎么领导其他党派呢?”这是需要回答的关键问题，答案是“协商民主”，即通过协商民主设定的理念、制度、机制和方式，凸显中国共产党在议题选择、参与主体、议程设置、内容安排、程序设定等方面的主导地位和作用。既定的协商方式和手段为实现和巩固多党合作与政治协商提供了宪法和法律保证，并通过不断完善协商机制推动中国共产党领导的多党合作与政治协商制度的长期存在和发展。

第二，宪法正文赋予了公民通过协商实现当家作主的权利。

多党合作与政治协商是协商民主的核心内容，但不是全部内容。协商民主要求广泛的参与度和协商的实效性，即“三广两增”：广泛协商、广纳群言、广集民智，增进共识、增强合力。协商民主是各民主党派、各人民团体和人民参与国家权力行使过程的一种民主方式和途径，宪法赋予了公民进行民主协商的基本权利。

《宪法》第 2 条规定：“中华人民共和国的一切权力属于人民。人民依照法律规定，通过各种途径和形式，管理国家事务，管理经济和文化事业，管理社会事务。”“人民通过选举、投票行使权利和人民内部各方面在选举、投票前进行充分协商，尽可能就共同性问题取得一致意见，是我国社会主义民主的两种形式。这是西方民主无可比拟的，也是他们所无法理解的。两种形式比一种形式好，更能真实地体现社会主义社会里人民当家作主的权利。”[①]这里《宪法》以其高度原则性和灵活性的规定，赋予了公民在法律范围内自主选择管理国家、社会等事务方式和途径的权利，广大人民群众在社

① 中共中央文献研究室：《江泽民论有中国特色社会主义（专题摘编）》，中央文献出版社 2002 年版，第347 页。

会实践中所创造和选择的有助于实现人民当家作主的管理方式和途径都具有宪定权利的性质。“让民主的主体获得民主参与和实践的广阔空间。”现实社会实践中无论是人民自主选择还是党和国家引领人民选择的彰显人民主体性和意志的协商民主方式也就获得了合宪性。

《宪法》第41条规定了公民对于任何国家机关和国家工作人员，有提出批评和建议的权利。《宪法》的这一规定则赋予了公民向任何国家机关和国家工作人员建言献策和评判其工作的权利。公民向国家机关的建言献策在一定程度上也就是向国家机关表达诉求和反映愿望，当这一表达与国家的民生和社会公共利益关联时就成了协商议题的提出，本质上看这一权利也是协商民主中的基础性权利。

《宪法》第33条规定：“公民在法律面前一律平等。国家尊重和保障人权。”则从宏观赋予公民平等权的基础上为公民平等参与协商、平等表达自己愿望和诉求、平等向国家机关及其工作人员建言献策提供了宪法保障，是民主协商平等参与的宪法基础，彰显了“所有受影响的公民享有平等的机会和权利来表达他们的想法和利益”之协商民主本质。

第三，宪法正文规定了实现民主协商之国家义务。

在法治国家，尽管国家的权力不对应公民义务，但公民的权利需要国家保障，因而对应国家义务。宪法在赋予公民参与协商民主的基本权利时，也为国家设定了保障公民权利的相应义务。

《宪法》第27条规定：“一切国家机关和国家工作人员必须依靠人民的支持，经常保持同人民的密切联系，倾听人民的意见和建议，接受人民的监督，努力为人民服务。”这一条文实质上要求国家机关及其国家工作人员要采取同人民群众经常保持密切联系的方式来倾听人民群众的意见和建议，这是一种较高的要求。它在时间上要求国家机关及其工作人员“经常保持”与人民群众的联系，而不是一时或需要时才联系人民群众；它在态度上要求国家工作人员“倾听”人民的意见和建议，也就是认真听取人民群众的意见和建议而不是敷衍群众的意见和建议，倾听中要对人民群众意见和建议做出反应并在决策和做出重大方针时采纳他们的合理建议和吸收他们的正当要求，只有这样方能与人民群众保持密切联系。国家机关及其工作人员只有切实地履行了这一义务，宪法规定的我国公民平等建议权才能有效实现，公民才会有热情探索管理国家事务的途径和方法或者接受党和国家所采取的有利于人民群众管理国家事务的途径和方法。

（四）中国特色社会主义协商民主的制度与实践

整体地看，我国的基本政治框架是由人民代表大会这一根本政治制度和政治协商与民族区域自治制度两项基本政治制度构成。其民主表现形式为：人民代表大会制度是一种不同地区的民众通过选举其代表参与国家政治生活的民主形式，其程序价值偏好为选举；而政治协商制度则是一种不同身份和界别的社会主体，通过其功能性组织和代表参与国家的监督和参政议政，其程序价值偏好为协商。“中国的政治民主就是选举加协商。”政治协商制度作为我国的基本政治制度，其根本特征是“会前经过多方协商和酝酿，使大家都对要讨论决定的东西先有个认识和了解，然后再拿到会议上讨论决定，达成共同的协议”。组织结构上，政治协商制度强调国家政治生活中的各党派、各团体、各民族、各阶层的广泛参与，“国事是国家的公事，不是一党一派的私事。因此，共产党员只有对党外人士实现民主合作的义务，而无排斥别人、垄断一切的权利”。中国共产党与各民主党派确立了长期共存、互相监督、肝胆相照、荣辱与共的合作方针。政治协商制度的多元主体参与元素十分明显，协商性质十分明确。在活动方式和工作原则上政治协商制度则强调多元主体以提案、建议等方式表达自我利益和价值，参与各方平等地表达各自对公共事务的意见与主张，并对自我利益和价值进行理性辩护，进而为决策机关提供方案选择，其核心要素是合作。

从政治协商制度的发生看，政治协商制度是中国近代历史演进的必然，特定的中国近代历史国情决定了我国共和政治采取的既不是欧美式的资本主义共和政治，也不是苏联式的无产阶级专政的共和政治，而是新民主主义共和政治。“一切殖民地半殖民地国家的革命，在一定历史时期中所采取的国家形式，只能是第三种形式，这就是所谓新民主主义共和国。这是一定历史时期的形式，因而是过渡的形式，但是不可移易的必要的形式。”正是中国近代历史特定国情决定政治协商制度作为我国执政党的执政方略确认，早在陕甘宁边区时期，我国政治实践中就采取了具有政治协商要素的“三三制”。“三三制”经过“双十协定”，演变为现行的政治协商制度。从历史事实看，“中华人民共和国既是中国共产党长期奋斗的胜利的结果，也是中国人民实现协商民主的直接产物。”中国基本政治制度的基本属性和自身演进昭示着协商既不是新的，也不是外加的民主手段，而是中国民主的内在规定性及其实现的基本形式。

政治协商制度作为我国政治生活中的执政策略以制度化形式固定了下来。早在新中国成立初期，召开全国人民代表大会的条件尚不具备。1949年9月21日至30日，中国人民政治协商会议第一届全体会议召开。会议代行全国人民代表大会职权，通过了具有临时宪法性质的《中国人民政治协商会议共同纲领》和《中国人民政治协商会议组织法》等法律文件，使政治协商得以制度化。《共同纲领》的临时宪法性质使得政治协商在中国政治生活中作为基本政治制度发挥作用，这种作用随着中国民主政治建设的发展而不断强化。1954年，全国人民代表大会召开后，人民政协作为多党合作和政治协商机构、作为统一战线组织继续发挥重要作用，在完成社会主义改造、推动各种社会力量为实现国家总任务而奋斗、活跃国家政治生活、调整统一战线内部关系、扩大国际交往等方面发挥了重要作用，为推进新中国各项建设贡献了力量。尤其是1999年修宪，以《宪法修正案》第4条的形式明确肯定“中国共产党领导的多党合作和政治协商制度将长期存在和发展”。以胡锦涛同志为总书记的中共中央颁发《关于加强人民政协工作的意见》等文件，为新世纪新阶段人民政协事业发展提供了理论基础、政策依据、制度保障。十八大以来，中共中央高度重视人民政协工作，强调要进一步准确把握人民政协性质定位，充分发挥人民政协作为协商民主重要渠道作用，围绕团结和民主两大主题，推进政治协商、民主监督、参政议政制度建设。人民政协在继承中发展、在发展中创新，紧紧围绕中心、服务大局，聚焦全面深化改革，凝聚共识、汇集力量、建言献策，做出了新的积极贡献。在这样的背景下，聚合各种社会先进力量广泛参与国家管理，在国家管理过程中各种先进力量彼此沟通、促进理解、取得共识的政治协商制度不断被强化。

当政治协商演进为一种制度安排后，政治协商必然发挥其民主功能，这直接推进了社会协商的诞生。早在我国经济体制改革实行计划与市场相结合的时期，党的十三大就提出了将政治协商扩展到整个社会生活领域里，构建社会协商对话机制的构想。诚然，这时的社会协商对话机制仅作为一种正确处理和协调各种不同的社会利益和矛盾的手段而予以采用，尽管有协商的因素，但缺乏民主的本质。随着经济体制向计划与市场相结合转变，以及市场经济的深化与发展，我国提出了适应社会主义现代化要求的政治体制建设目标和建立社会主义民主政治目标，进而从民主视角强化和拓展了协商要素。十五大执政党提出了“深入了解民情、充分反映民意、广泛集中民智”的决策理念，十六大进一步丰富了这一决策理念，将其完整地表述为“深入了解民情、充分反映民意、广泛集中民智、切实珍惜民力”的决策机制。2006年发布的《中共中央关于加强人民政协工作的意见》则明确将民主协商作为社会主义民主的重要形式。《意见》指出：“人民通过选举、投票行使权利和人民内部各方面在重大决策前进行充分协商，尽可能就共同性问题取得一致意见，是我国社会主义民主的两种重要形式。”《意见》对我国人民政协的性质、在当前的作用、任务、工作原则、主要职能以及人民政协的政治协商、民主监督、参政议政、自身建设等各方面的主要工作做出了新的全面而系统的规范，成为我国新世纪新阶段人民政协工作的纲领性文件。这表明执政党从过往的政体之组织与运行视角抽象地关注协商转向注重政府权力具体运作中的民主协商。

协商要素进一步通过权利配置的方式进入行政决策领域。十六届六中全会提出了“保障人民的知情权、参与权、表达权、监督权”的要求，十七大对此做了重申：“推进决策科学化、民主化，完善信息和智力支持系统，增强决策透明度和公众参与度，制定与群众利益密切相关的法律法规和公共政策，原则上要公开听取意见”，应该“把政治协商纳入决策程序”。这是用公共政策这样的抽象表达拓展听取意见的范围，也即由过去的涉及人民群众的利益之具体规定上升到了公共政策这一类型化的规定中，将协商范围由个别上升到了类，为协商民主提供了更为广阔的空间。党的十八大报告用330个字第一次将“社会主义协商民主”写入党的文献，比以往任何报告阐述更全面、更系统、更丰富，更具理论性、实践性和可操作性，是我们坚持和发展社会主义协商民主的纲领性文献和行动指南。十八届三中全会《决定》指出“在全社会开展广泛协商”，在具体操作上为我国社会主义协商民主指出了明确方向。

（五）当前中国特色社会主义协商民主发展新趋势

第一，协商民主将迈入制度化和程序化轨道。

我国的民主实践中长期将协商民主制度表述为政治协商，而宪政实践中未给政协定位，现在的政协既不是国家机关，也不是社会团体，而是我国形成的宪法惯例，与全国人民代表大会和地方各级人民代表大会同时开会，并通过建言献策、共商国是的方式履行政协参政、议政、民主监督等职能。法律上既未对民主监督的法定内涵予以明确，也未界定政协提案的法律性质。因而可以说通过政协制度而推行的协商民主基本上是一种“软办法”，未形成“硬制度”。近年来，随着“协商民主”概念进入中共中央文件，协商民主的“软办法”开始走向“硬约束”。政治协商程序制度化工作迈出了新步伐。2009 年 9 月广州市制定出台了《中共广州市委政治协商规程（试行）》，2010 年 5 月广东省委颁行了《中共广东省委政治协商规程（试行）》。该规程 2011 年 8 月正式出台实施，我国政治生活中有了首部省级协商规程。2010 年江西省委则在全国率先规定须经人民政协协商而未协商的事项，提交省委前除特殊情况外原则上不能决策。十八届三中全会《决定》更是强调：“构建程序合理、环节完整的协商民主体系，拓宽国家政权机关、政协组织、党派团体、基层组织、社会组织的协商渠道。深入开展立法协商、行政协商、民主协商、参政协商、社会协商。加强中国特色新型智库建设，建立健全决策咨询制度。”这些都标志着政治协商制度化、程序化迈出了坚实的步伐，并将在全国范围内稳步展开。

第二，协商方式日益拓展。

长期以来我国的协商民主都停留在政治协商层面，《中共中央关于加强人民政协工作的意见》将其主要形式规定为“政协全体会议、常务委员会会议、主席会议、常务委员专题协商会、政协党组受党委委托召开的座谈会、秘书长会议、各专门委员会会议、根据需要召开由政协各组成单位和各界代表人士参加的内部协商会议”。客观地说，采取这些传统形式的政治协商在协调关系、凝聚力量、建言献策和服务大局方面发挥了重要作用。经济、社会发展的新形势和新情况则要求进一步强化政协作用，近年来政协与时俱进，进行了大胆的制度创新。过去五年中，全国政协每年召开一次专题协商会，为政协委员和党政领导之间提供了面对面的对话协商平台，推进了协商民主的新探索。十八届三中全会决定指出：“发挥人民政协作为协商民主重要渠道作用。重点推进政治协商、民主监督、参政议政制度化、规范化、程序化。各级党委和政府、政协制定并组织实施协商年度工作计划，就一些重要决策听取政协意见。完善人民政协制度体系，规范协商内容、协商程序。拓展协商民主形式，更加活跃有序地组织专题协商、对口协商、界别协商、提案办理协商，增加协商密度，提高协商成效。在政协健全委员联络机构，完善委员联络制度。”此外，还要充分发挥统一战线在协商民主中的重要作用，“完善中国共产党同各民主党派的政治协商，认真听取各民主党派和无党派人士意见。中共中央根据年度工作重点提出规划，采取协商会、谈心会、座谈会等进行协商。完善民主党派直接向中共中央提出建议制度。贯彻党的民族政策，保障少数民族合法权益，巩固和发展平等团结互助和谐的社会主义民族关系。”对口协商、界别协商、提案办理协商也成为政协不断推出的重要形式。而我国一些地方和部门探索了多种民主协商案例，人大立法过程中的立法协商、地方政府决策中的开放式听取意见、基层决策中的民主恳谈会等新型的协商形式在协商民主实践中不断呈现。特别值得注意的是，为应对互联网信息扁平式传递的挑战，网上议政、网上反映社情民意的新协商形式也端倪初现。

第三，从事后协商到事前和事中协商。

在我国政治生活中，协商的领域和议题主要包括国家和地方的大政方针以及政治、经济、文化和社会生活中的重要问题。理论地看，执政党和决策者就国计和民生等重大问题进行决策和立法应当与社会各界、民主党派等进行事前、事中和事后的充分协商。而过往的实际情况通常是上述重大协商议题采取的协商形式常常限于开会、通报情况、甚或象征性地提出意见和建议与领导之间“通通气”，这种协商是形式上的，最多体现了结果上的象征性民主，难以获得民主正当性。其实，“协商民主的内涵无论在决策上还是政治协商上都远远地超出局限于结果的形式协商。协商民主作为一种民主的决策体制或理性的决策形式，每个公民都能平等地参与公共政策的制度过程，自由地表达自己的意见并倾听别人的观点，包括对道德问题提供协商的空间，在理性的讨论和协商中作出大家都能接受的决策”。“当决策是通过公开讨论过程而达成，其中所有参与者都能自由发表意见并且愿意平等地听取和考虑不同的意见，这个民主体制就是协商性质的。”协商民主这一本质内涵越来越为党中央所认识。社会主义协商民主，是中国社会主义民主政治的特有形式和独特优势，是中国共产党的群众路线在政治领域的重要体现。党的十七大报告中明确提出：“把政治协商纳入决策程序，完善民主监督机制，提高参政议政实效。”可见，早在十七大，党中央就将把政治协商纳入决策程序视为提高参政议政实效的方法和途径。党的十八大则进一步提出“把政治协商纳入决策程序，坚持协商于决策之前和决策之中”，党中央的这一主张也是2013年全国两会期间人大代表和政协委员盛赞的举措。“协商于决策之前和决策之中”能体现决策程序和结果双重意义上的民主性，必将成为我国协商民主的发展趋势。党的十八大提出，在发展我国社会主义民主政治的进程中，要完善协商民主制度和工作机制，推进协商民主广泛多层制度化发展。十八届三中全会强调，在党的领导下，以经济社会发展重大问题和涉及群众切身利益的实际问题为内容，在全社会开展广泛协商，坚持协商于决策之前和决策实施之中。这些重要论述和部署，为中国社会主义协商民主发展指明了方向。

第四，基层民主协商渠道日趋活跃。

基层协商民主是协商民主最活跃的实践形式，也是协商民主不断获得旺盛生命力和凝聚力的催化剂。近年来，随着社会主义民主实践的发展，一些具有民主意识的基层人民群众积极向各级党委和人民政府建言献策、自觉主动参与涉及公共利益的决策。一些基层政权组织则自觉带动广大人民群众在改善和发展民生、深化基层社会综合治理、加强社会治安防控、反映社情民意和有效化解矛盾纠纷等方面主动开动脑筋、积极建言献策、尽力出谋划策。在基层政权组织积极探索和基层人民群众的自觉参与下，基层协商民主的新形式、新办法也不断涌现。浙江温岭的“恳谈会模式”、浙江杭州社区管理的“参与治理模式”等都是有益探索中的成功经验。“中国已经涌现出各种协商民主恳谈的实践。中国的民主恳谈实践已经减小了与西方相应实践的差距，在某些方面甚至已超过澳洲协商民主实践的水准。在过去的30年中，中国已经创造经济奇迹。在今后的30年里，中国将会在协商民主方面创造一个新奇迹！总有一天，世界会重新看待中国，认识中国，承认中国在民主化道路上的进步和奇迹。这一天的到来，需要中国人有充分的自信和创造力来亲手塑造一个民主中国。”①

回顾协商民主60多年的发展历程，可以得到这样的结论：协商民主已经深刻融入中国特色社会主义的血液，深刻融入中国特色社会主义民主的血液。协商民主已经创造了伟大的历史，可以预见，在实现中华民族的伟大

① 何包钢：《协商民主：理论、方法和实践》，中国社会科学出版社2008年版，第271—272页。

复兴的过程中，协商民主必将发挥无可替代的巨大作用。

三、党内民主：精英民主带动社会民主

（一）党内民主：涵义与原则

19 世纪 90 年代以后，国际无产阶级的斗争形势、政治任务和党的状况都发生了很大的变化，工人阶级政党已由过去狭小的组织发展成为强大的政党，根据这种变化，恩格斯提出，在新的形势下要考虑扩大党内民主的可能性。针对有人担心在党内实行自由争论和言论自由会使党走上分裂的说法，恩格斯说丝毫不用担心这种分裂的可能，恰恰相反，它是消除党内矛盾、增强团结的有力工具。他认为，在党内没有上下级党员之分，所有党员的权利和义务都是平等的，要反对任何形式的个人突出和个人迷信。① 列宁曾经指出，党内民主的实质就是指全体党员有权平等地直接或间接地决定和处理党内一切事务，即党员是党组织的"主人"，党内事务归根到底由党员当家作主而不是由党内个别人做主。"现在整个党组织是按民主原则建立的。这就是说，全体党员选举负责人即委员会的委员等等，全体党员讨论和决定无产阶级政治运动的问题，全体党员确定党组织的策略方针。""俄国社会民主党是民主地组织起来的。这就是说，党内的一切事务是由全体党员直接或通过代表，在一律平等和毫无例外的条件下来处理；并且，党内所有负责人员、所有领导人员、所有机构都是选举产生的，必须向党员报告工作，并可以撤换。"扩大和发展党内民主，就是要加强制度建设，确保广大党员在党内生活中的平等的主体、"主人"地位，使党章规定的党员权利得到充分实现和切实保障。它的本质是要使全体党员成为党内事务的主人，实现党员在党内政治生活中的参与权、知情权和监督、批评权，实现党规党纪所规定的党员的权利、义务和在纪律面前人人平等。中国共产党在历史上有些时期就是忽视党内民主，结果造成了严重的后果。邓小平在 1980 年指出："权力过

① 参见万福义：《党鉴——共产党历史发展与执政规律研究》，山东人民出版社 2011 年版，第 80 页。

分集中,越来越不能适应社会主义事业的发展。对这个问题长期没有足够的认识,成为发生'文化大革命'的一个重要原因,使我们付出了沉重的代价。现在再也不能不解决了。"[①]党内民主的必要性体现在两个方面:第一,中国共产党是中国特色社会主义事业的领导核心,要带领人民进行民族复兴的伟大事业,这个领导的过程当然是一个民主的过程;另一方面,党有着自身庞大的组织机构,本身也是需要民主的。

党内民主对人民民主有着重要的意义。中国共产党虽然是全国最大的领导集体,但是这个领导集体却是从人民内部产生的,来自人民。党内民主对人民民主起着示范和带动作用,这是由党的性质、宗旨和执政地位决定的。中国共产党是中国工人阶级的先锋队,同时是中国人民和中华民族的先锋队,是中国特色社会主义事业的领导核心,始终代表中国先进生产力的发展要求,始终代表中国先进文化的前进方向,始终代表中国最广大人民的根本利益。党的最高理想和最终目标是实现共产主义。作为人民利益的代表,党内民主的实现必将带动人民民主的发展。坚持全心全意为人民服务的宗旨,是我们党的最高价值取向。实现人民的利益,得到最广大人民群众的拥护,是衡量我们党的路线、方针、政策是否正确的最高标准。中国共产党 90 多年来奋斗历程的基本经验之一,就是始终牢记全心全意为人民服务的宗旨,紧紧依靠人民,诚心诚意为人民谋利益,从人民群众中汲取前进的不竭力量。党内民主的发展来自于人民民主的实现,二者是相辅相成的,不可割裂的。中国共产党是在国家政权和社会生活中居于领导地位的执政党。一方面,中国共产党是中国社会主义事业的领导核心,通过对社会的直接领导体现着自己的执政地位;另一方面,中国共产党通过执掌广义上的政府,将自己的政治纲领付诸实施,通过执政实现党的领导。中国共产党之所以能够取得执政地位并长期执政,从根本上说,是由党的性质决定的。党的执政地位不是与生俱来的,是通过长期斗争获得的,是历史合法性与现实合法性的统一。社会主义民主的最终实现,还是要仅仅依靠党的领导。背离了这个最基本的前提,其他一切都只能是纸上谈兵。1987 年党的十三大指出:"以党内民主来逐步推动人民民主,是发展社会主义民主政治的一条切实可行、易于见效的途径。"1994 年党的十四届四中全会《中共中央关于加

① 《邓小平文选》第 2 卷,人民出版社 1994 年版,第 329 页。

强党的建设的几个重大问题的决定》中指出："发扬党内民主必然推进人民民主，这也是建设社会主义民主政治的一条重要途径。"党的十六大报告指出："党内民主是党的生命，对人民民主具有重要的示范和带动作用。"党的十七大报告指出："党内民主是增强党的创新活力、巩固党的团结统一的重要保证。要以扩大党内民主带动人民民主，以增进党内和谐促进社会和谐。"党的十八大报告指出："要坚持民主集中制，健全党内民主制度体系，以党内民主带动人民民主。"我们的党对党内民主促进、带动人民民主，对党内民主在社会主义民主中的地位一直有着深刻、清醒的认识。

党内民主不是简单的人民民主的范围缩小，二者有着不同的内涵和外延。党内民主是在党内广泛实行的。只要是党员，都可以按党章规定行使个人的应有权利。人民民主是对广大人民群众而言的。只要是没有被依法剥夺政治权利的中华人民共和国公民，都可以依照宪法行使个人的基本权利。中国共产党是中国工人阶级的先锋队，同时是中国人民和中华民族的先锋队。在一定意义上可以说，中国共产党是中国最大的精英集团。党员的选拔要经过严格的程序，不是所有信仰马克思主义的中华人民共和国公民都可以成为党员。只有那些坚定信仰马克思主义、愿意交纳党费并顺利通过党组织考验的公民才可以成为一名光荣的党员。党员放弃自己的党员身份，其作为党员的权利和义务就会自动取消。但是公民的权利和义务却不是个人想放弃就可以放弃的。公民的权利是宪法天然赋予的，不是通过后天努力获取的，而党员的权利是个人奋斗的结果，二者有着质的不同。遵守宪法和各种法律仅仅是对党员的最低要求，此外党员还需要严格遵守党的各项规章制度，保守党的秘密。而公民只需要遵守宪法和各项法律，没有义务遵守党章，更谈不上保守党的秘密了。党的全国代表大会是党的最高权力机关，中央委员会和中央纪律检查委员会都由它选举产生并对它负责。在党的全国代表大会闭会期间，中央委员会执行全国党员代表大会的决议，领导党的全部工作，对外代表中国共产党。党的中央政治局、中央政治局常务委员会和中央委员会书记处、中央委员会成员由中央委员会全体会议选举并对它负责。中央政治局和它的常务委员会在中央委员会全体会议闭会期间，行使中央委员会的职权。而国家机关的权利隶属关系则与党不同。全国人民代表大会是国家最高权力机关和监察机关。全国人民代表大会常务委员会是它的常设机构，它行使国家的立法权。其他国家机关由人民代表大会选举产生，对它负责，受它监督。党的民主集中制原则主要有个人服从党的组织、少数服从多数、下级服从上级、全党服从中央，有着高度的整体性和统一性。这种原则却不适用于人民代表大会。全国人大及其常委与地方人大及其常委的关系是一种业务上的指导与被指导关系。

党内民主虽然同人民民主有着不同的含义和内容，但是作为民主的一种形式，却有着民主的一般特征和原则。

首先，平等是党内民主的基本原则。平等是民主的前提和基础。列宁同志曾经指出，“民主意味着平等”；“民主意味着在形式上承认公民一律平等，承认大家都有决定国家制度和管理国家的平等权利”。这种平等原则包括两方面的含义：一是权利平等，也就是说在党内所有党员都有平等的参与管理党内事务的权力，普通党员和党内领导干部只有分工的差别，没有等级的界限，任何党员因为职务、经历、贡献和受教育程度的不同而享受任何的特权都是不合理的、没有法律根据的。二是权利和义务的对等。“没有无义务的权利，也没有无权利的义务。”也就是说，在党内，无论是在政治、权力上，还是在执行法律和决议、遵守规章制度和义务的使用范围上，普通党员和党的领导干部一律平等，党内不允许只享有权利，而不履行义务的任何党员和党员领导干部的存在。不仅马克思主义经典作家认为平等是实现民主的前提，西方的政治学者也持有类似观点。西方政治学家托克维尔在《论美国的民主》一书绪论中谈到，“我在合众国逗留期间见到的一些新鲜事物，其中最引我注意的，莫过于身份平等。……随着我研究美国社会的逐步深入，我益发认为身份平等是一件根本的大事，而所有的个别事物则好像是由它产生的，所以我总把它视为我的整个考察的集中点。”由此可见，平等不是洪水猛兽，不是资产阶级所特有的，而是全人类共同追求的价值元素。然而，社会主义的平等在质上不同于资产阶级的平等。资产阶级号称人人生而平等。在具体的日常生活当中，资产阶级追求财富，并把财富作为衡量人的价值的标准。由此，生活在资产阶级国家中下层的人民，必然在事实上无法与掌握大量财富的资产阶级享有平等的权利。资产阶级所鼓吹的人人平等，最多是形式上的平等。而社会主义则全面超越了形式上的平等。社会主义国家追求人人自由发展，而不是庸俗地去追求财富。这就消除了资产阶级片面平等的物质基础，为事实上的平等打下了基础。马克思主义的平等观是符合人类发展趋势的平等观，符合人性的发展规律，因为这种人性观建立在人与人相互尊重的基础上。西方学者也意识到了资产阶级的形式上的平等观存在种种弊端，托克维尔曾经尖锐地指出，人民希望拥有众多财富的资本家放弃的不是他的财富，而是他的傲慢。[①] 由此可见西方人民对人与人之间相互尊重与事实上的平等的极度渴望。

其次，公开的竞争性选举是党内民主的形式原则。人类社会在产生了政治共同体——国家以后，为解决公共权力应该属于谁，以及如何转让的问题，一直处于无序剧烈的冲突之中，为争夺权力而引起的战争、政变、暴力、阴谋，使人民付出了巨大的牺牲，并经常打断社会的正常秩序，给经济发展造成严重的破坏。政治竞争虽然自古至今一直存在，但只是在选举权确立之后，政治竞争才走上了和平、有序的轨道。这是两种不同性质和形式的竞争，选举制下的竞争是建立在理性、民主和法制基础上的竞争，专制下的竞争则与此相反。[②] 公开的竞争性选举是人类政治文明史上的一大进步。在党内领导干部选拔等活动中，竞争性选举的引入不仅是可行的，而且是必要的。理论上而言，每个党员都有权参与党的领导活动，但是由于受客观条件的限制，就像民主更多地表现为代议制民主一样，党内民主的形式更多地表现为各级党员都有选择党的领导干部的权利。在西方国家精英民主论者、程序民主论者都把是否有公开的竞争性的选举作为衡量民主的基本原则。列宁也曾经指出，"一切政治问题不可能都用向全体党员征求意见的方式来解决；这将是永无休止的、令人厌倦的、毫无结果的表决"。因此，"如果没有代表机构，那我们就很难想象怎么民主，即使是无产阶级民主"。在社会主义国家，共产党是工人阶级的先锋队，它最集中地体现了工人阶级的优秀品质——大公无私、光明磊落。只有公开，才能充分调动广大党员的积极性，增强其政治责任感，激发其政治热情，吸引他们积极参与党的活动，也有利于对党和国家领导机关及领导人实行自下而上的公开监督和批评。同时，也只有竞争性的选举，才能够改变以任命代替选举的现象，真正体现党员的民主权利，也有利于有能力的干部脱颖而出，同时使得党员干部更有责任感和使命感。

最后，多数决定是党内民主的程序原则。西方政治学家托克维尔指出，

---

① 参见[法]托克维尔：《论美国的民主》，商务印书馆 1991 年版，第633 页。

② 应克复等：《西方民主史》，中国社会科学出版社 2012 年版，第 344 页。

“民主政府的本质，在于多数对政府的统治是绝对的，因为在民主制度下，谁也对抗不了多数”。与此同时，他也强调了不要去随意践踏少数人的正当权利：“我们的祖辈总是愿意滥用个人的权利应当受到尊重的观点，而我们则自然喜欢夸大个人利益应当服从多数人利益的观点。”[①]列宁同志也曾经指出，少数服从多数的国家是民主的国家，少数服从多数也是“党的一般组织原则”。列宁肯定少数服从多数的重要意义，但也同时强调对少数人民主权利的保护。“我们必须在党章中保证一切少数派的权利，使那些经常发生和无法消除的不满、愤怒和斗争，不再变成通常的庸俗的无理取闹和无谓争吵，而是形成一种目前还不习惯的捍卫自己信念合法而正当的斗争。”[②]邓小平同列宁一样，认为在少数尊重多数的同时，多数也必须尊重少数人和少数人的意见。“做领导人的，总要取得大多数人的统一，事情才好办，绝不能一个人讲了就算数。对少数人要尊重，少数人的意见不一定就是错误的。即使是错误的，他们的意见也不会是孤立的，只有重视这些意见，才能很好地去加以纠正，帮助同志们改正错误。”[③]这是因为，不管是党员、群众，还是党的领导机关，在党的工作的各个方面，由于认识和利益上的差异，不可避免地会出现意见分歧和观点差异，即便是通过充分的民主讨论，也不可能取得完全一致。在这种情况下，为了避免党内无休止的争论，影响党的意志统一和行动上的一致，实行少数服从多数的原则是必要的。这是一种决策原则。但是在决策过程中和决策实施中，同时对少数人的合法权利要给予足够的重视。从这个意义上而言，党内民主就是按照大多数党员的意志和利益决定和处理问题的同时不随意践踏少数人的合理权益。

(二)党内民主的理论审视：功能与限度

第一，政治共识、利益表达与放大冲突。

从政治学角度而言，为什么说民主是最有效的政治制度？民主政治最重要的意义或者说最首要的功能，就在于它能够有效维护政治稳定，为国家、为政党的存在提供一个有效的支撑。而这一切能够成立的前提就是民

---

① [法]托克维尔：《论美国的民主》，商务印书馆 1991 年版，第 880 页。

② 《列宁全集》第 13 卷，人民出版社 1990 年版，第 59 页。

③ 《邓小平文选》第 1 卷，人民出版社 1994 年版，第 309 页。

众对于现存政治秩序和政权、政党的信任、支持和认同，也可以说是民众对所处时代的政治存在达成了政治共识。如果一个政治体系能有效地取得和维系民众对其的政治认同，则将大大有助于政府的运作和政局的稳定。自改革开放以来，中国共产党致力于经济发展，通过改善人民生活水平提高国家的综合国力，来争取人民对自己执政的政治认同。高度的政治共识使其成功地经受了1989年政治风波的严峻考验和苏联解体东欧剧变的强烈冲击。这种发展模式的效率是有目共睹的，但公平问题却凸显出来：社会成员收入分配差距明显拉开，基尼系数迅速扩大；下岗职工等弱势群体不满情绪增加，报复社会的案件和有组织犯罪逐年增长；作为执政党传统的阶级基础的工人和农民阶层的社会地位在下降，而新的社会阶层由于传统理论的局限又很难进入利益表达的“政治舞台”；特别是以权钱交易为主要特征的政治腐败问题，严重损害了执政党的形象。这些都使执政党的政治认同基础遇到新的严峻挑战。西方政治社会学家李普塞特曾经指出：“任何一种特定民主的稳定性，不仅取决于经济发展而且取决于它的政治系统的有效性和合法性。”而民主制度首先就提供了这样一个政治认同的条件。为了解决新形势下的执政地位和执政权威的政治认同问题，中国共产党一方面提出“三个代表”重要思想，适时地将执政党政治权威的政治认同从单纯的政绩认同转移到政治、经济、文化的先进性上来，同时修改党章，扩大了执政党的社会基础，以期使执政党的政治权威获得更广泛的支持；另一方面，中国共产党积极推动国内的民主进程，以党内民主建设为突破口，使执政党的政治权威发展为法理性权威，增强执政党执政地位和政治权威的政治认同度。也就是在这样的一个大背景下，中国共产党建立和健全党内民主制度，按照现代民主原则改革党的领导体制和工作机制，转变党的执政方式和领导方式，在完善的基础上坚持和强化党的领导。

在民主政治的条件下，公民们通过各种各样的方式参与政治过程。公民们通过投票选举行政机关、立法机关的任职人员，通过对投票权和复决权的运用决定国家大事。各种各样的利益集团通过自身的影响力参与政治过程，通过保持对政策制定者施加压力的方式达到维护自身集团利益的目标。正是通过这些形形色色的政治参与活动，人们不仅能够评价公众人物，了解国家的公共政策，表达自己的利益和政治见解，从而学到民主规范和政治游戏规则，掌握处理复杂的公共关系的诸多技巧；而且还可以塑造人们的主体意识、理性人格和宽容精神。而通过党内民主,广大党员可以广泛地参与党的政治决策,首先有利于中国共产党整体凝聚力的形成与巩固,使广大党员能够产生一种主人翁的责任感,在党内精英内部培养民主主体意识、理性人格和宽容精神,同时有利于完善党内监督体系,遏制权力高度集中造成的既得利益集团的形成。对外而言,对于人民民主有一定的示范作用,增强广大人民对于中国共产党和国家政权的认同,增强对于社会主义民主政治的信心和党的执政能力的信心。

西方政治学家萨托利认为,政党的功能主要有两种:一种是代议功能;另一种是表达功能。这两种功能是相互联系的:代议是表达的形式,表达是代议的内容。因而政治利益表达功能就成为政党的主要功能。表达功能作为沟通方式是双向的:一方面政党受到来自本党成员和支持者的压力而聚集、转化、表达他们的利益,在政治活动和公共政策中体现这些利益;另一方面政党本身也可以具有自己的主张,也可以形成、操纵各种意见,从上至下传达政党精英分子的主张。政党的这两种功能集中体现在它组织民众参与政治的过程中:一是通过代表组织新动员起来的民众、集团得以参与政治生活,创新、改变政治游戏规则和公共政策,甚至改变政治体制;二是通过政治体制本身缓解、疏导各种导致社会矛盾和社会冲突的利益集团活动、社会运动,使革命活动或社会失序难成现实而不至于危及体制。从一般意义上而言,政党本身就是沟通国家与社会的一个桥梁——利益表达的通道。而党内民主则是表达党内不同政治力量、不同阶层利益的一个重要的通道,通过党内民主,可以完善各阶级的利益表达渠道,扩大和巩固党的阶级基础和群众基础。

但是,民主政治表达利益的另一面是放大冲突。在专制或者说非民主的条件下,人民的利益表达渠道狭窄且比较单一。以中国的封建王朝为例,专制统治者对于利益表达的压制和限制往往使得矛盾在一定阶段通过非制度化的渠道表达出来,从而导致改朝换代的发生。民主政治的建立,为人民合理合法地表达自己的利益、争取自己的权利提供了制度化的渠道。进入21世纪以来,尤其是近几年,以互联网为代表的大众新媒体的发展日新月异。在互联网时代,由于信息发布的便利,一些媒体为了吸引读者的注意力,刻意放大矛盾,甚至出现文不对题的不负责任现象。媒体报道此类事件的背后往往涉及利益分配不均的问题,如果对于这种利益的冲突控制不当,则有可能导致民主化分裂政党、分裂国家的局面。正因为如此，要使执政党、国家秩序井然，就要把控好民主政治的利益表达内容与途径。中国的党内民主也存在如何使党内民主的利益表达控制在合理的限度内的问题。如果对这个问题不能够清醒地认识、认真地对待和妥善地解决，则有可能走向党内民主的反面：会进一步导致党内不同群体多元化与民主分派的可能性与合理性，通过党内不同派别在体制内部的合法竞争，来各自代表不同利益集团的利益诉求，就像党内民主的激进派所主张的一样，实现党内多派，甚至有可能造成党的分裂。这些情况的出现势必会对党的先进性和凝聚力造成损害，最终有可能危害政党的执政地位和国家政治秩序的稳定。

因此，党内民主的目的不能无限度地扩大，也不能套用一般的民主模式和西方政党民主的模式。对于中国共产党的党内民主来说，其最高目标就是创造一个既有集中又有民主，既有纪律又有自由，既有统一意志又使个人心情舒畅、生动活泼的那样一种政治局面，从而增强党的生机和活力。要处理好党内民主的内容与形式的关系，在这个过程中，始终不能忽视党内民主的最高目标。在发展社会主义民主的过程中，不能刻意追求党内民主的形式以至于忽略民主的目的。

第二，多数原则、民主决策与精英政治。

身份平等和多数原则可以说是民主政治的核心原则。但是，民主政治自诞生那一天起，就面临着对于多数原则的诸多非议。从柏拉图之死，到亚里士多德对于民主政体的批判，其对于民主的深深恐惧和厌恶，除去其阶级立场之外，更多的是出于一种精英情怀：认为大多数人是没有治理国家、进行决策的能力的。从决策学的角度而言，民主决策（这里指的是严格按照民主的“多数原则”进行的决策），并非是一种科学的决策。西方政治哲学家卡尔·波普曾经说过，“我们之所以是民主主义者，并不是因为大多数人总是正确的，而是因为民主传统是我们所知道的弊病最少的传统。”随着社会的发展，社会的分工越来越细，民主决策的应用范围却越来越狭窄。在西方政治学家塞缪尔·亨廷顿看来，民主只不过是形成权威的方法之一，民主并非可以普遍适用，专业知识、资历、经验以及特殊才能在某些领域有时应优先于民主的原则而成为权威的来源。

在政党民主问题上，西方精英民主理论家托·米歇尔斯更是提出了其著名的“寡头统治铁律”。他根据对世纪之交的欧洲社会民主党的研究，发现即使那些以民主原则为宗旨的组织在结构上也是寡头式的。在当时欧洲的社会民主党中，其领袖们由于有了既得利益便不再追求社会主义的“远大目标”，而借助组织来维护其既得利益。如米歇尔斯所见，民主的原则要求保障所有公民对公共事务管理的参与与影响力。公民有权自由参加选举，选举人有权管制当选者。民主、平等原则与寡头、不平等的原则是相对立的。事与愿违的是，在这样的民主组织中最终还是出现了不平等与寡头。导致这一后果的原因是：组织的规模以及任务与目标的复杂程度。组织的规模之大、任务功能之复杂要求有授权和专长。同样，为了组织的有效运转，必须决策迅速，执行果断。领导人通过训练和经验积累获得了这方面的专长。而组织内部的决策就不免为领导所垄断。在纯粹的精英政治下，这种寡头不是通过自由选举的方式产生的，领袖们在掌权过程中容易积累自己的既得利益，这就导致国家权力的私有化。

中国共产党是全心全意为人民服务的无产阶级政党，没有其政党自身的利益，在其属性上有着资产阶级政党无可比拟的优越性。但是我们同样也看到，随着社会发展和管理社会经济、文化的需要，中国共产党的组织结构也愈加复杂化。即便党内民主有信息公开、选举公开等作为基础，一般的党员也不可能掌握党内的所有有价值的信息，更不可能掌握社会管理、社会决策的一些重要信息和资料。在这种信息不对称的前提下，进行党内民主决策往往反映不了大多数党员的意志。在另外一个维度而言，如果大多数党员不掌握这些信息，那么严格按照民主的“多数原则”所做出的决策未必是科学决策，未必能够反映社会政治、经济发展的规律。从更深层的意义上而言，民主政治体制的有效运作，通常需要个人或团体在政治参与方面某种程度的冷漠，一旦政治要求超过了制度的功能承载，将会走向它的反面。也就是说，党内民主有其应用领域相适应的范围限度，一旦超过了这个限度，党内民主就会失去运用民主的一般意义，与实行党内民主的目的背道而驰。

第三，身份平等、挑战权威与民主集中制。

人们在政治上和法律上一律平等是民主的基本前提。身份平等在带给人们许多权利与自由，带给社会诸多活力的同时，平等自身的特质也给社会带来了一些消极的影响。比如说平等精神如果在社会领域中无限放大则会导致这样的一些结果：在大多数组织内部，由于人人都感觉到自己是完全平等的，地位的差异不再明显，相对来说组织的纪律就会变得松弛；在商业或协会组织中，下级组织可能会无视甚至批判上级组织，人们不再感到应当强迫自己服从年龄、职位、专长、声望比自己高的长辈；在政府部门中，严格的等级制度违背民主精神。随着公共参政意识的逐步增强，大众越来越多地参与到政治经济和社会机构中。由于现代公共问题的复杂性和利益多元性，政府往往不能成功或及时有效地解决公众关注的问题，由此会导致公众对政治领导人、组织的信赖和信任度下降和衰落。

民主社会里，人们信奉平等、自由、个人权利、广泛政治参与，这种观念如果不能正确地加以引导，就会使公众认为层级制度、纪律、保密等情况是不可接受的和不合理的，但这些特征和手段作为政府管理的方式有时是必需的。社会管理的维持与公众民主的矛盾逐渐加深，政府权威的丧失一定程度上使政府权力被分散。而权力是实现秩序必不可少的手段，尽管在有些时候权力对自由构成了实际上的威胁。民主社会鼓励公众广泛的政治参与和社会参与，但原有秩序承受不了这些公众参与迅速膨胀带来的张力，而公众也同样不能承受为缓和这些张力并在这些张力上恢复原来秩序的权力，这样一种弹性的恶性循环就产生了。在这种情况下，权威就会变得脆弱，政府重新获得合法性的机会将减少。这种张力如果不能得到有效缓和，政府如果不能适应新的政治生态环境，社会就极可能出现混乱，更可怕而且可能的恶果将是极端主义会登上历史舞台。

当然，就中国的党内民主而言，平等有其特定的含义和内容。首先，在党的各级组织中，平等意味着党员在政治上一律平等这个基本的原则。其次，党员作为个体身份上的平等并不能否定组织的权威。过于平等所导致的一些消极后果是由“民主集中制”来加以限制的。除了全体党员在政治上一律平等外，所有党员必须坚持个人服从组织、下级服从上级、全党服从中央的集中制原则。从集中制的角度来说，个人与组织之间是领导与服从的关系。下级与上级之间、全党与中央之间也是如此。从这个意义上说，集中与民主之间的确是互相限定的。邓小平同志曾经指出：“民主集中制是社会主义制度的一个不可分的组成部分。在社会主义制度下，个人利益要服从集体利益，局部利益要服从整体利益，暂时利益要服从长远利益，或者叫作小局要服从大局，小道理要服从大道理。”邓小平还对民主集中制的内涵做了科学解释：“我们实行的是民主集中制，这就是民主基础上的集中和集中指导下的民主相结合。”[①]可以说,民主集中制不仅是我国政治生活的基本原则,也是社会主义制度下统筹兼顾各种利益关系的基本原则。针对我国目前政治体制所存在的弊端,邓小平曾言道:“当前这个时期,特别需要强调民主,因为在过去一个相当长的时间内,民主集中制没有真正实行,离开民主讲集中,民主太少。”“没有了民主,就不可能有集中,从而也就不可能有认识的统一、行动的统一。我们强调加强集中统一和反对分散主义,更应坚持民主集中制的原则。不应该误解,以为强调集中统一,就可以抛弃民主集中制的那个民主。为了加强集中统一,反对分散主义,就更要坚持民主集中制的民主这一方面。”[②]但是,也不能忽视在民主基础上的集中,这种集中能够正确地处理好局部利益与整体利益之间关系并迅速取得一致意见,弥补民主过程本身的弊端。陈云同志在高度重视发扬党内民主的同时,还指出党内民主的扩大必须是逐步的,不能急于求成;极端民主化、平等化倾向会危害党的事业。在他看来,发扬党内民主,是为了调动党员的积极性,保证党的正确路线得到贯彻执行。如果离开了这个根本目的而空谈抽象的民主,则是完全错误的。陈云在民主革命时期就指出:“党内民主是必要的,但扩大民主应以有利于工作为限度。”他还针对新时期党内出现的新情况,明确地说:“党性原则和党的纪律不存在‘松绑’问题。”因此,党内民主是在党性原则、党性纪律和集中制下的民主,并非建立在平等基础上的无权威、无组织的民主。

所以,正确处理民主和集中的关系,就是要明确在什么情况下集中,集中到什么程度,在什么情况下民主,民主到什么程度。这是我们在发展党内民主的过程中必须认真把握的问题。而这些问题过去在实际操作层面并没有很好地解决。邓小平曾经特别严肃地指出:“特别是民主集中制执行得不好,党是可以变质的,国家也是可以变质的,社会主义也是可以变质的。干部可以变质,个人也可以变质。”[③]党的十六大提出要按照“集体领导、民主集中、个别酝酿、会议决定”的原则来处理民主和集中的关系进一步明确了民主集中制是民主基础上的集中和集中指导下的民主相结合的制度,为充

① 《邓小平文选》第2卷,人民出版社1994年版,第175页。

② 《邓小平文选》第1卷,人民出版社1994年版,第305页。

③ 《邓小平文选》第1卷,人民出版社1994年版,第303页。

分发展党内民主提供了更具操作性的原则依据。党的十七大指出：严格实行民主集中制，健全集体领导与个人分工负责相结合的制度，反对和防止个人或少数人专断。党的十八大强调：要坚持民主集中制，健全党内民主制度体系，以党内民主带动人民民主。保障党员主体地位，健全党员民主权利保障制度，开展批评和自我批评，营造党内民主平等的同志关系、民主讨论的政治氛围、民主监督的制度环境，落实党员知情权、参与权、选举权、监督权。当务之急是健全和完善党内民主的各项具体制度和操作程序，并且在实践中加以全面贯彻落实，才能真正发展党内民主和不断增强党的活力和团结统一。

（三）健全和完善党内民主制度

除了上述党内民主建设本身的特定含义所存在的限度之外，中国当前党内民主自身建设的不足和制度欠缺也极大地影响了党内民主所应该发挥的作用。中国党内民主建设主要存在两方面的欠缺：一是党员权利的虚化，二是集中制的强大。上述两个方面具体表现为党的领导制度、党的选举制度、党内监督制度、党的决策制度、党员权利保障制度等五个方面的制度欠缺和不足。因此，我们党必须进一步完善党内民主的各项制度，从制度上保证党内民主的健康发展。十六大报告要求，发展党内民主，“要以保障党员民主权利为基础，以完善党的代表大会制度和党的委员会制度为重点，从改革体制入手，建立健全充分反映党员和党组织意愿的党内民主制度”。十七大报告指出：“尊重党员主体地位，保障党员民主权利，推进党务公开，营造党内民主讨论环境。”十八大报告提出：“保障党员主体地位，健全党员民主权利保障制度，开展批评和自我批评，营造党内民主平等的同志关系、民主讨论的政治氛围、民主监督的制度环境，落实党员知情权、参与权、选举权、监督权。”当前和今后一个时期，健全党内民主制度要着重在以下五个方面做出努力。

第一，完善党的领导制度。

发展党内民主，首要的是要改革党的领导制度。一要完善党的代表大会制度，实行县以上的各级党的代表常任制，每届任期内每年定期召开一次党代会全会，讨论和决定党内重大事务，并完善代表大会的议事规则和表决制度，充分发挥其民主职能和集体领导作用。需要注意的是，对那些不认真履行代表职能的，不能切实为人民群众服务的，要完善其退出机制。尤其是对那些给人民群众造成损失，甚至涉及犯罪，社会影响极坏的“代表”，绝不能姑息、纵容，要依法严办。二要建立和健全党内的决策权、执行权、纪检权的相互制衡机制，使县以上各级党的代表大会成为党的决策机构，各级党的代表大会选举产生的同级党委成为执行机构，各级党的代表大会选举产生党的纪律检查委员会成为纪检机构。党的纪检机构对同级党的代表大会报告工作，同时党的纪检机构有权对同级决策机构和执行机构进行纪律检查，即便更有益于规范党委领导的活动，但无权干预其日常工作；党的代表大会有权按照一定的程序选举和罢免执行机构和纪检机构的主要领导干部。三要在制度上形成能上能下的机制，严格按照有关规定选拔任用干部，杜绝用人上的不正之风。毛泽东同志指出：“政治路线确定之后，干部就是决定的因素。”①邓小平丰富并发展了毛泽东的这一思想，强调：“正确的政治路线要靠正确的组织路线来保证。中国的事情能不能办好，社会主义和改革开放能不能坚持，经济能不能快一点发展起来，国家能不能长治久安，从一定意义上说，关键在人。”②在新时期，胡锦涛进一步提出：“我们要以更宽的视野、更高的境界、更大的气魄，广开进贤之路，把各方面优秀干部及时发现出来、合理使用起来。要坚持把干部的德放在首要位置，选拔任用那些政治坚定、有真才实学、实绩突出、群众公认的干部，形成以德修身、以德服众、以德领才、以德润才、德才兼备的用人导向。要坚持凭实绩使用干部，让能干事者有机会、干成事者有舞台，不让老实人吃亏，不让投机钻营者得利，让所有优秀干部都能为党和人民贡献力量。”③习近平同志在2013年6月召开的全国组织工作会议上指出：“我们党历来高度重视选贤任能，始终把选人用人作为关系党和人民事业的关键性、根本性问题来抓。好干部要做到信念坚定、为民服务、勤政务实、敢于担当、清正廉洁。”干部的选拔要坚持用人唯贤，用人唯德，不能让封建主义的残留影响干部的任用，比如说简单地讲论资排辈、讲拉帮结派等。完善党的领导制度，目的就是选出那些真正的德才

① 《毛泽东选集》第2卷，人民出版社1991年版，第526页。

② 《邓小平文选》第3卷，人民出版社1993年版，第380页。

③ 中国政府网，胡锦涛在庆祝中国共产党成立90周年大会上的讲话，http://cpc.people.com.cn/GB/64093/64094/15053924.html.

兼备的党员，只有这样，我们的党才能永葆青春。要注重发挥各级党校、行政学院、干部学院在提高干部素质中的重要作用。加强党的执政能力建设，关键是要有一支道德水准高、理论水平强、业务素质过硬的领导班子。因为各级的领导班子是社会主义现代化进程中的真正权力掌握者和具体执行者。领导班子的水平如何，在一定程度上决定着党的执政能力，决定着能否认真贯彻执行党的路线、方针、政策，决定着党和国家的前途和命运。

第二，完善党的选举制度。

党内选举制度是党内民主的一项根本制度，是党内民主发展程度的重要标志，是保证党内民主的关键。党内选举制度是否成熟和完善是衡量一个政党是否成熟和完善的重要标准之一。经过90多年的发展，中国共产党在党内选举制度方面已经建立起一套比较完善的体系。但是，随着世情、党情、国情的变化，党的选举也出现了各种各样的问题。比如说部分地区存在贿选现象，更有甚者，极个别地方出现买官、卖官的丑闻。对党的选举出现的种种问题，一定要客观、辩证地看待。不能简单地拿出现的问题去否定整个党的选举制度，更不能以为党的选举制度就是完美无缺的。一方面，要不断根据客观情况的变化去具体地调整部分制度；另一方面，要健全对选举制度的监督、追责机制。具体地说，可以从以下几个方面努力。一是要根本改变以任命或变相任命代替选举的现象，使选举不再流于形式。在当前的党内生活中，不少选举过程中还存在上级领导授意或任命，然后制造舆论，最后选出“最佳”人选的现象。有些地方党员违背上级领导的意思，真正选出了最佳人选，上级领导居然表态不同意，要求进行重新选举。这样的选举没有多少真正的内涵，过于形式化。二是要根本改变那种由少数人选，在少数人中选，甚至以集中为借口，“一把手”个人说了算的现象。党员的选举权是一项神圣不可侵犯的权利，在选举领导的过程中，凡是具有选举权的党员都有权利和义务进行庄严而神圣的投票。不能以保密等为借口，剥夺这部分党员的权利。只有这样选举出来的领导干部，才能代表最大多数党员的意愿，代表最大多数人民群众的利益。这样选举出来的领导干部，在执行具体工作的过程中，会较少地遇到阻力，从而使各项政策的收益更加理想。三是要改革候选人提名制度，要扩大直选范围，扩大差额选举的比例，还可以实行竞选，真正体现选举人的意志。候选人的提名要能真正地体现广大党员的意志，不能简单地以主要领导的想法为依据。在确定候选人提名之前，有必要进行一到两轮的预选。对各级党委领导特别是主要领导的选举，要适当地扩大差额比例。在竞选主要领导的过程中，候选人可以就其工作思路等向广大党员汇报。这样的机制可以保证当选的领导真正体现出最大多数选举人的意志。四是选举必须有组织地进行，对选举前后和选举过程中发生的违反党章规定的情况，上级领导机关要及时进行干预、纠正和查处。选举不是儿戏，不是形式，是一项非常严肃的工作。尤其是这些选出的领导干部对日常生活的方方面面都有重要的影响。这就要求选举工作要严格按照规章制度进行。邓小平曾经特别强调要健全党内选举制度，“关键是要健全干部的选举、招考、任免、考核、弹劾、轮换制度”[①]。胡锦涛同志在2011年庆祝中国共产党成立90周年大会上的讲话中特别强调要完善党内选举制度。习近平总书记强调，“加强党的建设，必须营造一个良好从政环境，也就是要有一个好的政治生态”[②]，这其中的一个重要方面就是健全党的选举制度。

第三，完善党内的监督制度。

“宪法上规定了党的领导，党要领导得好，就要不断克服主观主义、官僚主义、宗派主义，就要受监督，就要扩大党和国家的民主生活。如果我们不受监督，不注意扩大党和国家的民主生活，就一定要脱离群众，犯大错误。”[③]宪法规定了党的领导地位，但如何使我们党时刻同人民群众保持血肉联系，保持党的群众性，是我们要进一步思考的，这其中的重要一点就是要使党内民主常态化、党内监督制度化。党的早期领导人一开始就十分注意这个问题。毛泽东同志在回答黄炎培关于如何跳出“其兴也勃焉，其亡也忽焉”的历史周期律时，指出：“我们已经找到新路，我们能跳出这周期律。这条新路，就是民主。只有让人民来监督政府，政府才不敢松懈。只有人人负责起来，才不会人亡政息。”[④]我们党是执政党，需要党内外群众对党和国家的各级领导机关、领导干部实行批评监督。要公开党内权力运作过程，提高决策过程的透明度；要确保党内生活民主化，切实保障规定的党员民主权

① 《邓小平文选》第2卷，人民出版社1994年版，第331页。

② 新华网，http://news.xinhuanet.com/politics/2014-08/04/c_126830394.htm.

③ 《邓小平文选》第1卷，人民出版社1994年版，第270页。

④ 黄炎培：《八十年来》，文史资料出版社1982年版，第149页。

利,对侵犯党员权利的人和事,要给予党纪处理;要恢复和发扬批评与自我批评的优良传统,营造浓厚的民主氛围,保障党员群众的监督权;要建立弹劾罢免制度,使那些不称职的领导干部在任期内随时更换,以实现干部能上能下,促进优胜劣汰的竞争机制的形成。方方面面的工作都要求党内监督要走上制度化的轨道。邓小平同志曾经深刻地指出了党内监督缺乏制度化的重大危害,他说:“发生的各种错误,固然与某些领导人的思想、作风有关,但是组织制度、工作制度方面的问题更重要。这些方面的制度好可以使人无法任意横行,制度不好可以使好人无法充分做好事,甚至会走向反面。……这种制度问题,关系到党和国家是否改变颜色,必须引起全党的高度重视。”①中共中央颁布《中国共产党党内监督条例(试行)》和《中国共产党纪律处分条例》,标志着党内监督走上制度化、规范化的新阶段。江泽民同志强调:“我们的党员和干部,无论职位高低,无论从事何种工作,在党的纪律面前一律平等。在我们党内,决不允许存在超越于党组织和党的纪律之上、不接受监督的特殊人物。”②胡锦涛同志在中共十七届中央纪委第五次全会上的讲话中指出:“要进一步加强监督制度建设,认真执行和不断完善各项监督制度,改革和完善党内监督体制,健全权力运行监控机制,拓宽监督渠道,增强监督合力,加大监督制度创新力度,建立健全决策权、执行权、监督权既相互制约又相互协调的权力结构和运行机制。”③2013 年 1 月,习近平同志在十八届中央纪委第二次全会上强调,“要加强对权力运行的制约和监督,把权力关进制度的笼子里,形成不敢腐的惩戒机制、不能腐的防范机制、不易腐的保障机制”④,进一步强调完善党内的监督制度。

第四,完善党的决策制度。

要按照集体领导、民主集中、个别酝酿、会议决定的原则,完善党委内部的议事和决策机制,进一步发挥党的委员会全体会议的作用,使重大问题的决定真正由集体做出,从根本上改变邓小平所指出的“以集体领导的外表掩

---

① 《邓小平文选》第 2 卷,人民出版社 1994 年版,第 333 页。

② 求是理论网,http://www.qstheory.cn/zl/llzz/lddjs/201003/t20100320_24703.htm.

③ 新华网,http://news.sina.com.cn/o/2010-01-13/090416924738s.shtml.

④ 新华网,http://news.xinhuanet.com/politics/2013-01/22/c_114461056.htm.

盖个人专断的实质”的倾向。中央政治局要定期向中央委员会、地方党委常委会要定期向全委会报告工作并接受监督。要完善重大决策的规则和程序，建立社情民意反映制度，建立与群众利益密切相关的重大事项社会公示制度和社会听证制度，完善专家咨询制度，实行决策的论证制和责任制要进一步推进党务公开，党务公开是党内民主的前提。党务的公开，更有利于营造健康、民主的党内讨论环境。近年来，随着社会的进步，政务公开的进度在不断加快。与此同时，党务公开的步伐稍嫌缓慢。中国共产党代表最广大人民群众的利益，是全心全意为人民群众服务的政党，没有自己的私利。正因为如此，更要推进党务公开，让人民群众了解党，了解党的机构，从而更加信任党，增强党的执政合法性。党务公开的形式要多样化，可以充分利用微信、微博等新媒体。党务公开的范围要适当扩大，人民群众的民主意识、政治觉悟在不断提高，对人民群众要求公开的党务要尽量满足。党务公开的质量要提高，不能新瓶装旧酒，简单记流水账，不仅要公开重大事项的结果，对重大事项的决策过程，科学分析等事项都要进行公示。党和国家的重大事务、重大决策，在决定之前要在党内进行充分的讨论，实现广大党员的广泛参与和有效监督。党的决策机制的完善，必将更有利于维护中央的权威，有利于保持党的团结统一，有利于党的政令畅通。党的决策机制的完善，对更好地发挥地方主动性、积极性有着重要意义。由于真正地参与了政策的讨论，地方党委、政府可以更好地把党的政策同本地实际结合起来，更全面地把全局利益同本地利益结合起来，最终实现地方的真正发展。十八届四中全会通过的《中共中央关于全面推进依法治国若干重大问题的决定》中指出：“健全依法决策机制。把公众参与、专家论证、风险评估、合法性审查、集体讨论决定确定为重大行政决策法定程序，确保决策制度科学、程序正当、过程公开、责任明确。建立行政机关内部重大决策合法性审查机制，未经合法性审查或经审查不合法的，不得提交讨论。”①十八届四中全会《中共中央关于全面推进依法治国若干重大问题的决定》就完善党的决策制度提出了具体的指导方向和针对性措施。

第五，完善保障党员民主权利的制度。

党员的民主权利，不仅有作为中华人民共和国公民的权利，更有作为中

① 新华网，http://news.xinhuanet.com/2014-10/28/c_1113015330_7.htm.

国共产党党员所依法享有的权利。邓小平就曾经指出："宪法和党章规定的公民权利、党员权利、党委委员的权利，必须坚决保障，任何人不得侵犯。"①在保障党员基本权利的同时，邓小平主张赋予党员应有的党内民主权利，邓小平认为党员应有讨论的权利，主张党内严格遵守讨论原则，"一切提到会议上的问题，都必须经过讨论，允许提出异议"②。邓小平特别强调党员提出意见的合理性及意义，他指出："我们要坚决发扬党的民主，保障党的民主。党员对于党的决定有意见，可以通过组织发表，可以保留自己的意见，可以通过组织也可以直接向中央提出自己的意见。从中央起，各级党组织都要认真考虑这些意见。"③广大党员充分表达意见的权利得到切实保障后，大大有利于党的团结，"有了党内民主和批评与自我批评，有问题就不是在下面乱讲，而是摆到桌面上来"④。对于党员的表达权利，要消除广大党员的后顾之忧，"不抓辫子，不扣帽子，不打棍子。在党内和人民内部的政治生活中，只能采取民主手段，不能采取压制、打击的手段"⑤。十七届四中全会《中共中央关于加强和改进新形势下党的建设若干重大问题的决定》指出："以保障党员民主权利为根本，以加强党内基层民主建设为基础，切实推进党内民主。"⑥从制度上保障党员的民主权利，这是发展党内民主最深厚、最牢固的基础。一是要建立和完善党内情况通报制度，让党员对党内事务有更多的了解和参与。重要事情，应该坚持先党内后党外的原则，做到重要情况党内先通报，重要文件和决定党内先传达，重要问题决定前党内先讨论，重要决策的实施党内先动员，从而增强党员的荣誉感和责任感，调动党员的积极性、主动性和创造性。二是要建立和完善党内情况反映制度，疏通和拓宽党内信息联系渠道。要建立更加切实有效的党内反馈机制，保证基层党员和下级党组织的意见、建议能够及时、顺畅、真实地反映到上级党组织中来，并把上级党组织的答复和处理情况及时告诉下级党组织和有关党员，做到下情及时上达，上情及时下达。三是要健全党内重大决策征求意见

---

① 《邓小平文选》第2卷，人民出版社1994年版，第144页。

② 《邓小平文选》第1卷，人民出版社1994年版，第231页。

③ 《邓小平文选》第2卷，人民出版社1994年版，第272页。

④ 《邓小平文选》第1卷，人民出版社1994年版，第347页。

⑤ 《邓小平文选》第2卷，人民出版社1994年版，第144页。

⑥ 新华网，http://news.xinhuanet.com/politics/2009-11/20/content_12498820.htm.

制度，坚持从群众中来到群众中去的工作方法，广泛听取各方面的意见。

西方政治学家托克维尔早在几百年前就断言：“身份平等的逐渐发展，是事所必至，天意使然。……在民主已经成长得如此强大，而其敌对者已经变得如此软弱的今天，民主岂能止步不前！”然而就是这样一个民主理论的大家却也流露出对于民主制度本身的悖论及其局限性的深深忧虑，在《论美国的民主》一书的末尾，他略带伤感地写道：“平等将导致奴役还是导致自由，导致文明还是导致野蛮，导致繁荣还是导致贫困，这就全靠各国自己了。”

作为民主的一种形式，党内民主也有其自身的特定含义和功能上的限制。这就需要我们在建设党内民主的过程中，充分认识到党内民主的这些底线，并通过其他的制度建设加以完善。从更深的层次而言，党内民主并非包治百病的良药。就执政党的建设而言，党内民主关系到党内政治生活的全方位，它的发展必然直接受制于党内整个政治生活系统的健全和发展。没有比较健全的政治生活系统以及相关的组织架构，党内民主的功能也不能够无限度地扩大。在国家整体制度建设尚未提供新的党政关系架构，尚未为党的领导和执政的功能提供新的实现方式的条件下，党内民主所承载的国家政治现代化的功能也必然是有限的。当然，我国的党内民主制度还不够完善，这也限制了其功能的发挥。但是，我们也应该看到，社会主义制度的建立，为我国民主制度的建设提供了很好的经济和政治基础，使我们能够在民主化的进程中克服资本主义民主制度所不能克服的弊端。而且，我国党内民主制度的欠缺也为我们对之进行完善提供了较大的发挥空间。

四、基层民主：中国特色社会主义民主的根基

（一）基层和基层民主

要明确什么是基层民主，首先得从基层这一概念入手。“基层”可以说是一个具有中国特色的概念，在英文里没有与之相对应的词。英文中的grass-roots unit，有学者将它直译为“草根组织”或“草根单位”，大体上可以将其视为与基层同一类型的概念，尽管如此，二者依然有着不同的内涵与外

延。关于基层有不同的理解，可以归结为广义和狭义的两种基层观。根据我国《宪法》和《地方各级人民代表大会与地方人民政府组织法》的规定，从行政区划的角度来说，基层是指农村乡镇和城市街道。这是狭义的基层观。以此为限，向上扩大到县一级（含县级市）和城市区一级，向下延伸到建制村，这种上下扩展的基层是广义的基层观。总的来说，基层的概念是指国家、社会管理体系中的最低层次。相对于间接性管理为主要特征的中上管理层，直接性是它的突出特点，即这些管理活动具有直接性，没有什么中间环节。具体到实际的运用与操作之中，基层的概念是指国家、社会管理体制中的最低层次，直接面对人民群众，直接接受人民群众的监督，而没有什么中间环节。就具体涵义而言，可以从纵向和横向两个方面来分析：从纵向上看，基层除乡镇外，向下包括群众性自治组织——村民委员会和居民委员会，向上还包括县、城市的区和不设区的市；从横向上看，基层并不简单地等于政权，因为除政府外，还有其他基层的党组织、国家机构、社会团体以及企事业单位等。根据以上对基层的广义理解，我国政治运行中的基层可以归结为以下几种类型：政党、国家机构和社会团体的基层组织，企事业单位的基层组织，城乡群众性的自治组织。

与对基层涵义的理解相对应，我国的基层民主究竟包含哪些范围，也同样存在着广义和狭义的理解。有的观点将基层民主界定为农村村民自治、城市居民自治、社团自治等范围。这可以说是对基层民主范围的狭义理解。也有的观点将基层民主等同于基层群众自治以及基层人大的直接选举等，即基层民主不仅包括农村村民自治、城市居民自治、社团自治等，还包括县（区、市）乡两级人大代表的直接选举等。

中国共产党十五大报告对基层民主的表述为："扩大基层民主，保证人民群众直接行使民主权利，创造自己的幸福生活"，"城乡基层政权机关和基层群众性自治组织，都要健全民主选举，实行政务和财务公开，让群众参与讨论和决定基层公共事务和公益事业，对干部实行民主监督。坚持和完善以职工代表大会为基本形式的企业民主管理制度，组织职工参与改革和管理，维护职工合法权益"。党的十七大报告指出："发展基层民主，保障人民享有更多更切实的民主权利。人民依法直接行使民主权利，管理基层公共事务和公益事业，实行自我管理、自我服务、自我教育、自我监督，对干部实行民主监督，是人民当家作主最有效、最广泛的途径，必须作为发展社会主义民主政治的基础性工程重点推进。"党的十八大报告指出:"在城乡社区治理、基层公共事务和公益事业中实行群众自我管理、自我服务、自我教育、自我监督,是人民依法直接行使民主权利的重要方式。"十八届三中全会《中共中央关于全面深化改革若干重大问题的决定》指出:"发展基层民主。畅通民主渠道,健全基层选举、议事、公开、述职、问责等机制。开展形式多样的基层民主协商,推进基层协商制度化,建立健全居民、村民监督机制,促进群众在城乡社区治理、基层公共事务和公益事业中依法自我管理、自我服务、自我教育、自我监督。健全以职工代表大会为基本形式的企事业单位民主管理制度,加强社会组织民主机制建设,保障职工参与管理和监督的民主权利。"2006 年,胡锦涛在主持中央政治局集体学习有关基层民主建设问题时指出:"发展社会主义基层民主政治,最根本的是要依法保护人民群众在基层政权机关、基层自治组织、企事业单位中依法直接行使民主权利,管理基层公共事务和公益事业,对干部实行民主监督。"习近平在庆祝全国人民代表大会成立 60 周年上的讲话指出:"我们要坚持和完善基层群众自治制度,发展基层民主,保障人民依法直接行使民主权利,切实防止出现人民形式上有权、实际上无权的现象。"按照这一理解,基层民主的范围比较广泛,它不仅包括农村村民自治、城市居民自治,以及企事业单位的民主管理,还包括基层政权机关的直接选举以及基层其他方式的民主形式。这是对基层民主的广泛意义上的理解。根据对基层民主广泛意义上的理解,基层民主就是人民群众在基层政治、经济、文化和社会生活领域依法直接行使民主权利,参与管理公共事务和公益事业的制度和实践。

从广义上理解基层民主,基层民主包括如下几个层次的内容:一是农村的村民自治,即广大村民直接行使民主权利,依法办理自己的事情,实行自我管理、自我教育、自我服务的基层民主制度,它由民主选举、民主决策、民主管理、民主监督等构成。二是城市的居民自治,即城市居民以社区为单位,以群众性自治组织——居民委员会为主要载体,围绕社区居民的公共事务和公益事业而进行的自我管理、自我教育、自我服务活动,实行民主选举、民主决策、民主管理、民主监督。三是企事业单位的民主管理,即企事业单位职工依照法律、法规,通过职工代表大会或其他形式,对企事业单位的经济和社会以及其他事务实行民主决策、民主管理、民主监督。这是一种工作场所的民主,超越了生活场所的限制,使民主体现在更深的层次。四是基层政权民主,即基层群众以直接选举县乡人大代表和基层政权管理为基本特征的基层政权层面的民主。县(县级市、城市的区)、乡(镇)的政权组织民主主要包括两个方面:一方面是县乡人大代表的直接选举,这一民主制度始于20世纪50年代,经过多年的发展,已初步完善;另一方面是县乡政府的民主管理,近些年来,按照中央的要求,基层政务公开全面推进,已取得可喜进步,一些地方还积极探索乡镇书记镇长直选,基层政权民主步伐加快。五是基层社会组织建设,即基层社会组织在法制范围内自主管理。近年来,基层社团组织快速发展,一大批行业协会、社区民间组织等基层社会组织正在发挥着反映基层诉求、提供社区服务、规范行业行为的重要作用,成为促进基层民主发展的重要力量。六是基层党内民主建设。基层党内民主是党员群众在县及县以下党组织中行使民主权利的制度与实践。近年来,各地按照党中央"以改革创新精神全面推进党的建设新的伟大工程"的要求,在尊重党员主体地位、保障党员民主权利,推进党务公开、营造党内民主讨论环境,改革党内选举制度、扩大基础党组织领导班子直选选举范围,试行党代会常任制,探索扩大党内基层民主多种实现形式等方面,进行了大量有益的探索,取得了突破性进展。

概括起来,我国的基层民主表现为基层的政党、国家机构和社会团体,企事业单位基层组织,城乡群众性自治组织等直接行使管理权力的制度:对政党来说,基层民主就是党建制度和政党关系制度;对国家来说,基层民主就是中央国家机构、地方国家机构与县、城市的区、不设区的市以及乡镇之间的权力分配制度,也是对宏观事务管理的集权制度和对一般事务管理的分权制度;对社会团体来说,基层民主就是社会团体在法制范围内的自主管理制度;对企事业单位来说,基层民主就是职工代表大会制度;对城市居民和农村村民来说,基层民主就是群众性自治制度。

(二)基层民主在社会主义民主化进程中的作用

关于基层民主在社会主义民主化中的作用,主要有两种不同的观点:一是基层民主主导论或先行论;二是基层民主价值质疑论。

持基层民主主导论或先行论观点的学者认为:第一,基层民主建设有利于充分调动和激发人民群众的政治积极性和主动精神。传统社会长期的封建专制统治,导致中国人普遍对政治冷漠,感到自己的行为难以对政治决定产生影响。“事不关己，高高挂起”是中国人的普遍政治心态。社会主义社会建立后，人民成为国家的主人，人民群众有了当家作主的民主权利。但是，在国家层面上，人民群众管理国家事务，是通过间接的方式行使民主权利实现当家作主的。以这种间接民主的方式行使民主权利，使普通民众难以感受到自己的民主权利的实现。久而久之，人们就会对这种民主缺乏热情，失去兴趣。但是，在基层社会，与国家层面的民主实现形式不同，由于基层事务与人民群众自身的利益密切相关，人民群众直接行使民主权利，直接参与管理基层事务，使他们切实感受到自己当家作主的权利。通过基层民主实践，能够激发人民群众当家作主的主人意识。因此，基层民主建设就有利于充分调动和激发人民群众的政治积极性和主动精神。需要着重指出的是，在一些贫困地区，基层民主在这方面更有着弥足珍贵的意义。贫困地区由于经济基础差，村财政几乎没有，好多村民不愿意参与村里的集体事务，更不愿意担任村干部。在他们看来，村干部就是一种负担。长此以往，就会形成一种恶性循环，贫困地区很难走出贫困的怪圈。在这种情况下，大力发展这些地区的基层民主，调动民众的积极性，“靠山吃山，靠水吃水”，引进资金，发挥劳动力优势，结合贫困地区自身的区位优势，发挥当地民众的主观能动性，有助于他们早些摆脱贫困的帽子。

第二，基层民主建设有利于提高基层群众的民主素质，为社会主义民主制度奠定牢固的基础。社会主义社会是人民当家作主的社会，人民要实现当家作主，必须要具备一定的民主素质。但是，长期的封建专制统治，导致人们普遍缺乏民主传统，更谈不上养成民主的习惯，而且从整体上说，中国又是国民文化素质还不是很高的超大社会。具体来讲，在中国广大农村地区，这一情况更加突出。农民群体知识储备不足，科学文化知识相对匮乏，对民主缺乏科学理性的认识。中国传统的宗族观念在农村地区非常盛行，家长制作风更是见怪不怪。农村地区大部分干部思想受封建社会影响较大，“官本位”思想严重。与此紧密相关的是农民群体的法律意识薄弱。有些村民只想享受权利，而不想履行自己的义务，甚至为蝇头小利就可以出卖自己的选票，这也是部分地区贿选等违法行为屡禁不止的重要原因。民主习惯的养成，民主素质的提高，靠抽象的民主理论的灌输，只能事倍功半；相反，在民主实践中学习民主可收到事半功倍的效果。基层民主是涉及人数最多、最广泛的民主实践，是养成民主习惯、提高民主素质的最有效途径。

“最基本的是两个方面，一方面是人民通过他们选出的代表组成全国人大和地方各级人大，行使管理国家的权利；另一方面是在基层实行群众自治，群众的事情由群众自己依法去办，由群众自己直接行使民主权利，这是最广泛的民主实践。”①基层民主实践，是形成和强化公民意识和民主信念、培养民主作风和习惯的最好课堂。在基层民主实践过程中，人们通过学习和运用民主的方法，处理基层公共事务，掌握相关的法律制度和民主程序，形成和强化公民意识和民主信念，培养民主作风和习惯。基层民主在中国的广泛发展和良好效果，充分说明了基层民主实践对提高国民民主素质的重要作用，而国民民主素质的提高，就为民主制度奠定了牢固的社会基础。

第三，基层民主建设有利于矛盾冲突的化解与和谐社会的构建。基层是社会的细胞，各种社会现象都通过基层反映出来，各种社会问题也都在基层最先表现出来，各种矛盾冲突也可能最先在基层酝酿爆发。基础不牢，地动山摇。基层的稳定与有序对整个国家的繁荣昌盛有着弥足珍贵的意义。近年来凸显的群体性事件，或多或少是由于基层政府在解决问题的时候采取粗糙的态度，故意回避焦点，不能发扬基层民主造成的。因此，构建社会主义和谐社会的基础在基层，重点在基层。基层和谐稳定，整个社会和谐稳定就有了牢固的基础。基层往往是社会矛盾冲突的“源头”，化解社会矛盾，构建和谐社会必须从基层做起。而化解矛盾冲突，基层民主是最有效的途径。社会矛盾冲突说到底是利益分配问题。改革开放以来，我国的社会主义经济建设取得了举世瞩目的成就，社会主义农村经济的发展也如火如荼。“蛋糕”做大了，如何合理分配“蛋糕”就成为一个关键问题了。怎样合理地分配利益，民主是最有效的方法。在合理公平分配利益方面，民主有一套成熟的机制可以运用。民主能有效地整合民意，协调利益关系，有利于公共利益的实现；民主有利于大众广泛参与，保障各方面的利益诉求；民主有利于促进共识，促进公共政策的合法化，化解合法性危机；民主有利于促进公民意识的培育和公民文化的发展。总之，民主能够推动农村物质文明、政治文明、精神文明建设的协调发展。

第四，基层民主建设有利于社会主义民主政治建设和加快社会主义民主化进程。“扩大基层民主，是发展社会主义民主的基础性工作。”基层民主

① 《彭真文选》，人民出版社 1991 年版，第 606 页。

建设是我国社会主义民主政治建设的基础性环节和内容，对我国社会主义民主有着重要的推动作用。法国著名学者托克维尔认为，基层民主是民主学校，通过社区公共事务的关注和处理，人们可以培养民主意识、学习民主过程和提高政治热情。同时，不断扩展的社区内部民主自治，可以过渡为整个社会政治活动的基础。的确，以基层民主作为突破口来推动社会主义民主化进程，是一条符合中国国情的有中国特色的社会主义民主政治的可行之路。中国社会主义民主化进程是中国社会主义现代化进程的重要组成部分，要实现民主化和现代化，社会稳定是基础，没有社会稳定就没有民主化和现代化。邓小平指出："中国的问题是稳定，压倒一切的是需要稳定。没有稳定的环境，什么都搞不成，已经取得的成果也会失掉。"美国当代著名学者亨廷顿指出："现代性孕育着稳定，而现代化过程却滋生着动乱。"在当代中国，既要实现民主化和现代化，又要保持社会稳定，或者说，要在稳定和秩序中实现民主化和现代化，而要在稳定和秩序中实现民主化，基层民主可以先行一步，由基层而中层而上层，循序渐进，不失为中国社会主义民主转型的可靠路径。这是因为，基层民主就整体而言虽然范围很大，但就单个基层而言其规模却比较小。在基层进行一些民主改革探索，风险少、成本低、难度小、成效大。基层民主先行一步，即使不成功，也不会造成整个社会失序和不稳定。通过广泛的基层民主实践，可以提高国民的整体民主素质，为社会主义民主化奠定坚实基础，从而有利于将民主推向整个社会，推进社会主义民主政治建设，实现民主化转型。以基层民主建设为先导，推动整个社会人民民主建设向前发展，实现社会主义民主化转型，是符合中国国情和历史特点的正确选择。

对基层民主主导论或先行论持怀疑或质疑观点的学者认为，民主不能只从基层开始。有的学者根据对西方民主建设经验的总结和中国发展道路的思考，否定或质疑从基层民主建设出发进行民主政治建设的可行性，否定或质疑基层直接民主的价值。有的学者明确指出，民主不能只从基层开始。他们认为：优先发展基层民主有特定的历史背景以及诸多观念基础，但是，从几十年的实践看，无论城市居民自治还是农村村民自治的效果都不尽如人意，指望通过发展基层民主来达到的其他初衷如推动国家民主的理想也并未如期实现。基层民主与国家民主毕竟是两个体系内的东西，基层民主即使有了发展，它也并不与国家民主的推进具有必然联系。历史经验表明，决定中国民主发展方向和进程的只能是国家民主，国家民主必须先行；优先发展基层民主而缓行国家民主，不仅会使基层民主的发展陷于孤军深入，也可能延误发展国家民主的宝贵时机，基层民主的真正发展，实际上必须也只能依赖于国家民主的发展；因此，与时俱进地调整中国民主发展的方略，将大力发展国家民主放到中国民主建设的首要地位，确立发展民主的基本方向和步骤，对于维护国家的长治久安，充分实现人民当家作主，具有十分重要的意义。

(三)基层民主的特点与进一步推进基层民主建设

基层民主在发展中形成的几个特点可以归纳如下。

第一，参与主体的多元化及参与方式的多样化。

我国目前的基层民主参与主体主要有：农村村民、城镇居民、企事业单位员工。可以看出，基层民主的参与主体涵盖了整个社会基层。随着基层民主实践的快速发展，基层群众对民主参与渠道的创新也不断加快，基层民众的主要参与方式有：全体投票表决、协商解决、个别直接同领导沟通、通过信件(包含电子邮件)表达利益诉求、上访等方式。尤其是近年来随着政务微博、网上监督信箱、网上办事大厅等新兴参与方式的出现，必将对基层民主参与渠道产生不可估量的影响。

第二，基层民主内容与百姓利益直接密切相关。

通常，基层在决定重大事务时，都要进行民主表决。而这些事务也都是与百姓利益密切相关的，是一些看得见、摸得着的具体利益。比如涉及村里公共设施、福利发放、土地征用、宅基地使用等事务。由于这些具体事务跟自己的日常生活息息相关，基层百姓在参与这些事务的时候表现出较大的政治热情。“当政治结构影响个人利益时，公民就会关注民主。”[①]长此以往，基层民众就会形成关心公共事务的政治习惯。在参与基层公共事务的同时，人民群众还可以提高自己的政治技能，获得民众政治的知识。

第三，我国的基层民主从一开始就得到党和政府有意识、有步骤的指导。

《中华人民共和国城市居民委员会组织法》《中华人民共和国村民委员

① 蔡定剑：《民主是一种现代生活》，社会科学文献出版社2010年版，第124页。

会组织法》等都是指导基层民主的重要法律法规。发展基层民主的前提是坚持党的领导,党的领导是在发展基层民主的过程中始终不渝地要坚持的。这种领导是方向性的指导,不是具体事务上的干预,否则就蜕变成上下级之间的管理关系了。要在党的领导与村民政治智慧发挥之间保持适度的张力。基层民主的范围也要适度,换句话说,发展基层民主不能影响基层正常的生活秩序。只有保持有秩序的基层民主,才能迎来基层的繁荣,这种民主才能存在的持久。关于这点,美国人一直有着深刻的认识:“秩序和社会繁荣是彼此携手并肩前进的。”①

“社会主义愈发展,民主也愈发展。”随着我国社会主义现代化事业的不断向前发展,社会主义民主政治建设也日益向前推进。在发展基层民主的过程中,始终要坚持党的领导。习近平在庆祝全国人民代表大会成立60周年大会上的讲话中强调:“我们要坚持发挥党总揽全局、协调各方的领导核心作用,提高党科学执政、民主执政、依法执政水平,保证党领导人民有效治理国家,切实防止出现群龙无首、一盘散沙的现象。”②基层民主的实践,既有成功的经验,也存在诸多问题,需要我们在基层民主的研究和实践中进一步向深度和广度拓展。

当前,基层民主在发展过程中主要存在以下几个问题:

第一,基层民众参与积极性不高。

由于受中国长期的封建思想和计划经济体制影响,普通民众觉得自己的言语行为很难对政府决策产生影响,由此产生较低的政治效能感,产生事不关己的思想。在不少地区,基层民众权利意识淡薄,甚至为了很少的钱就可以出卖自己手中神圣的选票。在广大农村地区,尤其是偏远的农村地区,越来越多的年轻人常年外出打工,对他们而言,没有时间参与公共事务。有的甚至认为回乡参加选举会影响自己赚钱,选谁做领导与自己没有多大关系。长此以往,将会形成这部分基层民众不愿意参与基层民主的恶性循环,不利于基层民主的健康发展。

第二,基层内部、基层与上级政府部门的关系没有厘清。

在一些地方的农村,村党委与村委会关系紧张,主要表现就是村支书与

---

① [法]托克维尔:《论美国的民主》,商务印书馆1991年版,第331页。

② 新华网,http://news.xinhuanet.com/politics/2014-09/05/c_1112384483.htm.

村主任意见不一，在很多具体事情上无法达成一致。究其原因，一些是因为有的党支部成员把发挥党支部的领导核心作用理解为党支部包办一切，不注意发挥村委会的作用，有的村委会干部则不尊重党支部的意见，不接受党支部的领导，把党支部晾在一边，等等。对于存在的这些问题，要加大对这部分基层干部的宣传教育，定期组织他们到党校、行政学院等机构学习，提高他们的理论素养和干部涵养。《中华人民共和国城市居民委员会组织法》规定，居委会与基层人民政府及其派出机关的关系，不是领导与被领导的关系，而是指导与协助的关系。《中华人民共和国村民委员会组织法》规定乡镇政府与村委会之间的工作关系是指导与被指导的关系。但是，在具体的政治生活中，这种指导与被指导的关系被行政化的领导与被领导的关系替代了。在“上面千条线，下面一根针”的中国政府组织结构下，很多事情都要基层政府去实际开展。因此，不免出现摊派任务等现象。而且，上级政府部门掌握了资金、编制等重要资源，在实际工作开展过程中，基层部门不得不“有求于”上级政府部门。规范基层与上级政府部门之间的关系，要创造一个有利于厘清它们关系的健康环境。相信在党和政府的正确领导下，在各级有关部门的共同努力下，在有关各方面的协同配合下，这些问题一定会得到有效解决。

党的十八届三中全会《中共中央关于全面深化改革若干重大问题的决定》对发展基层民主做了具体的指导：“畅通民主渠道，健全基层选举、议事、公开、述职、问责等机制。开展形式多样的基层民主协商，推进基层协商制度化，建立健全居民、村民监督机制，促进群众在城乡社区治理、基层公共事务和公益事业中依法自我管理、自我服务、自我教育、自我监督。健全以职工代表大会为基本形式的企事业单位民主管理制度，加强社会组织民主机制建设，保障职工参与管理和监督的民主权利。”①

结合基层民主的现状和《决定》的具体部署，我们可以从以下几个方面努力：

第一，从社区自治民主向基层政权机关民主拓展。

在人们通常的政治思维中，基层民主的边界往往被限定在社区自治如

① 东方网，http://news.eastday.com/eastday/13news/node2/n4/n6/u7ai173782_K4.html.

村民自治、居民自治以及企事业单位的民主管理如职工代表大会制度等狭小的范围内，其中的村委会直接选举更是被社会各界所津津乐道。这些基层民主形式确实是我国改革开放以来基层民主建设所取得的重要成果，也是应该坚持和发扬光大的。但是，如果把基层民主仅仅局限在社区自治和单位民主管理，那还是远远不够的，基层民主应该在社区自治和单位民主管理的基础上深入，向深度广度上扩展，从社区自治逐步扩展到基层政权民主，以基层政权为生长点和制度依托来拓展和构建基层民主政治。近些年来，在一些具有民主自觉和创新意识的基层干部的领导和推动下，一些地方在扩大基层民主方面进行了一些有益的探索，把基层民主由村民居民自治推进到地方政府治理，取得了可喜的成效。1998 年 12 月，四川省遂宁市市中区步云乡在区委书记张锦明领导下，进行了一场“新中国成立以来头一遭”乡长直接选举的试验，由此拉开了乡镇及基层政府民主改革创新的序幕。其后，乡镇及基层政府民主改革创新试验在全国范围内陆续进行。2007 年 10 月 18 日，在十七大记者招待会上，中共中央组织部负责人在回答记者的提问时说，全国已有 300 多个乡镇开始了领导班子直选试点。这些改革创新大大扩展了基层民主政治的生长空间，推动了基层民主向纵深发展，为中国特色社会主义民主书写了精彩的篇章，是基层民主未来发展的方向。

第二，从选举民主向选举民主与协商民主相结合拓展。

当代民主制度的核心安排是选举。在当代中国基层民主建设实践中，我国一直非常重视与完善选举制度，规范选举程序，努力提高选举质量。基层群众在基层民主实践中进行了许多大胆的选举改革和创新，创造了比如“海选”“两票制”“公推直选”“票决制”等丰富多彩的选举民主形式。但是，民主不仅仅是选举，民主选举后，还有着不可或缺甚至是更重要的民主治理的问题。20 世纪 90 年代，西方兴起了一种弥补以竞争为主要方式的代议制民主的缺失的协商民主理论。协商民主是一种以公众参与、理性探讨、协调立场、寻求共识为主要特征的治理形式。作为新兴的协商民主，与选举民主相比较，它使民主更具有实质性，它不仅进一步扩大和加深了大众的公共参与，而且还强调自由平等的对话，保证公共理性和普遍利益的实现，从而更有利于协调利益关系、化解社会矛盾冲突，有利于社会稳定、和谐。协商民主理论虽然兴起于 20 世纪后期的西方，但在中国，协商却是共和民主成长的内生要素。与西方协商民主为了救治现代西方代议制民主、“使民主变得更加民主”不同，中国的协商民主是为了使民主适应并扎根于中国社会而产生的，它不仅仅是发展民主，更重要的是发展和完善符合中国国情的民主政治形态，即协商政治。协商政治是中国特色民主政治发展的重要成果，它以人民民主为精神，以人民当家作主为动力，以扩大公民有序政治参与为途径，以民主集中制的制度化为基础，以创造民主、团结、和谐、合作和发展的社会为目标。因此，中国的协商民主，在人民当家作主、协调利益关系、调动社会各方面的积极性、化解社会矛盾冲突、构建社会主义和谐社会中，发挥着重要作用。在基层民主实践中，还创造了一些中国特色的基层民主协商的模式，如浙江温岭的“民主恳谈”。因此，把选举民主与协商民主结合起来，不仅可以丰富基层民主的形式，而且可以增强基层民主的实效。

第三，从基层人民民主向基层党内民主拓展。

以党内民主示范和带动人民民主，是党的十六大提出的民主政治发展方略。中国共产党十六大报告指出：“党内民主是党的生命，对人民民主具有重要的示范作用和带动作用。”十七大报告进一步指出：“积极推动党内民主建设，着力增强党的团结统一”，“要以扩大党内民主带动人民民主，以增进党内和谐促进社会和谐”。十八大报告指出：“要坚持民主集中制，健全党内民主制度体系，以党内民主带动人民民主。”党内民主是人民民主的重要组成部分，在中国共产党长期一党执政的前提下，党内民主具有十分重要和特殊的地位。但是，从基层民主的角度看，党内基层民主是在人民民主的推动下发生的。其根源是人民民主来源于广大人民群众对自己切身利益的关注。这种关注必然引向党的基层组织。因为党的基层组织实际执掌着乡村治理的主导权力。没有党的基层组织的民主，党内缺乏活力，就难以适应农村经济社会发展和乡村治理体制的民主化转型。随着广大人民群众对自己切身利益的关注，随着人民群众在基层自治实践中民主素质的提高，必定会将基层人民民主引向基层党内民主，并由党内民主进一步带动人民民主。近年来，在一些地方的基层党组织出现了这样的情况：选举基层党组织负责人之前，先在人民群众和党员中间进行推选，然后再按照党内选举的程序选出负责同志。这样一来，既保证了选出的负责人是人民群众最满意的，同时还是广大党员所满意的。这种选举办法被称为“两票制”。这种由基层创新出来的选举模式，对党内民主与基层民主进行了创造性的结合。正如一些学者所指出的,“两票制”是一种非常重要的基层民主形式,它的重要性不亚于村委会的直接选举。①

第四,从社会民主向政治民主拓展。

如何理解民主和对民主进行分类是一件相当困难的事。在美国政治学家萨托利看来,民主只意味着政治民主,但是我们今天也从非政治或准政治的意义上谈论民主,这一意义上的民主包括社会民主、工业民主和经济民主。萨托利认为,所谓工业民主指的是工人分享工厂的管理权,并在工厂中实行生产者自治;而所谓经济民主是指重新分配财富并使经济机会与条件平等化,它关心的是财富的平等;所谓社会民主是就社会而言的民主,是作为社会状态的民主,在一定的状态中,每个社会成员具有平等的社会地位和平等的精神。社会民主这一名称的含义也使它用于指基层民主结构即小社区和自愿组织的民主。社会民主的主要特征在于它的自发性和内生性,是自下而上的,是一种生活方式。在萨托利看来,社会民主和工业民主是非政治的民主,因为这两个概念都不涉及政体层面的问题;而经济民主则是一个内容含混的名称,更不是政治民主;所谓政治民主应该是上层建筑意义上的民主。萨托利认为,所谓政治民主实际上就是国家机构体系的民主,即国家民主。依照萨托利对民主的分类,我国的基层民主很大一部分应该是社会民主,政治民主则是国家层面的民主。民主是在不断发展的。发展基层民主是实现国家民主的基础,没有基层民主,就没有国家机构的民主。我国基层民主所取得的成功经验将有力地推动民主不断向前发展,这就是民主建设不断由基层向中层、高层发展。这可能是未来我国民主发展的重要趋势。

(四)基层民主发展的基本策略

在民主规则下,基层自己解决问题,把矛盾化解在基层,是基层民主的基本逻辑。允许并鼓励基层的探索突破,应该成为发展中国基层民主的基本策略。

基层民主的重要特征是直接选举和直接参与。无论是基层人民代表大会,还是基层群众性自治组织或企事业单位的民主管理组织,都是基层民众直接选举产生的。从国家政治制度来看,基层直接民主与高层的代议制民

---

① 靳呈伟:《党内民主》,中央编译出版社 2013 年版,第 96 页。

主结合，能够相得益彰，既保障群众的民主权利和参与需求，又保障国家政治健康有序发展。“优先发展基层民主，把基层民主逐渐向上推进，也有利于社会政治的稳定和积累民主政治的经验。”①可以说，基层民主的蓬勃发展是中国特色政治文明的重要体现。

近几年，一些地方大胆突破，不断扩大民主参与的深度和广度，引起了社会广泛关注。这些突破性举措表现在自治组织建设、民间组织发育、村级党组织与自治组织关系、乡镇政权与村级组织关系、乡镇党政领导人产生方式、乡镇机构设置和运行机制等若干方面。这些突破性举措的产生，在不同地方的具体背景不同。但是，总的来看，都是基层领导人在面对某些问题，甚至面对某些危机情景时的探索。比如，有的地方领导在面对村委会和党支部关系紧张时，做出工作规则的调整，如让“党支部抓大放小”、让“村民代表会由虚变实”；有的乡镇党委在日常工作中选择倚重其中一方，甚至故意不把村里的“两委”班子配齐，在只有党支部或者只有村委会的情况下工作，也在一定意义上化解了两者的矛盾。这些探索是基层或者地方领导为解决他们面对危机所做的努力，有些举措可能于“理”不通或者于“法”无据，但形成于特定的条件下，确实是解决问题的积极尝试。这些举措本身也需要经历一个不断试错和修正的过程。有的举措可能成为体现中国基层政治发展方向的重大制度创新。所以说，高度重视并慎重处理基层的探索，对我国的基层民主发展非常重要。更积极地说，允许并鼓励基层的探索突破，应该成为发展中国基层民主的基本策略。

基层民主的突破首先表现在乡镇长直接选举方面。1998年，四川省的一个乡开启了首次乡镇长直接选举试验。这种做法突破了现有法律关于乡镇政府领导人产生办法的规定，将“乡镇人大选举产生乡镇长”的间接选举扩大为乡镇群众直接参与的直接选举。此后，在广东、江苏、湖北、云南等省，都出现过带有直选性质的乡镇领导人选举。这些改革尽管范围有限，一定时间内也不会大规模发生，但社会影响很大。在实践中，通过直接选举强化群众的民主权利，使基层政权的权力直接来源于群众授权，对基层政府的问责性(accountability)产生了积极影响，也使基层政府与基层社会的关系

① 俞可平：《中国治理变迁30年(1978—2008)》，《吉林大学社会科学学报》2008年第3期。

更为紧密。在程序设计上，这些探索越来越考虑相关法律规定，将直选与人民代表大会制度等政治制度相衔接。如有的选前召开乡镇人大代表会议，通过乡镇直选的决议并选举产生选举委员会，直接选举后再由乡镇人大对选举结果予以确认。这些探索虽然没有被正式肯定，但是在部分基层干部和群众中认同程度比较高，群众的参与热情很高，地方的突破冲动依然比较强烈。

乡镇党委书记的直接选举正在迅速扩大。四川、湖北、重庆、云南、陕西和江苏等地都在进行相关改革试验，公开推荐产生候选人、通过党员大会直接选举产生党委书记。一些地方不断通过各种形式进行创新，如试行"两推产生候选人""两票选任制"等。在四川、云南等地，有的区县实行乡镇党委书记由乡镇全体党员直接选举，候选人资格从相应级别的公务员扩大到农村普通党员。一个有700名党员的乡镇，出现了300余名党委书记初步候选人。通过一系列的制度创新，不仅扩大了党内的基层民主，而且将党内民主与人民民主有机地结合起来，对于提高基层党组织的执政能力具有突出意义。目前来看，乡镇党委班子在直接选举方面迈出的步伐比较大，突破创新的形式更加丰富，探索主动性更强。这主要是因为，与政府方面的选举创新不同，党章关于选举的规定有比较宽阔的自由选择空间。在宏观环境上，最近几年党内民主的探索突破更多地受到认可和鼓励，也为这一改革的推进提供了积极因素。另外，党代会常任制、党委全委会票决干部等新的制度设计正在迅速推进，也是基层扩大党内民主的重要探索。党的十七大指出：推广基层党组织领导班子成员由党员和群众公开推荐与上级党组织推荐相结合的办法，逐步扩大基层党组织领导班子直接选举范围，探索扩大党内基层民主多种实现形式。这种政策表述对于树立发展党内基层民主的新理念，拓展保障党员民主权利的新途径，积极推进党内基层民主建设的经常化、制度化、规范化，具有重要的导向意义。①

在民主管理方面，基层人大在公共预算等重要事务上的监督逐渐强化。近两年，浙江、江苏、黑龙江等地出现了新的探索，在预算安排上扩大群众参与，或者让公民旁听人大会议，或者在人大会前举行民主恳谈，对预算草案进行预审。一些与群众生活关系密切的预算支出项目，先交由人大或者群

① 靳呈伟:《党内民主》，中央编译出版社2013年版，第143页。

众讨论;应该上什么样的建设项目,由人大或者群众提出动议,做出选择,而不是政府安排后再交人大审议通过。基层人大工作的探索正在从审议预算报告转向审议预算项目,政府预算的公开化正在成为群众参与的直接要求。这些探索显示出,在涉及群众切身利益的公共管理和资源配置等问题上,群众的参与要求正在被一些基层政府所正视,群众的参与热情正在为制度化的参与方式所吸纳,“扩大基层民主”成为基层政府在应对具体问题时的武器和工作方法。“参与式预算”和“协商式民主”,既可以说是进行财政改革、推进阳光财政的重要方式,也可以说是开展行政改革、提高决策民主性的重要方式。而且,从改革的实践来看,拓展群众在基层公共事务管理方面的决策权和政治参与,也是政治改革的重要内容。但是,从目前的情况看,地方党政领导对于这个领域改革的认识和经验还处于初步阶段。

从发生机制上来看,这些基层突破主要由地方自主启动,是地方党政领导机构精心设计、直接组织的,有的甚至在不被上级认可的情况下开展。从调研了解的情况来看,这些突破的主要成因,一是与当地特定情况下面临的矛盾冲突有关。突破往往起因于地方解决矛盾、化解危机的需要,冲突或者危机成为直接推动力。二是与地方领导人的政治智慧和改革理念有关。地方主要领导人对于改革方向的理解,对于地方发展重大问题的把握,是推动这些突破的重要因素。有些突破没有被肯定,或者已经被明令“停止”,但这些地方领导在理念上依然清晰坚定,社会关注依然持续。如何认识、对待这些改革创新,关系我国基层民主政治建设的发展,是对上层领导的重要考验。对于地方的自主突破,不能采取简单肯定或者否定的方法,尤其是不能简单地用“不合法律”的理由加以否定。现在是改革年代,而改革往往意味着变“法”。既往改革的成功经验显示,对于某些法律的突破在很多情况下是改革的必然。现阶段的基层政治改革尤其如此。

从历史发展来看,我国基层民主政治建设的真正起步,正是从基层探索开始的。以直接选举为重要特征的基层民主制度,从萌生的那一刻起就带有某种“意外”色彩。例如,由于普遍实行家庭承包责任制,使得生产队和生产大队的组织功能萎缩,基层社会秩序恶化,新的村庄管理机构——村民委员会才在个别地方应运而生。随后,这一经验得到中央政府的认可并被载入《宪法》,相关的法律制度也相继出台。作为基层民主政治重要内容的村民自治由此步入法制轨道,成为国家政治制度的重要内容。事实上,无论是村民自治还是居民自治,其发展无不与当时突出的社会问题联系在一起:经济体制的不断变革给社会管理带来新问题,需要新的制度安排来满足基层社会治理的需要。从“问题驱动—制度创新—国家承认”的发展脉络来看,民主发展正是在基层的不断突破中获得了生命力。评价这些突破创新的价值标准,不能只是看它是否适合现有法律条文,更应看是否能够适应新的经济社会环境的需要,是否符合改革的方向,是否符合宪法和法律的原则精神。因此,“摸着石头过河”,也是基层民主发展的逻辑,既要强调务实的探索,又要强调“过河”即探索的方向。改革的经验已经证明,对种种探索突破加以总结,在经验成熟以后适时调整法律制度安排,以满足经济社会的发展需要,是一套切实可行的办法。

在基层民主发展过程中,基层的探索具有重要作用。其一,基层的探索是解决问题的基本途径。基层民主发展的社会环境复杂,基层民主本身面临的问题繁多,矛盾千头万绪,情况千变万化。不同的基层面临着不同的具体问题,或者虽然面临相同的问题,但是这些问题的形成过程不尽相同。同样的问题在不同的基层,可能需要不同的解决办法。在这种情况下,很难设计出一套能解决所有问题的方案,许多问题也不是一个统一的号令所能解决的。基层最靠近问题,也最靠近解决问题的办法。在符合大方向和大原则的前提下,给基层一个比较大的自主空间,让基层根据自身情况探索突破,在探索中不断试错和修正,应该成为解决问题的基本途径。其二,基层的探索是降低改革风险的重要方式。在民主发展的过程中,肯定会出现这样那样的问题,充分发挥基层探索和创新的作用,可以化解改革发展中的风险,将矛盾和问题局部化、分散化,即便探索中出了问题也只是局部问题,并不影响大局。所以,对待基层的突破与创新,应该秉持这样的思路:一方面,要正视基层面临的各种问题及由此产生的改革冲动,跳脱出具体的争论,在更大的视野中加以审视;另一方面,要保持国家的政治发展不致出现失序状态,必须对这些探索和突破加以规范引导,使其在可控的范围内,不致盲目扩散。从目前的改革状况来看,因为村民自治还在发展初期,许多方面还不成熟,需要巩固和完善,现在把直接选举提升到乡镇一级或许还不具备条件。但是,如何引导基层的创新探索,需要进行多方面积极探讨。

在基层民主发展过程中,需要慎重对待基层的探索。笔者认为,对待基层探索应坚持这样的原则:

第一，既不轻易否定，甚至直接封杀；也不轻易肯定，甚至“树为样板”“大力推广”。基层在推进突破性做法的时候，不论是只做不说，还是先做后说，或者边做边说，都希望获得上级支持，或者起码不希望被否定。因此，上级采取什么样的态度、怎么对待这些举措非常重要。上级从宏观的某个标准或者高度来看，有些做法是不能被肯定的。但是，放在彼时彼地的具体环境下、放在解决某种特定矛盾的背景中，这些做法确实体现了解决问题的智慧，甚至蕴涵着对于方向性问题的把握。在这种情况下，如果被上级否定甚至直接封杀，显然对于基层民主的创新发展是不利的。无论从解决具体问题的微观角度看，还是从指导原则的宏观角度看，有些做法可能都是可以肯定并且广泛应用的。但是，如果不顾地方的具体条件，用行政力量推广，也往往会带来很多问题。“典型经验”在另一个地方的运用发展，需要一些具体条件，有一些经验就是在推广过程中出了问题。因此，重要的是要保护地方探索的积极性，创造一种社会环境，让基层用平和的心态、平实的作风，积极主动并且创造性地探索新办法和新机制。不能让认真改革者缩手缩脚，也不能让刻意营造政绩者有机会作秀。

第二，认真观察，反复比较，深入总结，特别是与地方的同志一起观察，帮助他们总结。观察分析的过程也是总结提炼的过程。在此基础上，深入分析这些探索的内在机制和外部绩效，形成指导性的政策原则。通过实践探索逐渐形成中国自己的基层民主模式。回顾基层民主的发展历程，村民委员会、村民代表会议的诞生，海选方式的形成、秘密投票间的设立，都是基层的创造。在民主规则下，基层自己解决问题，把矛盾化解在基层，是基层民主的基本逻辑。同农村改革一样，基层民主的推进不是整体设计先行，而是基层探索创新开路。基层的探索突破，既是解决基层问题的基本途径，又能降低改革风险，使风险局部化、分散化。因此，应该鼓励基层探索的积极性，在此基础上，对基层的探索认真观察，深入分析，帮助基层总结提高，逐步形成指导性的政策原则。

第三，积极试验，稳步推进。随着基层民主制度的落实和实践训练的进一步深化，基层政府和社会也更加认识到民主的方式在解决基层问题时所具有的突出效力，扩大基层民主、在基层工作中将民主加以延伸的改革积极性很高。从局部来看，基层开展的探索突破和提出的发展路径，往往是问题驱动的被动改革；但是，从全局的角度来看，为了更加主动地把握发展方向，更好地进行全局性决策，需要选择条件适当的地方，开展基层民主建设的试点工作。对试点投入比较强的研究力量，提供强有力的组织保障，跟踪观察试点动态，积累经验和认识，为基层民主深入推进创造有利条件。试点内容可以围绕当前一些比较重要的问题展开，如乡镇直接选举、基层组织建设、民间组织管理等。如何引导地方的创新努力，把握好基层民主探索的进程，既稳健有序，又积极主动，需要解决诸多深层问题。坚持务实的改革态度，使基层民主建设与基层政权建设、基层党组织建设相互促进，使基层民主制度的完善服务于优化基层社会治理机制、强化基层党组织的合法性与基层政权的合法性，是探索过程需要把握的基本点。

从当前基层民主的实践进程来看，存在这样的问题：一方面，基层的探索积极性很高，突破创新之举很多，丰富多样的“改革”“创新”令人目不暇接。面对此情此景，学界的反应相当令人鼓舞，学者们满怀热情进行观察研究，形成了不少有分量的调研成果。另一方面，从党政领导部门来看，总结和研究还很不够。大致上，基层自身的总结侧重于弘扬“经验”和“成功”，有的甚至在“炒作”。从基层的角度看，这样做没有什么不对，因为他们希望自己的突破是成功的，而且希望这种成功被承认和推广。有关领导部门，有的表现出作壁上观的冷漠，有的表现出简单否定的盛气，有的喜欢充当高高在上的裁决者，而在深入观察研究、帮助基层总结提升方面，做得很不够。现在，基层经济社会发展中关系错综复杂，实际情况和面临问题多种多样，不在现场者往往很难把握其中的重要环节。在这种情况下，试图依靠少数领导和专家，设计出一套能解决所有问题的方案是很难的。基层民主政治的发展可以说是“一个系统工程”，但绝不是像一个“机械工程”项目一样，经过专家预先精心设计和安装调试，就可以在理想模式下正常运转。如同社会发展的其他领域一样，基层民主的发展是在社会这个大工厂设计调试的，所有方方面面的社会力量、社会组织都是这个工程的设计调试者。在这个过程中，每一个地方具体怎样做，应该在符合大方向和大原则的前提下，给基层一个比较大的自主空间，允许一定程度的各行其是，允许基层根据自身情况试错修正。

基层民主在社会主义民主政治建设和社会主义政治体制改革中占据重要性地位，是基础性的民主。基层民主的成功与否，直接关系着整个社会主义民主建设的成败。大力发扬基层民主，可以保证基层组织和基层群众直接行使民主权利，依法管理自己的事情，为追求自己向往的幸福生活不懈努力。这些正是社会主义民主的题中之义，它们保障了最广大人民群众的民主权利。社会主义的民主就是要让人民群众当家作主，因为在社会主义国家，人民群众是国家的真正主人。调动基层人民群众参与政治的积极性，除了基层群众直接选举领导、代表和直接决策重大事项外，还有一个重要的问题就是要加强基层民主建设的制度建设。基层民主的制度化建设让基层民主能够常态化、规范化。我们相信，在这样一个共同实践探索的过程中，中国将形成自己成功的基层民主模式。

五、中国特色社会主义民主构成的内在关系和优势

中国特色社会主义民主是按照自身的理论逻辑、历史逻辑和实践逻辑形成的有鲜明中国特色的民主体系。在中国特色社会主义民主的内在构成中，选举民主与协商民主竞合统一、党内民主与人民民主核心辐射、民主政府与市民社会联动并举，无不展现出中国特色社会主义民主的鲜明特色。正如习近平同志指出的那样："站立在九百六十万平方公里的广袤土地上，吸吮着中华民族漫长奋斗积累的文化养分，拥有十三亿中国人民聚合的磅礴之力，我们走自己的路，具有无比广阔的舞台，具有无比深厚的历史底蕴，具有无比强大的前进定力。"

(一)选举民主与协商民主竞合统一

选举民主和协商民主是中国特色社会主义民主的两个基本形式，它们的竞合统一是中国特色社会主义民主长期实践形成的独有特色。江泽民曾经概括指出："人民通过选举、投票行使权利和人民内部各方面在重大决策之前进行充分协商，尽可能就共同性问题取得一致意见，是我国社会主义民主的两种重要形式。这是西方民主无可比拟的，也是他们无法理解的。"①这一论述于2006年2月正式写入《中共中央关于加强人民政协工作的意

① 中共中央文献研究室：《江泽民论有中国特色社会主义(专题摘编)》，中央文献出版社2002年版，第347页。

见》的文件中。

选举民主是公认的基本民主政治制度。科恩认为:“民主是通过普遍参与进行管理;代表制则有助于实现这一参与。”①马克思一方面肯定了代议制选举民主的重要意义,认为“代表制迈进了一大步,因为它是现代国家状况的公开的、真实的、彻底的表现”②,同时又指出西方选举民主“只是让人民每隔几年行使一次,来选举议会制下的阶级统治的工具”③。人民的彻底的选举民主是社会主义的必然要求。正如列宁所说:“民主的组织原则,在其高级形式,即当苏维埃建议和要求群众不仅积极参加一般法规、决议和法律的讨论,监督他们的执行,并且要直接执行这些法规、决议和法律的时候,就意味着要使每一位群众代表、每一个公民都既能参加讨论国家的法律,选举自己的代表,又能执行国家的法律……群众有权为自己选择负责的领导者。群众有权更换他们,群众有权了解和监督他们活动的每一细小步骤。群众有权毫无例外地提拔一切工人群众担任管理职务。”④人民代表大会制度体现的正是这种民主,它是中国选举民主彻底实现的政治形式。

党的十八强调“支持和保证人民通过人民代表大会行使国家权力”,更加明确地提出党的主张必须通过人民代表大会的法定程序才能上升为国家意志;支持人大及其常委会依法充分行使其立法、监督、决定、任免等职权;以及加强对“一府两院”的监督和对政府全口径预算结算的审查和监督等,进一步巩固和发展了我国民主选举制度。除人民代表大会制度外,以村委会选举制度、城市社区居委会选举制度和企业职工代表大会选举制度组成的基层群众自治选举制度,也是我国民主政治的独创。基层群众自治选举制度和人民代表大会选举制度一起,构成了我国民主选举的制度体系。

中国自从古代以来便部分孕育着协商民主的文化,不过由于各种主客观原因,这种协商文化始终没有独自“成材”,更不可能发育成为协商民主。在中国漫长的两千年封建社会中,一直存在着“谏议”制度,这种制度鼓励专门的言官就朝廷的各种政策提出自己的见解。通过言官们的观点、批评和

---

① [美]科恩:《论民主》,商务印书馆 1988 年版,第 81 页。

② 《马克思恩格斯全集》第 1 卷,人民出版社 1956 年版,第 338 页。

③ 《马克思恩格斯选集》第 3 卷,人民出版社 2012 年版,第 141 页。

④ 《列宁论苏维埃政权建设》上册,法律出版社 1958 年版,第 91—92 页。

建议，从而引发朝廷官员包括皇帝对政策进行再讨论、再思考。这虽然不是直接的协商，但从这种谏议制度发挥的实际作用来看，其可以对朝廷的各种政策进行监督，并引发对政策的广泛讨论，可以说体现了协商的一方面。在封建社会的朝堂之上，皇帝决定各种军国大事之前，都会同大臣们讨论利弊得失，这种制度便是朝议制度。朝议分为廷议和集议。廷议是皇帝参与其中的，集议皇帝并不直接参与，但由皇帝指派的大臣主持。无论是廷议还是集议，都是皇帝最后行使决策权的。在廷议和集议中，大臣们就国家大事充分讨论，一般情况会形成一个大多数人比较认可的意见。而皇帝在决策的过程中，也会着重考虑大多数人赞成的意见，因为这种意见代表了民意，在执行过程中也较少遇到阻力。在中国古代广大乡村地区，一直都是宗族势力范围。宗族议事会是地方处理公共事务的最高权力机构。它负责处理各种民事纠纷，凡是涉及本地区的重大问题，都由议事会成员讨论、协商然后解决。

新民主主义革命时期，协商民主开始形成，进一步确立的中国共产党领导的多党合作和政治协商制度同新中国一起建立，并在革命、建设、改革的各个时期发挥着重要作用。经过几代领导人的不断发展，到 2006 年，党中央正式把协商民主制度作为我国社会主义民主的两种制度之一写进党的文件："人民通过选举、投票行使权利和人民内部各方面在重大决策之前进行充分协商、尽可能就共同性问题取得一致意见，是我国社会主义民主的两种重要形式。"[①]党的十八大第一次提出"社会主义协商民主"概念，并强调"推进协商民主广泛、多层、制度化发展"，[②]这大大拓展了我国传统协商民主的内涵和外延。我们可以清晰地看到，社会主义协商民主不仅包括传统协商民主制度中的政党之间的协商和政协会议的协商，而且在内容的广泛性上，既有经济社会重大发展问题的协商，又有涉及群众切身利益的实际问题的协商；在协商民主的层次性上，既有宏观层次的国家政权机关、政协组织、党派团体的政治协商，又有中观层次的专题协商、对口协商、界别协商、提案办理协商，还积极发展微观层次的基层民主协商；不仅如此，在协商民主实践

① 《十六大以来重要文献选编》下，人民出版社 2011 年版，第 260 页。

② 胡锦涛：《坚定不移沿着中国特色社会主义道路前进 为全面建成小康社会而奋斗》，人民出版社 2012 年版，第 26 页。

过程上，还把协商民主纳入决策程序，既有决策之前的协商，又有决策之中的协商。

中国特色社会主义协商民主与西方协商民主也有根本区别。首先，理论来源与实践基础不同。中国特色社会主义协商民主一开始就是马克思列宁主义统一战线理论、政党理论和民主政治理论在中国的自觉运用和发展，具有先进的阶级性、彻底的人民性和实践的自觉性。马克思恩格斯曾提出，只要其他政党采取革命行动，共产党就应该努力支持和联合他们。“共产党人到处都努力争取全世界民主政党之间的团结和协调。”①新民主主义时期，中国共产党就已经自觉地运用马克思列宁主义理论实践协商民主，并在新中国成立伊始就在全国范围内实行。而西方的协商民主理论是基于其代议制实践中暴露某些弊端的反思而产生，力图以超越多元冲突的公共理性寻求公民愿望的最大满足。协商民主是在对西方代议制民主的批判上进一步形成的。“协商民主理论的兴起，是为了回应西方社会面临的诸多问题，特别是多元文化社会潜藏的深刻而持久的道德冲突，以及种族文化团体之间认知资源的不平等而造成的多数人难以有效地参与公共决策。”②其次，在各自政治体系中的功能地位不同。西方的协商民主只是停留于对代议制选举民主的局部修补，未能上升至成规模的民主实践形式。我国的社会主义协商民主作为中国特色社会主义民主两大制度之一，新中国成立以来不断发展，在党的十八大以后又成为一整套的民主政治体系。再次，社会各界在协商民主体系中的角色不同。西方的协商民主是不同利益集团以相互争执、博弈、还价等方式寻求共同理性。由于复杂的利益纠葛，各集团莫衷一是，公共理性的寻求过程往往困难焦灼。在中国特色社会主义协商民主体系中，中国共产党和各民主党派人民团体的根本利益是一致的。中国共产党犹如乐队的指挥，与社会各界人士团结和谐地共同演奏一场乐曲。

选举民主是一种竞争性民主，协商民主是一种妥协性民主。如果说选举民主体现了中国特色社会主义民主的基本特征，那么，协商民主则展现了中国特色社会主义民主的独特优势。在中国特色社会主义民主体系中，选举民主汇聚人民群众的根本意志，体现民主的共同性；协商民主则容纳人民

---

① 《马克思恩格斯选集》第1卷，人民出版社2012年版，第435页。

② 陈剩勇：《协商民主理论与中国》，《浙江社会科学》2005年第1期。

群众的具体意志，体现民主的多样性，两者珠联璧合，彰显缤纷多彩又高度团结的人民主权性。同时，选举民主肯定人民群众普遍参与国家政治，体现民主的广度；协商民主则保证人民群众充分地论证国家决策，体现民主的深度，两者相辅相成，确保人民民主的科学有效性。另外，选举民主遵循民主的多数裁定原则，从程序上体现民主的机会公平；协商民主则保护民主的差别原则，从起点上弥补代表性"流失"的某种缺憾，两者相得益彰，维护民主运行的公平正义性。总之，选举民主和协商民主竞合统一，和谐共进，成为中国特色社会主义民主运行的两个车轮。

（二）党内民主与人民民主核心辐射

如果说选举民主和协商民主是中国特色社会主义民主的两大基础，两者竞合统一，那么，党内民主和人民民主上下联动又核心辐射，则是中国特色社会主义民主的根本优势。

中国特色社会主义民主是核心辐射式民主，其核心就是中国共产党的党内民主。列宁曾指出："只有工人阶级的政党，即共产党，才能团结、教育和组织无产阶级和全体劳动群众的先锋队，而只有这个先锋队才能抵制这些群众中不可避免的小资产阶级动摇性，抵制无产阶级中不可避免的种种行业狭隘性或行业偏见的传统和恶习的复发，并领导全体无产阶级的一切联合行动。"①从社会主义现代化建设来看，无论从政治上、思想上和组织上都需要党的领导；从后发展国家现代化建设来看，实现大规模的赶超型现代化也必须要有强有力的政治系统，在中国这个强有力的政治系统就是中国共产党。正是在中国共产党领导下，我国先后实现了从半殖民地半封建社会到人民当家作主的新社会的社会转折、从新民主主义到社会主义的制度转变、从传统的封闭半封闭的计划经济到现代的开放的市场经济的经济体制转轨，这些历史性转变无疑都是"中国共产党人认识世界、改造世界的壮举，是根本改变中华民族命运、深刻影响人类历史进程的伟大变革"②。

中国共产党是中华民族的先锋队，是中国人民的先锋队，是中国特色社

① 《列宁全集》第41卷，人民出版社1987年版，第85页。

② 《中共中央关于新形势下加强和改进党的建设若干重大问题的决定》，http://cpc.people.com.cn/GB/64093/64094/10128764.html.

会主义事业的领导核心，因此必须以其自身民主带头和示范人民民主，走精英民主带动社会民主的道路。同时，中国共产党是拥有8000多万党员的大党，是中国社会最大的精英集团，这也构成了党内民主带动人民民主的现实基础，决定了党内民主带动人民民主的可能性。正是因为如此，党的十七届四中全会决议指出：“坚持以党内民主带动人民民主，以党的坚强团结保证全国各族人民的大团结。”①这一核心民主带动人民民主的经典表述，实际上开辟了中国特色社会主义民主建设的新路径。《决议》还提出了党内民主建设的基本原则：“必须坚持民主基础上的集中和集中指导下的民主相结合，以保障党员民主权利为根本，以加强党内基层民主建设为基础，切实推行党内民主，广泛凝聚全党意愿和主张，充分发挥各级党组织和广大党员的积极性、主动性、创造性，坚决维护党的集中统一。”作为人民民主的带头示范，党的十八大提出了“在民主集中制基础上健全党内民主制度体系”的要求，并从七个方面提出完善和创建党内民主制度体系的重要举措，包括：党员民主权利保障制度、党的代表大会制度、党内选举制度、常委会议事规则和决定程序、地方党委讨论决定重大问题和任用重要干部票决制、党员定期评议基层领导班子等制度和党员旁听基层党委会议、党代会代表列席同级党委有关会议等。②

人民民主是中国共产党始终不渝追求的目标。中国共产党执政的实质是代表工人阶级和最广大人民执政，但是只有实现彻底的广泛的人民民主才是社会主义的本质属性和内在要求。毛泽东曾指出：“中国的命运一经操在人民自己的手里，中国就将如太阳升起在东方那样，以自己的辉煌的光焰普照大地，迅速地荡涤反动政府留下来的污泥浊水，治好战争的创伤，建设起一个崭新的强盛的名副其实的人民共和国。”③中国共产党领导人民取得了新民主主义革命的胜利，建立了社会主义制度，人民民主专政的社会主义国家屹立在世界的东方。1954年人民代表大会制度的建立和中国历史上

---

① 《中共中央关于新形势下加强和改进党的建设若干重大问题的决定》，http://cpc.people.com.cn/GB/64093/64094/10128764.html.

② 参见胡锦涛：《坚定不移沿着中国特色社会主义道路前进 为全面建成小康社会而奋斗》，人民出版社2012年版，第51—52页。

③ 《毛泽东选集》第4卷，人民出版社1991年版，第1467页。

第一部社会主义类型宪法的诞生，为新中国社会主义民主政治的发展奠定了坚实基础。在改革开放进程中，邓小平进一步指出，“社会主义愈发展，民主愈发展”①；“中国人民今天需要的民主，只能是社会主义民主或称人民民主，而不是资产阶级的个人主义的民主”，它是“工人、农民、知识分子和其他劳动者共同享受的民主，是历史上最广泛的民主”。② 正因此，就要“政治上充分发扬人民民主，保证全体人民真正享有通过各种有效形式管理国家、特别是管理基层地方政权和各项企业事业权力，享有各项公民权利”③。此后，党中央多次提出，人民民主是社会主义的生命。党的十八大更是高举人民民主旗帜，要求“发挥人民主人翁精神，坚持依法治国这个党领导人民治理国家的基本方略，最广泛地动员和组织人民依法管理国家事务和社会事务、管理经济和文化事业、积极投身社会主义现代化建设，更好保障人民权益，更好保证人民当家作主”。同时强调，“发展更加广泛、更加充分、更加健全的人民民主”；“保证人民依法实行民主选举、民主决策、民主管理、民主监督”；“保证人民依法享有广泛权利和自由”。④

党的十八大还从国家政权民主和基层民主制度两个层面推动人民民主建设。在国家政权民主层面，要求党的主张必须通过法定程序才能上升到国家意志；提高基层人大代表特别是一线工人、农民、知识分子代表比例，降低党政干部比例；在人大设立代表联络机构，完善代表联系群众制度等。同时提出“保障人民知情权、参与权、表达权和监督权”，“让人民监督权力，让权力在阳光下运行”，等等。在基层民主层面，党的十八大拓展了我国基层民主制度的内涵和外延。在内涵方面，对基层民主做出了新的规定，提出“实行群众自我管理、自我服务、自我教育、自我监督”，是“人民依法直接行使民主权利的重要方式”。⑤ 在外延方面，把过去的农村村民委员会、城市居民委员会、企业职工代表大会的“三位一体”基层群众自治体系，发展为包

① 《邓小平文选》第2卷，人民出版社1993年版，第168页。

② 《邓小平文选》第2卷，人民出版社1993年版，第175页。

③ 《邓小平文选》第2卷，人民出版社1993年版，第322页。

④ 胡锦涛：《坚定不移沿着中国特色社会主义道路前进 为全面建成小康社会而奋斗》，人民出版社2012年版，第14、25页。

⑤ 胡锦涛：《坚定不移沿着中国特色社会主义道路前进 为全面建成小康社会而奋斗》，人民出版社2012年版，第26—29页。

括城乡社区治理群众自治、基层公共事务群众自治、公益事业群众自治和企事业单位职工代表大会制度在内的“四位一体”的新概括。不仅如此，还提出了发展基层民主制度的新思路，即以扩大有序参与、推进信息公开、加强议事协商、强化权力监督为重点，拓宽范围和途径，丰富内容和形式，保障人民享有更多更切实的民主权利。

党内民主是中国特色社会主义民主的根本与核心，人民民主是中国特色社会主义民主的全面体现。在中国特色社会主义民主体系中，党内民主是党以人民先锋队的身份带头实践自身民主，凝聚人民民主的核心力量，也为人民民主指路领航；而人民民主则作为马克思主义政党的奋斗目标，是党内民主不断推进的最终归宿，也是执政的中国共产党赖以生存的政治根基，又为党内民主不断增强奠定社会基础。总之，党内民主与人民民主上下联动、内外结合，并以党内民主带动人民民主，从党内民主向人民民主的核心辐射，成为中国特色社会主义民主的根本特色。

(三)民主政府与市民社会联动并举

中国特色社会主义民主展现了选举民主和协商民主内外结合、党内民主和人民民主上下联动的“四位一体”的特色，而这“四位一体”民主的运行，进一步体现在民主政府和市民社会联动并举的全面实践中。

不同于西方市民社会组织和国家组织分离对立的形式，中国特色社会主义民主展现了政府民主和社会民主联动并举的特色。政府与市民社会需要互相联动，如同西方学者罗素说的那样：“一个健全而进步的社会需要集中控制，也需要个人和群体的积极性：没有控制，会出现无政府状态；没有积极性，则会出现停滞。”①但是，由于资本主义社会的阶级对立，市民社会与国家组织实际上统一于资产阶级。这样的同一掩盖了其中的对立。所以马克思指出：“市民社会的各等级虽然没有得到任何政治规定，但它们毕竟还是会规定政治国家。它们会把自己的特殊性变成整体的决定力量”②，“如果‘市民等级和政治等级的同一’表现了事物的真实状况，那末它现在自然

① ［英］伯特兰·罗素：《权威与个人》，商务印书馆2010年版，第71页。

② 《马克思恩格斯全集》第1卷，人民出版社1956年版，第358页。

就只能是市民社会和政治社会分离的表现!”①正是这样的分离,使得西方的国家组织和市民社会组织关系表现为官僚组织和压力社团的二元对立。在马克思看来,只有实现政治的解放,才能使人们认识到“自己的‘原有力量’,并把这种力量组织称为社会力量,因为不再把社会力量当作政治力量跟自己分开”。在中国特色社会主义制度下,市民社会组织和国家组织的关系表现为联动并举的和谐互动关系。

民主政府是民主模式的重要元素。“民主就意味着民享政府,或至少是人民的负责任的代表来治理的政府。”②卢梭说:“政府只不过是主权者的执行人”,“它的任务是执行法律和维护自由,既维护社会的自由,也维护政治的自由”。③ 政府民主是现代民主制度的重要组成部分。“只有民主政府才能为个人提供最大机会,使他们能够运用自我决定的自由,也就是在自己选定的规则下生活。”④社会主义制度为政府民主的真正实现创造了根本前提。从此政府机关不再是以往旧制度下的官僚机器,而是真正的人民行使权利的政府。

政府转型是民主政府的首要条件。党的十八大在中国特色社会主义民主的新构建中,为我国民主政府建设提出了一整套方案。首先,正式提出了建立“中国特色社会主义行政体制”的目标,即“深入推进政企分开、政资分开、政事分开、政社分开,建设职能科学、结构优化、廉洁高效、人民满意的服务型政府”⑤。在建立中国特色社会主义行政体制目标的指导下,十八大报告推出了“六位一体”的改革方案,即行政审批制度改革、大部制改革、行政层级和行政区划改革、行政管理方式改革、行政机构编制改革和事业单位分类改革。十八届三中全会《中共中央关于全面深化改革若干重大问题的决定》指出:“科学的宏观调控,有效的政府治理,是发挥社会主义市场经济体制优势的内在要求。必须切实转变政府职能,深化行政体制改革,创新行政

---

① 《马克思恩格斯全集》第1卷,人民出版社1956年版,第334页。

② [英]安东尼·阿伯拉斯特:《民主》,吉林人民出版社2005年版,第90页。

③ [法]卢梭:《社会契约论》,商务印书馆2012年版,第64页。

④ [美]罗伯特·达尔:《论民主》,商务印书馆1999年版,第60页。

⑤ 胡锦涛:《坚定不移沿着中国特色社会主义道路前进 为全面建成小康社会而奋斗》,人民出版社2012年版,第28页。

管理方式，增强政府公信力和执行力，建设法治政府和服务型政府。”①

建立权力制约和监督机制是民主政府的根本。党的十六大提出“加强权力的制约和监督”，党的十七大报告提出“完善制约和监督机制”，党的十八大报告进一步提出“健全权力运行制约和监督体系”。党的十八届三中全会《决定》提出：“坚持用制度管权管事管人，让人民监督权力，让权力在阳光下运行，是把权力关进制度笼子的根本之策。必须构建决策科学、执行坚决、监督有力的权力运行体系，健全惩治和预防腐败体系，建设廉洁政治，努力实现干部清正、政府清廉、政治清明。”②由此，形成了中国特色社会主义民主的权力运行制约和监督机制的新构建：一是权力决策问责纠错制度，包括质询、问责、经济责任审计、引咎辞职、罢免等制度，“凡是涉及群众切身利益的决策都要充分听取群众意见，凡是损害群众利益的做法都要坚决防止和纠正”；二是权力运行公开制度，包括党务公开、政务公开、司法公开和各领域办事公开制度，“让人民监督权力，让权力在阳光下运行”。这不同于西方的“三权分立”模式，我国的权力制约监督体系建立在民主集中制基础之上，既保证了制约监督又保证了效用最大化，集中体现了我国人民的利益在根本上的一致性；特别是人民代表大会作为我国最高权力机关，行使最高立法权、决定权和监督权，集中体现了人民权利高于一切。

民主政府需以现代市民社会的充分发育为基础。中国共产党非常重视社会主义市民社会的培育。2004 年 9 月，中共十六届四中全会首次提出“发挥社团、行业组织和社会中介组织提供服务、反映诉求、规范行为的作用”③。2009 年把“加强社会组织建设与管理”写入我国第一个国家人权行动计划④，提出“发挥社会组织在扩大群众参与、反映群众诉求方面的积极作用，增强社会自治功能。在各级政协中，应当增加社会组织代表比例，各级政府在制定重大法律法规和公共政策时，应当听取社会组织的意见和建

---

① 东方网，http://news.eastday.com/eastday/13news/node2/n4/n6/u7ai173782_K4.html.

② 东方网，http://news.eastday.com/eastday/13news/node2/n4/n6/u7ai173782_K4.html.

③ 《中共中央关于加强党的执政能力建设的决定》，《十六大以来重要文献选编》中，人民出版社 2011 年版，第 287 页。

④ 《国家人权行动计划(2009—2010 年)》。

议，行业协会、商会要收集行业、企业的意见和建议。学会、研究会要研究社会大众的呼声，基金会、公益性组织要反映弱势群体利益诉求和需求，城乡社区社会组织要了解社情民意，引导社会公众合理表达意见，有序参与公共事务”。党的十八大进一步提出，“改进政府提供公共服务方式，加强基层社会管理和服务体系建设，增强社区服务功能，强化企事业单位、人民团体在社会管理和服务中的职责，引导社会组织健康有序地发展，充分发挥群众参与社会管理的基础作用”；“畅通和规范群众诉求表达、利益协调、权益保障渠道。”①党的十八届三中全会《决定》明确指出：“创新社会治理，必须着眼于维护最广大人民根本利益，最大限度增加和谐因素，增强社会发展活力，提高社会治理水平，全面推进平安中国建设，维护国家安全，确保人民安居乐业、社会安定有序。”②从对各种社会组织的有序引导，到对各种人民团体、企事业单位等的综合指导，再到全面推进社会治理体系现代化，无一不体现出党对社会健康成长的重视。现代市民社会的成型，为民主政府发挥职能提供了有效场域。民主政府的构建，又会进一步激发现代市民社会的活力。二者相辅相成，共同生动的统一于中国特色社会主义民主的伟大实践中。

民主政府是中国特色社会主义民主的重要元素和基本体现，是民主政治的重要标志，为市民社会的培育和运转提供有效支持和保证；市民社会的成熟和完善则是民主政府的社会基础。在中国特色社会主义民主体系中，政府作为人民的政府按照社会主义市民社会发展规律实现职能转换，社会主义市民社会有序发育又促进政府良性运转。总之，民主政府和市民社会联动并举，共同推进，奠定了中国特色社会主义民主的实践基础，成为中国特色社会主义民主构成的又一特色。

正如习近平同志指出的那样：“民主不是装饰品，不是用来做摆设的，而是要用来解决人民要解决的问题的。中国共产党的一切执政活动，中华人民共和国的一切治理活动，都要尊重人民主体地位，尊重人民首创精神，拜

---

① 胡锦涛：《坚定不移沿着中国特色社会主义道路前进 为全面建成小康社会而奋斗》，人民出版社2012年版，第38页。

② 东方网，http://news.eastday.com/eastday/13news/node2/n4/n6/u7ai173782_K4.html.

人民为师，把政治智慧的增长、治国理政本领的增强深深扎根于人民的创造性实践之中，使各方面提出的真知灼见都能运用于治国理政。”沿着中国特色社会主义民主的道路坚定前进，定会实现中华民族的伟大复兴！

(四)中国特色社会主义民主的优势

第一，中国特色社会主义民主有利于调动积极性、主动性和创造性。

中国特色社会主义民主是人类历史上最先进的社会主义性质的民主。它的先进性体现在把过去只有少数剥削者才能享受的民主权利变为大多数人都可以享受的人民民主，使广大人民群众真正成为国家和社会的主人，拥有广泛而真实的民主权利。中国特色社会主义民主是中国人民在长期的革命、建设和改革的实践中创造出来的适合中国国情的民主。世界上并不存在唯一的、普遍适用的和绝对的民主模式，关键是要看这种模式是否符合本国人民群众的要求，是否符合本国的历史、经济、文化及社会的实际状况。中国特色社会主义民主是中国共产党领导中国人民长期奋斗和艰苦探索得来的，既遵循民主发展的一般规律，又具有鲜明的中国特色，已经被实践证明是完全符合中国实际和中国人民愿望的政治制度。中国特色社会主义民主在发展选举民主的同时，注意协商民主的发展，注重选举民主与协商民主的结合。从实践看，协商民主有利于全体人民意愿的充分表达，有利于协调不同阶层的利益诉求，从而更有利于社会的团结和稳定。中国已形成了范围广泛、内容丰富、形式多样的协商民主形态。在协商民主上，既有政治协商基本制度的安排，又有社会政治生活中各层次、各领域的民主协商。协商民主被广泛运用于政治领导人的选拔和任用当中，被广泛运用于公共利益、公共事务的处理之中，并且已经逐步地制度化。党的十八届三中全会《中共中央关于全面深化改革若干重大问题的决定》中，指明了未来协商民主发展的重点领域，就是构建程序合理、环节完整的协商民主体系，拓宽国家政权机关、政协组织、党派团体、基层组织、社会组织的协商渠道。深入开展立法协商、行政协商、民主协商、参政协商、社会协商。加强中国特色新型智库建设，建立健全决策咨询制度。

因此，中国特色社会主义民主的理论与实践实现了人民当家作主，有利于国家政治稳定，能够调动起广大人民建设美好幸福生活的积极性、主动性和创造性，为我国经济社会发展提供了强大动力和坚强政治保证。

第二，中国特色社会主义民主有利于社会长期稳定、经济持续发展、社会全面进步。

中国特色社会主义民主具有独特的中国特色的政党制度，形成了中国发展社会主义民主政治的坚强领导核心，保证了社会主义民主政治稳定有序地向前发展。发展民主政治，是现代化过程中各国人民的普遍政治要求。中国自20世纪70年代末80年代初以来，把发展社会主义民主政治作为重要目标。在面临诸多风险和困难的形势下，民主政治建设一直稳步推进，民主政治建设的水平不断提高。其中根本的原因之一，就是坚持了中国共产党领导的多党合作的政党制度。这一政党制度使社会主义民主政治的发展始终具有坚强有力的政治领导核心。中国共产党代表中国人民的整体利益、长远利益、根本利益，并与各民主党派密切合作，在中国推进社会主义现代化建设和实现人民利益上形成了高度共识，保证了社会主义民主政治发展的稳定性和连续性。与之相对应的是，在亚洲、非洲、南美洲的一些发展中国家，民主政治发展的道路并非一帆风顺，许多国家在民主发展的进程中出现政治混乱和社会动荡，进而被迫中断了民主政治发展的进程。这种状况不能不引起中国的高度重视。照抄照搬西方民主模式，在许多发展中国家，往往导致政治力量之间互相攻击、政党争斗、争权夺利，带来政局动荡的弊端和消极后果。因此，中国特色的一党执政、多党参政的政党制度打破了西方国家多党制竞争冲突等于民主政治的迷信。美国学者亨廷顿曾指出，在发展中国家，多党制是软弱的政党制度。另一美国学者奈斯比特指出：中国没有以民主的名义使自己陷入政党争斗局面，而是以一党体制实现现代化，发展出一种独特的纵向民主，形成了稳定的关键。

坚持党派协商，发展协商民主，是中国民主政治建设、发展的重要途径，也是中国特色社会主义民主的基本制度。十八届三中全会对此进行了重点阐述，进行了全面部署。

中国特色社会主义民主以促进社会发展和实现人民的根本利益为目的。判断一个国家的政治制度是否具有优越性，是否具有生命力，最根本的标准是看其在实践中的功能和效果，它是不是从根本上推进了一个国家的经济社会发展和实现了广大人民的根本利益。中国特色社会主义民主建设特别注重维护人民的经济权利、政治权利、文化权利。不但重视国家层面民主的发展，从宪法上维护人民的权利和利益，而且更重视发展基层民主，认为基层民主是人民依法直接行使民主权利、实现人民当家作主最有效最广泛的途径，并把发展基层民主作为发展社会主义民主政治的基础性工程重点推进。基层民主扎实持续发展使广大人民享有了更多更切实的民主权利，体现了社会主义民主的真实性和有效性。

第三，中国特色社会主义民主有利于实现民主政治的持续推进。

渐进式的“增量民主”模式的选择，使我们在探索有中国特色社会主义民主建设的过程中，能够在保证党的领导、人民民主与依法治国三者辩证统一的基础上，在现有的民主政治基本制度框架内通过不断深化改革，来实现民主政治的持续推进。无论是作为实现人民民主最根本制度的人民代表大会制度，还是中国共产党领导的多党合作和政治协商制度，还是民族区域自治制度，抑或是基层民主制度，都是在现有制度的基础上不断改革，寻求制度创新，来实现民主政治的持续推进。换句话说，中国特色社会主义民主的不断推进，是通过社会主义民主政治制度的自我完善实现的。30多年来，人民代表大会的立法作用、监督作用不断加强，各级人大代表的素质明显提高，人大代表与选民的关系更加密切；多党合作、政治协商逐步法制化和规范化，各级政协的参政议政作用大大增强；民族区域自治制度进一步巩固和完善，各少数民族的自治权力和利益得到确实保证。基层群众自治制度从政治体制改革的“突破口”“生长点”，上升为基本政治制度。事实证明，这些具有中国特色的政治制度符合中国国情，是建设社会主义民主政治、发展社会主义政治文明、实现社会主义现代化的政治基础和制度保障。①

① 李正华：《中国特色社会主义民主政治建设的基本特点》，《当代中国史研究》2009年第1期。

第六章 民主技术的当代发展

——中国特色社会主义民主的技术要求

现代民主政治形式主要由三大要素构成，即民主价值、民主制度与民主技术。在民主价值基本确定的情况下，具体的制度安排和民主技术的选择就具有决定性的作用，直接决定着民主价值的实现程度。可以说，民主技术就是民主政治实现的手段与方法，是民主价值实现的技术基础。离开了民主技术，民主价值也将成为空中楼阁。从我国民主政治发展的历程来看，长期以来我国民主政治建设比较注重民主的价值层面，对民主的认识停留在宏大叙事层面，而忽视了民主技术层面的研究与运用，从而使民主看起来“很美”，而与民主发展的现实反差很大。民主技术作为促进民主政治发展的各种技术和手段，可以在一定的政治体制框架内有步骤、按计划地进行使用和创新，不仅对民主的存量发挥重要作用，而且在某方面的突破可以形成民主政治的大发展，既不会对现有政治模式产生大的冲击和颠覆，还可以在不损害人民群众原有政治利益的前提下，最大限度地增加政治利益。正如中国人民大学法学教授胡锦光所说：“从细节上完善有关的法律法规，从技术环节上确保代表真实表达自己的意愿，在某种意义上，其重要性不亚于民主原则本身。”①当前，在我国的民主政治实践中民主技术的运用与创制正在逐渐展开，如选举中出现的“三轮两票”“公推公选”等方式，民主决策中出现温岭的“民主恳谈制”、重庆市开县麻柳乡的“八步工作法”，民主监督中出现的武义县的“村民监督委员会”，以及现代科学技术在民主过程中的运用，如网络投票、网络监督、电子表决器等，这些都为社会主义民主价值的实现提供了坚实的技术基础。因此，了解和把握民主技术，并在实践中发展与完善民主技术，是中国特色社会主义民主发展的题中应有之义。

① 刘锦森：《表决方式的改变是民主进步的标志》，《人大研究》2009 年第 9 期。

一、民主技术发展是社会主义民主建设的内在要求

(一)民主技术的内涵、本质与类型

民主技术是政治学的一个新话语,对其理论研究正随着民主技术在民主政治发展中的地位而逐渐深化。何谓民主技术呢?民主技术是与民主价值和原则相对应的一个概念。简单地说,就是“为确保民主原则和民主价值的实现而采取的种种方法和手段的总称”,并且“只有在承认民主的原则和价值的前提下,才谈得上民主的技术问题;也只有通过有效的民主技术手段,才能够在实践的意义上实现民主的原则和价值”。[①] 但何谓民主技术,至今并没有一个较为权威的定义。首先我们可以将其看成为技术和社会技术的一种,从中获取关于民主技术的知识。法国大哲学家狄德罗将技术定义为“为某一目的共同协作组成的各种方法、工具和规则的体系”[②]。美国著名学者丹尼尔·贝尔则认为:“技术绝不仅仅是用可重复的方式制造产品。它是一种体现目的—手段关系的理性秩序,是工作甚至是生活要素的理性化。”[③]可见,技术就是人类在为自身生存和社会发展所进行的实践活动中,为了达到预期目的而根据客观规律对自然和社会进行调节、控制、改造的知识、技能、手段、规则和方法的集合,并且表现为可复制性。由此可见,技术具有一定的目的性、可复制性、理性化的特点,是知识、技能、手段、规则和方法的集合。将其运用到民主政治生活领域,就可以将其定义为:“在一定的社会历史条件下,政治活动的主体依照一定的历史经验与政治传统,为了实现特定的民主价值、理想与原则而进行的‘理性化’创制,是人类理性为寻求民主实现方式而形成和发展起来的知识和操作体系。具体来说

---

① 桑玉成、施玮:《论民主的技术》,《政治学研究》2000年第3期。

② 转引自丁俊丽、赵国杰、李光泉:《对技术本质认识的历史考察与新界定》,《天津大学学报》(社会科学版)2002年第1期。

③ [美]丹尼尔·贝尔:《技术轴心时代——后工业社会的来临》1999年版前言,《当代世界社会主义问题》2003年第2期。

包括政治设计、制度安排、程序、机制等非物质形态技术以及具体物质技术。”①

由民主技术的概念我们可以看出，民主技术作为民主政治系统的内在构成要素，是人类社会发展到一定阶段和程度之后的产物，它是民主政治生活内在矛盾的反映，是人类理性为解决民主内在矛盾，实现特定的民主价值原则，经过长期实践形成和发展起来的知识和操作程序，是人类主体参与政治生活的理性外现。吴海红认为：“在民主实践中的操作方法，实质是民主的工具理性的体现。”②毋庸置疑，民主技术作为实现民主价值与原则的操作体系，符合工具理性的内在蕴含。民主价值目标的实现也正需要这种“理性的机巧”。然而仅仅强调民主技术的“工具理性”意义是不够的，任何技术的产生都必须以合规律性和合目的性的统一为前提。③ 对于民主技术来说，民主内在的自主、平等、自由、公正等价值具有先在性，民主技术是第二位的。离开了价值理性或目的理性的民主技术，就会放任工具理性的膨胀，从而导致人类孜孜以求的民主价值的破碎以及人性的残缺与异化。因此，民主技术就其本质意义而言，一方面是实现民主价值目标程序化、合理化、有效化的手段，体现工具理性；另一方面又以自主、平等、自由、公正等民主价值为指向和目的，体现价值理性。简单来说，民主技术的本质就是一种知识、程序和技术操作体系，是内蕴民主价值原则和追求的工具理性。其中，价值理性是工具理性的精神动力，工具理性是价值理性的现实支撑，两者统一于民主政治实践中。④

据此，我们可以将民主技术的基本特性总结如下：第一，工具性与价值负荷性。作为价值，它反映着特定时期民众的偏好和利益；作为工具，它又

---

① 王海稳：《民主技术与当代中国民主政治发展》，中国社会科学出版社 2013 年版，第 46 页。

② 吴海红：《价值理性和工具理性视角下当代中国民主建设解析》，《上海行政学院学报》2009 年第 4 期。

③ ［德］F. 拉普：《技术哲学导论》，辽宁科学技术出版社 1986 年版，第 50 页。

④ 有学者将工具理性与价值理性的辩证统一体现为技术理性，认为技术理性是人类多种理性的某种合取，是一种追求合理性、规范性、有效性、功能性、理想性和条件性的人类智慧和能力，是不断发展着的具有综合性、整合性的一种实践理性。参见王桂山：《技术理性的认识论研究》，东北大学出版社 2006 年版，第 61 页。但这一说法还有待商榷。

在客观的操作程序和手段上予以支持和实现。第二,规范性、可预见性与可操作性。民主技术是在给定特定民主价值目的前提下,人类理性关于"应该/怎么作为"的知识和操作体系。体现工具理性的民主技术一般按照其内在的逻辑规则方向运行且达成其目标,也就意味着理性行为目标是可以预期的。第三,主体际性与可通约性。民主技术是每个公民用来实现自身权益的工具和手段,公民在利用民主技术这个方面是平等的,如果一部分人超然于大部分人之上,并利用民主技术来控制其他人,那么,这种所谓的"民主技术"已经发生异化,违背了其自身的本性。

民主技术有哪些类型,可以从多种视角去进行分类。从民主的实现形式来看,可将民主技术分为直接民主技术和间接民主技术;从民主技术的总体结构上划分,可以将民主技术划分为宏观、中观和微观民主技术;从现代社会代议民主的过程(见图 6-1)来看,可将这一过程划分为民主选举、民主决策和民主监督三个环节,相应地就可以将民主技术划分为选举民主技术、决策民主技术和监督民主技术。杜维尔热认为民主政治模式包括三个基本要素:通过普选确定执政者;一个拥有重大权力的议会;独立的法官对权力系统的监督。[①] 这一观点在某种程度上就是对这种划分的一种例证。

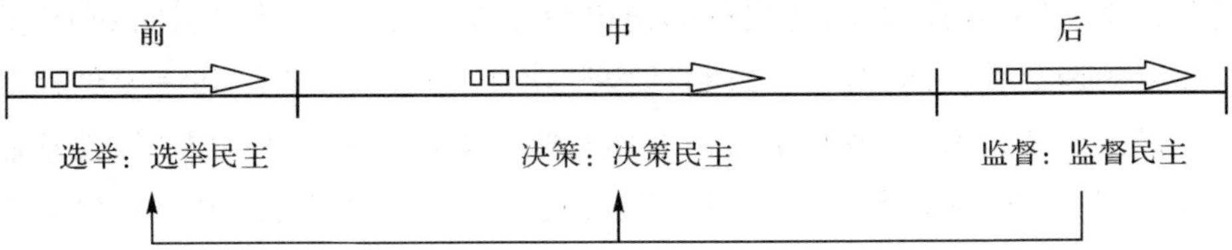

图 6-1　民主过程示意

选举民主技术是民主技术中最为重要的技术,一个民主的选举制度缺乏系统的程序和技术的支持,就会导致这一制度在实践中的效果大打折扣,甚至有违真正选举的初衷。[②] 选举民主技术是一个系统体系,大到选举的制度安排,小到选票设计、划票方式,候选人排列的次序等都有很强的技术

① [法]杜维尔热:《人民代议制理论》,《国外政治学》1998 年第 2 期。

② 杨卓如:《从"深圳现象"和"北京现象"看我国基层人大代表民主选举的动力和阻力》,见邹树彬:《2003 年北京市区人大代表竞选实录》,西北大学出版社 2004 年版,第 211 页。

性，设计方式不同，结果就会有很大的不同。总的来说，选举操作过程中存在的程序性、技术性问题，主要体现在选区划分、选民登记、正式代表候选人确定程序、代表候选人介绍、投票行为、选票计算和公布、选举的监督与救济等各方面。

民主决策的主要标志是在决策过程中各种不同的意见和利益都能得到最充分和最客观的表达，整个决策过程畅通、规范，决策主体在若干冲突的利益需求之间进行协调和均衡，寻求各利益群体接受范围内的最优方案，增强决策的可接受性和可执行性。民主决策机制主要是指通过预定的程序、规则和方式，确保决策能广泛反映不同群体的利益和要求，反映事物发展规律的制度设计和程序安排。它主要是由程序设定、规则设立、机构设置、方式选择有机构成的一个完整体系。由此来看，民主决策的技术性主要体现在决策程序设定、决策规则订立、决策机构设置（规模、构成方式）和决策方式方法之中。

监督属社会技术的范畴，从字面上理解，监视与督察本身就是一种技术设置和安排，是由一系列技术关系和环节构成的，因此监督的有效性直接取决于技术方法的先进性。民主监督涉及和包括了众多技术关系的内容，包括监督主、客体的设定，监督规则的制定和完善，监督权限及权能的划分，监督过程的调节和控制，监督方式和结构设计，监督目标的实现和违规惩处等等。民主监督技术，一般是指监督主体与监督客体之间的互动方式，包括监督的程序、方式、手段与技术。民主监督技术就其形态来看，主要表现为规范、制度和程序层面，其技术性可以从规范制约、程序的制约、权力结构的制约和社会制约四个方面来体现。

（二）民主技术对社会主义民主政治建设的重要价值

第一，有助于训练和培养发展社会主义民主所必需的现代公民。

在我国传统政治中，由于传统政治思维往往从感性经验出发，强调经世致用，重权术和计谋；过分推崇道德、良心的自律以及重视亲情、人情的因素，在民主实践中缺乏民主自制和实践理性，使许多制度流于空谈，各种权谋、潜规则大行其道。[①] 广大公民不能在实践中主动、自觉地使用民主技术，因此难以改变传统“臣民”文化下的那种权力宰制理性的状况，民众也就很难向现代公民过渡。民主技术通过借助民主规则、程序、方法等的具体创制与应用，而非意识形态的机械灌输和专制独裁意志的强制施行，其表现为的是一种规则、程序的刚性和非人情化，那些体现为规则、程序、方法等的民主技术对现实政治生活的作用和影响，实际上体现为一种人类对民主价值实现方式的知识与操作体系，体现为理性的政治思维和理性的政治行为。正是蕴涵理性精神的民主技术的创造与发展，一方面可以对公民进行潜移默化的影响，使他们改变传统政治价值的思维、认识和判断，认识到自己作为政治领域中某一角色的责任，积极且充分地参与民主化过程。另一方面，还有助于培育一种社会团结和宽容、并对民主充满信心的社会心理，从而促使人们以科学的理性来处理社会矛盾和冲突，致力于以民主的方法和途径来构筑一个和谐社会，最终走向真正理性化的社会政治生活。也就是说，现代中国人可以通过运用民主技术参与民主政治实践来不断接受民主观念洗礼、不断获得民主知识教育、不断获得民主技能训练，从而不断强化自己的公民秉性和公民行为，进而不断提高自己的参政、议政、监政能力，也就是我们常说的不断提高自己的知情能力、参与能力、表达能力和监督能力。[②]

第二，有助于促进民主的“增量”发展，实现社会主义民主的政治目标。

民主政治的核心问题是人民的政治参与，人民的参与过程就是实现民主的根本途径。对于现实中民主权利的实现，宪法和法律的规定固然重要，但更重要的是对这些条文规定的动态控制以及实现这些条文规定的技术。增量民主把民主的实现程度与公民对政治过程的控制程度等同起来，认为民主政治最为重要的是保证公民对政府决策过程和议事日程的最终控制，

---

① 如选举过程中上级官员“吹风”和“打招呼”；选民对选举表现冷漠，轻易地被贿选。代表把选举当作“走过场”，成为只享荣誉不尽责任的“哑巴代表”“举手代表”和“老好人代表”。这些都表明他们没有对自己在政治领域的职业予以应有的尊重。2004 年 4 月 1 日，湖南省益阳市市委以《益阳日报》为选票对各级政府进行群众评议，许多职能部门因害怕不良评议结果而私自扣留用户的报纸，引发社会震荡。参见陈澎、苏晓洲：《益阳群众民主评议政府引发震荡》，新华网湖南频道，2004 年 4 月 21 日。

② 参见李永洪、聂应德、毛玉楠：《论民主技术在发展社会主义民主中的作用》，《社会主义研究》2009 年第 4 期。

没有这种控制就没有真正的民主，而这种控制更多的就是强调民主技术。但是在中国民主政治建设的过程中，由于忽视对民主实现的操作层面的研究，使得民主技术的供给严重不足，极大地阻碍了民主价值目标的实现。因此，加强对民主技术的研究和运用，通过法定的形式、制度性的规定以及具体的技术手段将公众纳入政治过程之中，就为公众参与政治活动提供了技术化的渠道，使公众从单纯的管理对象，变为可以通过程序技术制约管理者的参与性力量，从而实现对政治活动的有效参与，使人民民主的价值目标逐步得以实现。具体来说，就是要在民主政治建设中进一步增强公民利用民主技术的意识和能力，完善和开拓如选举民主、网络民主、协商民主、数字民主等多种民主形式，增强决策透明度和公众参与度，使民主运行走出非法民主、低效民主和虚假民主的泥沼，真实反映民意，扩大公民的政治权益。

第三，有助于增进政治过程的规范化、合理化和效能化，增强执政的合法性基础。

合法性是当今世界各国的执政党都必须面对的一个重要问题，“任何统治都企图唤起并维持对它的‘合法性’信仰”①。“任何一种政治系统，如果它不抓合法性，那么，它就不可能永久地保持住群众（对它所持有的）忠诚心，这也就是说，就无法永久地保持住它的成员们紧紧地跟随它前进。”②共产党能否巩固执政地位并长期执政，并不取决于其主观愿望，而是取决于它凭借自身力量从国家和社会中所获得的支持和信任程度。然而，在目前的民主政治建设中还存在一些背离民主、科学和法治精神的缺陷和弊端，如“领导意志”的横加干预和操纵以及形形色色的拉票、贿选、暗箱操作等伎俩，导致民意失真；机构上的重叠与职能交错以及先进技术的运用不足等，导致行政执行不力、效率低下；权力腐败以及对广大人民合法权利侵害的事件时有发生，严重影响着党和政府的形象和执政的合法性。而民主技术的合法性意义就在于能够规范权力、提高执政效能和保障广大人民的合法权益。具体来说，包括以下三个方面：一是民主技术可以提高民主的制度化、技术化程度及公民参与度，保障民主政治建设的发展方向，真正做到为人民

---

① ［德］马克斯·韦伯：《经济与社会》上卷，商务印书馆 1997 年版，第 239 页。

② ［德］尤尔根·哈贝马斯：《重建历史唯物主义》，社会科学文献出版 2000 年版，第 264 页。

执政，依靠人民执政。二是民主技术可以合理调整、配置和行使政府权力和规范政府机构法定职能与权责界限，能够有效地避免部门和机构之间的职能交叠与扯皮行为，并增强各种政策和措施的执行力。另外，以电子信息技术、计量技术、网络技术、传播技术为表征的现代民主技术，不仅显著提高了政治的专业化水平，而且使政治变得更加有效。而这种有效性正是共产党执政合法性的重要源泉，为中国共产党实现科学执政奠定坚实的基础。三是民主技术能够塑造理性化的公共权力，实现民主政治法治化。"不规范的民主容易被操纵，当民主制度健全到一定程度时，民主才能有效抵抗和克服其它力量的干扰。"①民主技术可以将公共权力的运作从无序的个人意志转化为稳定的规则、原则、指标、准则等，预防权力扩张和滥用对民主的践踏，保障了人民的民主权利。同时民主技术的运用，还意味着各政治主体行为的有序性与规范性。通过建构一整套良好的、有效的法治框架，可以引导与规范政治行为，摆脱政治生活中的偶然性和随意性等不稳定现象。正如邓小平指出的，"为了保障民主，必须加强法制。必须使民主制度化、法律化，使这种制度和法律不因领导人的改变而改变，不因领导人的看法和注意力的改变而改变"②。可见，民主技术还是中国共产党实现依法执政的重要支撑。

第四，有助于增进政府与民众沟通与协调，形成和谐、有序和稳定的政治秩序。

获得一个良好的政治秩序，是人类的基本需求，人类"首要的问题不是自由，而是建立一个合法的公共秩序"③。亨廷顿在谈及发展中国家政治发展过程时就认为，这实际上是一个谋求政治稳定的政治秩序过程。但是"政治秩序还有更高层次的表现，即社会政治生活的有序性。政治上的有序性是指政治生活中各种政治实体能够在一定的利益关系格局中相互适应，并

---

① 陆方文：《评自由主义民主——兼谈对中国民主政治建设的启示》，《江苏社会科学》2000年第6期。

② 《邓小平文选》第2卷，人民出版社1994年版，第146页。

③ [美]塞缪尔·P.亨廷顿：《变化社会中的政治秩序》，生活·读书·新知三联出版社1989年版，第7页。

以某种方式将这类关系制度化、法制化"①。而这种有序性的实现就需要有畅通的利益表达,并有能够沟通和协调各种利益关系的制度化的机制。伴随着我国经济、社会的不断发展,阶层和利益不断分化以及公民权利意识的觉醒,政治民主化的呼声越来越强烈,民主参政的压力越来越大。然而,现有体制内政治参与渠道不畅,各种非制度化和非法的利益表达不断衍生,甚至导致大规模群体性的恶性事件的发生,严重威胁着社会的稳定。正如袁峰所言:"参政和制度化两者都处于低水平而保持稳定平衡的政体就面临未来不稳定的前景,除非政体能跟上参政的扩大。"这时就要求政治系统必须适时开拓公民参政的渠道,完善民主制度化建设,扩展政治秩序的社会基础,重建新的政治合法性根据。而民主技术的"秩序"价值就在于能够为政府与民众的沟通与协调提供制度化和技术化的路径,利于形成政治体系与社会的双向互动机制、政治文化凝聚机制、政治缓冲机制、政治协商和妥协机制等,从而增进双方的沟通与联系,消除彼此的矛盾与冲突,使政治系统保持一种开放和动态稳定的状态。在其中,政治利益表达与综合、政治产品生产和分配通畅有效,政治统治和管理行为能够始终处于协调有序的互动状态,进行着物质、能量与信息等方面的交换。在这种情况下,政治系统获得了及时对政治压力做出反应的能力,具有了释放政治能量的"安全阀"机制,从而可以避免政治动荡对社会发展的破坏,实现社会生活和政治秩序的有序化。

二、中国共产党对民主技术发展的探索历程

(一)新民主主义革命时期中国共产党对民主技术的初步实践

早在第一、二次国内革命战争时期就有了关于民主技术的尝试。选举方式有直接选举和间接选举;选举定期举行;代表人选未经充分酝酿,以主席团提名为主;以举手为表决方式等。由于当时的历史条件,没有统一规定

① [美]塞缪尔·P.亨廷顿:《变化社会中的政治秩序》,生活·读书·新知三联出版社1989年版,第1页。

的选举办法，选举程序不完备；选举办法简单，选举技术的合理性和供给严重不足。有些地方违背了选举权实现的平等、普遍和秘密的原则。如选举准备仓促，多以群众大会代替选民大会决定代表人选；选举不规范，代表实际上是推选产生的；选举采取举手表决方式；对享有选举权的条件或资格没有明确规定等。从1931年中华苏维埃共和国成立到1937年抗日战争全面爆发时期，选举制度得到了明显改善。选举的程序逐渐完备，并且更具操作性。那一时期颁布的《陕甘宁边区选举条例》，就明确规定了宣传发动、审查选民资格、进行居民和选民登记、检查政府工作、提出候选人名单、正式投票选举、选举产生乡选举机关等选举的程序和步骤，在具体的环节上如选举方式上，包括直接选举与间接选举、选区划分适应选民类型实际、选举比例上照顾城市居民和部队、实行候补代表制①、设立选举委员会②、投票规则③、无记名投票方式以及竞选等技术有了明显的进步。并且针对边区的群众大都居住在农村和偏远的山区、文化底子薄、文盲占绝大多数的事实，创造了灵活多样的选举办法。尽量使边区的每一个符合条件的公民都能投上一票，保证选举的普遍性、真实性和公正性。基本的方式是召开选民大会，集中进行投票，同时设立流动票箱，采取流动投票的方式，具体的投票办法有“票选法”“画圈法”“画点法”“画杠法”“投豆法”“投纸团法”“烙票法”“烧香点洞法”以及“背箱法”等。当然，这种比较朴素的选举方法也遭到了人们的质疑。比如当时流行的“投豆选举法”，虽方便了文化程度较低的村民，但安娜·路易丝·斯特朗在目睹这种办法后提出疑问：“豆子人人可自带，因而

---

① “(1)乡代表会，每居民20人得选举代表一人。(2)区议会，每居民50人得选举一人。(3)县议会，每居民200人得选举议员一人。(4)边区议会，每居民1500人得选举议员一人。”“不满法定人数而在法定的半数以上的，亦得选举议员一人，其人数在法定半数以下的，得选举候补议员一人。”“各级选举得按照当选人数，选出三分之一的候补议员，候补议员出席议会时，有发言权无表决权，候补议员以得票的次数充之。”引自《陕甘宁边区选举条例》，1937年5月23日《新中华报》第3、4版。

② “选举委员会由政府及各群众团体的代表组成，其人员以在该地工作或居住的人民为合格，遇特别情形时，可由上级政府从别处调去。”“各级政府现任长官不得为各级选举委员会委员。”引自《陕甘宁边区选举条例》，1937年5月23日《新中华报》第3、4版。

③ “乡长、区长、县长、边区长官，边区法院院长由各级议会选举，但须得到出席议员三分之二以上的同意。”引自《陕甘宁边区选举条例》，1937年5月23日《新中华报》第3、4版。

从中作弊的可能性愈大，选举的真实程度愈低。”①

在政体设计方面，新民主主义革命时期共产党领导的政权体制的设计主要有三种：一是苏维埃代表大会制。苏维埃代表大会既是议事机关，由它制定法律，议决大政方针；又是执行机关，由它直接组织行政部门，贯彻执行它所制定的法律和做出的各项决议。苏维埃代表大会的监督内容主要有以下两个方面：首先，苏维埃代表大会对于行政、审判机关实施法律所进行的监督。并且，苏维埃代表大会还对司法机关实施监督权。全国苏维埃代表大会作为国家最高权力机关，无论是国家的最高行政机关，还是最高司法机关都不能超过或平行于它。苏维埃代表大会对司法部门也要实施监督权。所以，全国苏维埃代表大会及其执行委员会对所颁布的民事、刑事及诉讼等法律、法规的执行情况以及司法机关对有关案件的判决、裁定和决定进行监督；地方苏维埃代表大会及执行委员会对地方法院的司法机关进行监督。二是“两权半”政权形式，即边区政权由参议会、政府和法院三部分组成。参议会是边区的权力机关、立法机关和民意机关，区、县、乡三级参议会有选举产生各级政府，监察、弹劾各级政府工作人员，创制和复决重大事项之权，边区参议会有创制边区单行法规之权。政府由参议会选举产生，接受参议会的监督，同时，对参议会也有一定的制约权。它们既互相独立又互相制约，结合而成边区的各级政权机构。法院是边区的司法机关，一切有关的司法工作均由高等法院负责。虽然在行使司法职权时法院是独立的，但在政治上、行政上受政府领导，只是“半独立”。② 陕甘宁边区这种“两权半”（即立法、行政的独立和司法的“半独立”）的政权结构模式，符合边区的客观实际，在当时是相当民主的。三是“三三制”政权形式。即在各抗日民主政权（政府机关和民意机关）负责人员的构成比例上，共产党员（代表工农阶级）、非党左派进步分子（代表小资产阶级）、不左不右的中间分子（代表中间资产阶级和地主阶级的左翼开明绅士）各占1/3。这种政权设计是建立在对阶级结构客观深刻认识基础上的政治构架，真正体现了政权的民主性质；是根据地进行中国特色民主政治建设的开创性尝试，显示了中国共产党建设一种

① 李寿葆等：《斯特朗在中国》，生活·读书·新知三联书店1985年版，第190页。

② 参见李智勇：《陕甘宁边区政权形态与社会发展》，中国社会科学出版社2001年版，第25—32页。

中国特色的民主政治的诚意；是毛泽东实事求是的杰作。[1] 当时林伯渠也认为："中国完全有可能由这'三三制'坦途走向民族解放以至于最终的人类解放。"[2]有的人甚至认为，只需在"三三制"的基础上稍加完善，辅之以民主建设，就能有一个比西方三权制科学实用得多的政治构架。由于种种原因没有能够继续坚持下去的"三三制"，在如何建立一个包容性更强、代表性更广泛的政权方面，为后来新中国的政权建设提供了有益的借鉴。

中国共产党对于监督技术的探索始于党内。由中共五大第一次选举产生了中央监察委员会到中央及地方各级监察委员会的设立，使中共的自身建设及党纪党法的权威有了相应机构作为保证。《中国共产党第三次修正章程决案》阐明了监察委员会的职权范围，以及它与党委会基本平行的关系："中央及省监察委员，得参加中央及省委员会议，但只有发言权无表决权。遇必要时，得参加相当的党部之各种会议"；"中央及省委员会，不得取消中央及省监察委员会之决议；但中央及省监察委员会之决议，必须得中央及省委员会之同意，方能生效与执行。遇中央或省监察委员会与中央或省委员会意见不同时，则移交至中央或省监察委员会与中央或省委员会联席会议，如联席会议再不能解决时，则移交省及全国代表大会或移交于高级监察委员会解决之"。[3] 党内通过不同机构的设立以及权限的划分，初步确立了一套两委基本平行、互相制约的监督模式。此后由各级党委会通过专门监督机构行使的机制得以确定和延展。从"三三制"政权的外部来看，形成了适当的权力约束机制。各根据地的最高权力机关是边区参议会，参议会对同级政府领导人和司法部门负责人有选举、罢免、质询、弹劾的权力。而在参议会闭会期间，由参议会选出并对参议会负责的政府委员会，就是该级政权的最高权力机关。在各抗日根据地，各级政府及其工作人员时刻受到人民的监督。这种监督不仅体现在按照各根据地参议会组织法和政府组织法的规定，人民可以对他们的代表（参议员）和行政司法人员进行监督、检

---

① 陈先初：《抗战时期中国共产党民主建政的历史考察》，《抗日战争研究》2002年第1期。

② 转引自张生、袁新国：《实体民主与程序民主的历史观照——中共抗日根据地民主实践透视》，《江苏社会科学》2001年第3期。

③ 《中国共产党党章汇编》，人民出版社1979年版，第29—30页。

察、批评、控告、罢免，而且还体现在日常的生活当中。不仅允许群众自由批评政府，而且政府也自觉接受群众的批评监督，并为之提供必要的渠道。如果把“三三制”政权看作一个大系统的话，政权中的三个“三分之一”便是子系统。三个子系统分属于不同的阶级和阶层，反映本阶级或阶层的意志。每个子系统中的人们受其他两个子系统的约束或牵制，在最大限度内通过努力工作实现自我利益。三个子系统为了更好地反映本阶级或阶层的利益，形成政权内部的良性竞争，从而增添了一种无形的制约，更显“三三制”的合理性与科学性。① 在社会监督层面，毛泽东深信人民群众的力量，他指出：“只有让人民来监督政府，政府才不敢松懈。只有人人起来负责，才不会人亡政息。”②

（二）改革开放前中国共产党对民主技术的曲折探索

新中国成立之初，由于普选的条件暂不成熟，根据《共同纲领》的规定，中国人民政治协商会议继续代行全国人民代表大会的职权，中央人民政府暂时行使国家最高权力，允许条件成熟的地方各界人民代表会议代行地方人大的职权。各界人民代表会议的代表产生要经过三个程序：分配代表名额；按规定名额和时间通过选举、选派、邀请等方式产生代表；本级人民政府审查确认代表资格有效。选举均采取举手表决方式。由于中国大多数群众不识字，过去没有选举经验，对选举的关心和积极性也不很充分，因此普遍、平等、直接、无记名投票的选举方式还不能采用。1953 年 2 月 11 日，中央人民政府委员会第 22 次会议审议通过《中华人民共和国全国人民代表大会及地方各级人民代表大会选举法》。这是我国历史上第一部比较完备的社会主义类型的选举法。这部《选举法》共分 10 章 66 条，对各级人大代表的选举原则、组织机构、选举方式和程序、选区划分、选民登记、代表候选人的提出、代表名额、选举经费、违反行为的制裁等问题做了明确规定。主要内容包括：除地主阶级分子、反革命分子被剥夺政治权利外，初步实行普选制；乡镇、市辖区和不设区的市人大代表由选民直接选举，县级以上各级人大代

① 参见刘明华：《“三三制”政权制衡机制的考察及启示》，《中共济南市委党校济南市行政学院济南市社会主义学院学报》2000 年第 8 期。

② 黄炎培：《八十年来》，文史资料出版社 1982 年版，第 148—149 页。

表均由下一级人大会议递次选举；采取举手表决或无记名投票方法；选举按居住状况划分选区；选举采取等额选举办法；对妇女、少数民族、解放军和华侨等特殊群体的选举权予以专门规定；各级人民政府均成立选举委员会，负责同级人大选举事务；选举经费由国库开支；依法制裁违反选举法的行为等。①

但1957年反右派斗争扩大化不但严重地损害了国家政治民主生活的正常秩序，也给我国对民主技术的探索和尝试带来了深刻的消极影响，表现在：人大地位和影响急剧下降，换届改选不再严格执行，选举活动很不正常，带有很大随意性，民主色彩日渐淡薄。特别是“文化大革命”时期，“左”倾错误思想泛滥，民主技术尤其是选举程序遭到肆意破坏。1975年1月召开的第四届全国人大共2885名代表参会，没有一名是真正经选举产生的，都是由中央各部门和各地革命委员会“协商”产生。地方各级人大常设机构不复存在，代之以党政群合一的所谓“革命委员会”，其成员均是自上而下指定产生，毫无民主选举可言。在“文化大革命”中实行的“大鸣、大放、大字报、大辩论”徒具民主形式，实为违反民主之真义。

这一时期决策民主技术的发展受到了严重阻碍。主要表现在党和国家的决策上依赖于领袖个人的超凡魅力，缺乏以理性为基础的法定民主规则和程序。“文化大革命”追求形式的“大民主”，而忽视必要的规则和程序，使得民主精神严重扭曲，“大民主”发展为“大动乱”。新中国成立初期，党和国家在决策时比较注重集体领导，协商决策。邓小平曾经指出：“从遵义会议到社会主义改造时期，党中央和毛泽东一直比较注意实行集体领导，实行民主集中制，党内民主生活也比较正常。”②但从1957年反右派斗争扩大化、1958年毛泽东严厉批评反冒进以后，“党和国家的民主生活逐渐不正常，一言堂、个人决定重大问题、个人崇拜、个人凌驾于组织之上一类家长制现象，不断滋长”③。1958年3月，毛泽东在成都会议上指出：“个人崇拜有两种，一种是正确的个人崇拜，如对马克思、恩格斯、列宁、斯大林正确的东西，我

① 参见刘晓丁：《选举制度在我国的历史演进》，《山东省农业管理干部学院学报》2007年第3期。

② 《邓小平文选》第2卷，人民出版社1994年版，第330页。

③ 《邓小平文选》第2卷，人民出版社1994年版，第330页。

们必须崇拜，永远崇拜，不崇拜不得了。……另一种是不正确的崇拜，不加分析，盲目服从，这就不对了。反对个人崇拜的目的也有两种，一种只反对不正确的崇拜，一种只反对崇拜别人，要求崇拜自己。”①并主张要有正确的个人崇拜，从此，个人崇拜迅速在全党全国发展起来。中央委员会主席同政治局委员及其常委之间的关系，变成了领导与服从的关系。主要表现在党内制度遭到破坏，党的领导人的个人意志取代了集体决策的制度。在持续十年之久的“文化大革命”中，党的组织和国家政权受到极大削弱，大批干部和群众遭受残酷迫害，民主集中制被肆意践踏，无政府主义、极端个人主义、派性严重泛滥。决策的专制化和非程序化在这一时期达到顶峰，毛泽东个人领导实际上取代了党中央集体领导。

在监督制衡技术方面，新中国成立初期的中国人民政治协商会议就是一种体现民主监督的政体，这个时期的政协是由各党派和无党派及民主人士组成的临时国家权力机关，各种社会力量在这个机构中，既共同参与国家事务的决策管理，又能互相监督制约。这个时候党还比较重视发挥人民群众和新闻舆论的监督作用，1950 年党中央作出《关于在报刊上展开批评和自我批评的决定》，号召广大人民群众通过报纸等方式，对党和国家实行监督批评。同时国家对行政监察和检察机关的法律监督也比较重视，人民监察委员会是当时中央人民政府设立的四大委员会之一，专门负责监察行政机关及其工作人员是否遵守法律和正确履行职责。国家还设立了最高人民检察署，负责对行政机关、公务人员和所有公民进行严格遵守法律的监督。1955 年党的全国代表会议和 1956 年党的八大会议产生了中央监察委员会，使当时党内的监察制度得到了加强。到了 1957 年，领导体制的监督体制和机制不仅没有健全和完善起来，原有的机制还受到很大程度的削弱。第一，由于各级政府向党的机关负责，因而国家权力机关不可能真正对它实行一般监督。第二，司法监督体系不再向国家权力机关负责，而是向各级党委负责，司法审判失去独立性，党委的指示成为审判依据。第三，权力监督体系融于党的监督体系，1959 年国家监察部撤销，其业务归党中央监委；地方各级监察机构和上级监察机关派出的监察组亦随之撤销，并入各级党的监察机关。这一时期群众监督的方法具体化为群众运动，导致了严重后果，

① 《毛泽东文集》第 7 卷，人民出版社 1999 年版，第 369 页。

也是不可取的。

(三)十一届三中全会以来民主技术的较快发展

十一届三中全会以来,在领导认识不断深化的情况下,民主技术得到快速发展。首先,在选举技术层面,1979 年通过的《选举法》与 1953 年《选举法》相比,取得的重大进步包括:除依法被剥夺政治权利者外,基本实现普选;直接选举由乡级扩大到县级;把等额选举改为差额选举;表决方式全部实行无记名投票;按居住状况、生产单位、事业单位、工作单位划分选区;代表候选人提名方式除政党团体提名外,增加选民或代表联合提名,并允许用各种合法形式宣传代表候选人;对如何监督、罢免和补选人大代表增设专章予以规定等。1982 年 12 月 2 日,五届全国人大五次会议在总结三年来选举实践经验的基础上,根据即将通过的新宪法的基本精神,决定对 1979 年《选举法》做首次重大修改:缩小城乡每一代表所代表的人口数比例差距;对代表候选人的宣传和介绍限定在选民小组会议上;具体规定另行选举的当选票数;全国人大和归侨较多的地方要有适当名额的归侨代表等。1986 年 12 月 2 日,六届全国人大常委会第十八次会议根据改革开放的实际情况,对《选举法》再次作重大修改,以进一步规范选举制度。主要内容有:加强县乡选举的领导;采取基数加人口比例的办法核减各级人大代表的名额;简化选民登记手续,采取"一次登记确认,长期有效"的办法;将联名推荐代表候选人的法定人数由 3 人以上改为 10 人以上;取消通过预选确定等额正式代表候选人的规定;降低直接当选的票数;允许旅居海外的中国公民在选举期间回国参选等。1995 年 2 月 28 日,八届全国人大常委会第十二次会议为适应政治体制改革和经济体制改革的需要以解决选举实践中遇到的新问题,对《选举法》做了第三次重大修改:明确规定县级人大常委会领导乡级选举委员会工作;具体规定各级人大代表名额基数及增加比例;再次缩小城市和农村每一代表所代表的人口比例;确定划分选区的标准;恢复代表候选人的预选制度;规定代表罢免的具体程序;增设县乡人大代表辞职的规定等。2004 年 10 月 27 日,随着十届全国人大常委会第十二次会议正式通过选举法修正案。此次选举法修正,对推荐和确定候选人这一选举的首要环节进行完善,引入了预选程序。修改后的《选举法》特别增加规定:"选举委员会可以组织代表候选人与选民见面,回答选民的问题。"这一变动,构筑起了选民与候选人的对话平台,候选人将由此真正走向选民,寻求自己所代表的选民群体的支持,选民也将由此真正检测候选人,正确选择自身利益的代言人。这种互动的选举关系,正是提升选举质量的关键所在。[①] 表现在党内民主选举上,"完善党内选举制度,改进候选人提名方式,适当扩大差额推荐和差额选举的范围和比例",并要求"逐步扩大基层党组织领导班子成员直接选举的范围",在十七大代表选举工作中,不仅公开了党代表条件、选举产生程序等重要内容,且公开了代表名额如何分配、选举单位如何划分、代表构成比例和差额比例等基层党员关注的细节等,使党内选举制度有了新的突破。

十一届三中全会以来,党还逐步注意了决策程序的科学化,注意从程序方面进行民主建设。比如,中央在制定大政方针政策前都要邀请各民主党派中央领导人参加各种民主协商会、座谈会、情况通报会。调查研究、征求意见在先,集体讨论、修改定论在后;定量数据在先,定性评判在后;议论纷纷在先,择善而从在后。为了进一步推进决策民主程序的建设,党的十六大报告中关于改革和完善决策机制,提出"各级决策机关都要完善重大决策的规则和程序,建立社情民意反映制度,建立与群众利益密切相关的重大事项社会公示制度和社会听证制度,完善专家咨询制度,实行决策的论证制和责任制,防止决策的随意性";在深化行政管理体制改革中,提出"推行电子政务,提高行政效率,降低行政成本,形成行为规范、运转协调、公正透明、廉洁高效的行政管理体制";在深化干部人事制度改革中,提出"扩大党员和群众对干部选拔任用的知情权、参与权、选择权和监督权";在加强对权力的制约和监督中,提出"建立结构合理、配置科学、程序严密、制约有效的权力运行机制,从决策和执行等环节加强对权力的监督,保证把人民赋予的权力真正用来为人民谋利益",等等。

在监督民主方面,中共十一届三中全会以来,随着我国民主法制建设的发展,党和国家的各种监督制度建设重新得到了重视,并获得了较大的恢复性的发展。表现在:人民代表大会的监督权和宪法监督原则得到了确立,司法监督和行政监察制度也得到了恢复和发展。1986 年我国恢复建立了国

---

① 参见刘晓丁:《选举制度在我国的历史演进》,《山东省农业管理干部学院学报》2007 年第 3 期。

家监察部，党内纪律检查制度在较短的时间内也得到了健全和完善，特别是社会监督越来越受到人们的重视和广泛参与，人民群众通过各种新闻媒介和批评、举报方式揭露国家机关及工作人员的官僚主义和违法行为。党的十六大则明确提出要建立结构合理、配置科学、程序严密、制约有效的权力运行机制，表明了新时期监督民主技术的发展走向。

三、当代中国民主技术的发展现状分析

(一)当代中国民主技术的发展成就

就民主技术而言，中国的政治生活是要在更庞大人口、更庞大领土上，在更复杂的现代事务的治理上，在不照搬西方政治模式上，实现人民民主的价值目标，对政治生活采用的民主技术要求更高。改革开放以来，在总结历史经验的基础上，中国的民主政治建设已经开始转变思维，从过去过分宣传民主价值，到开始关注民主技术在民主政治建设中的重要作用，如全面地推进差额选举，以秘密投票取代公开投票，通过建立电子投票系统以改善秘密投票的条件等。随着党和政府对民主技术重要性的认识越来越深入，不管是在理论层面还是在实践层面，民主技术的发展都取得了不小的成果，对中国特色社会主义政治制度的有效运行起到了非常重要的作用。

第一，理论研究层面。

由于我国民主政治发展起步比较晚，对民主技术的探索虽然从清末就已经开始，但是大多只停留在原则精神等理念层面，没有真正被民众所掌握。究其原因，一方面在于民主技术所依赖的经济、社会和文化等外部政治生态环境不成熟，民众还不具备与民主技术相适应的民主规则、民主程序及其相应的民主意识等。另一方面也在于对于民主技术的研究不够，长期以来停留在民主价值层面的宣传和讨论，过分重视价值理性而忽视工具理性，没有从细节出发来推动民主的发展，导致民主的理想与现实仍存在巨大差距。因此，改革开放以来，伴随着思想的解放，我国开始对西方的民主技术进行学习和借鉴，并依据我国国情进行理论研究，取得了一些成果。国内的学者如桑玉成、秦德君、何俊志、王焱、钟宜、李俊、李永洪以及笔者等都对民

主技术进行了理论方面的阐释，力图填补当前我国在民主技术研究方面的严重不足。景跃进、谢蒲定等则根据当代中国国情，对民主技术特别是选举民主技术的具体环节如选区的划分、候选人提名和确定等进行深刻剖析。此外，当前国内外学者如宋迎法、何宝钢等加强了对电子民主技术和协商技术①的研究，也取得了一定的成果，这些都对当前我国民主技术的发展具有重要的指导意义。

第二，实践探索层面。

经过改革开放以来 30 多年的发展，我国不仅在交通、通信技术上取得重大发展，解决了人民开展民主生活所必需的物质技术问题，而且还将大量科学的技术和管理方法应用于民主实践，如将电话技术、网络技术、统计方法、表决方法、投票方法以及选举中的海选、公推公选等应用于民主实践。更为重要的是，代议民主在程序、技术层面不断完善，初步形成了较为完整的民主技术体系，保证了现代民主的实现。具体说来，主要表现在选举民主技术、决策民主技术和监督民主技术在内的三大民主技术体系的完善。

首先，在选举民主技术方面，经过 1982 年、1986 年和 1995 年三次对选举制度的调整，已经形成关于选举组织工作、选举过程和选举的监督与救济相关的技术体系。具体来说，在选举委员会设立、选区划分、选举方式、候选人的提名与确定、选民投票、选票计算、选举结果的确认以及选举的监督与救济上都有了明确的技术规定，使得选举技术的各个环节基本完整，在某种程度上保证了选举的正常进行。如选举方式已经有直接选举与间接选举相结合的方式、等额选举与差额选举的方式、举手表决和无记名投票方式。候选人的提名一般有政党提名、人民团体提名和选民自荐三种方式。人大代表的间接选举实行“两个过半数”的原则方能当选，一个是选区全体选民的过半数参加投票，选举有效；一个是代表候选人获得参加投票的选民过半数的选票时，以得票多的当选。如遇票数相等不能确定当选人时，应当就票数相等的候选人再次投票，以得票多的当选，也就是采取相对多数制。在直接选举中，选票的计算采用绝对多数制、相对多数制，如没有票数相等无法确

---

① 包括协商民意测验、公民陪审团、专题小组和大规模协商大会四种主要的协商方法。参见何包钢：《协商民主：理论、方法和实践》，中国社会科学出版社 2008 年版，第 85—99 页。

定当选人的情况出现时，就只采用绝对多数制的方式计算选票。随着科学技术的发展，电子技术、网络技术越来越多地被运用到民主政治实践中。

其次，在决策民主技术方面，也初步形成了关于民主决策的程序、决策规则和议事规则决策方式等方面的技术。如设立了信息表达与收集、咨询论证、协商表决、纠错修正、监督追究的决策程序，并且在相关环节上有更具体的技术支持。在党的十六大报告中就明确提出“各级决策机关都要完善重大决策的规则和程序，建立社情民意反映制度，建立与群众利益密切相关的重大事项社会公示制度和社会听证制度，完善专家咨询制度，实行决策的论证制和责任制，防止决策的随意性”。2009 年 4 月 24 日，十一届全国人大常委会第八次会议一次审议通过了关于修改《中华人民共和国全国人民代表大会常务委员会议事规则》的决定，对会议的召开、议案的提出和审议、听取和审议工作报告、质询、发言和表决等环节都给予明确的规定，有利于进一步规范议事程序，提高议事效率。决策方式一般有两大类：一类是协商的技术，如价格、立法听证会、民主恳谈会、参与式预算会等；另一类是集体决策的技术，一般坚持“集体领导、民主集中、个别酝酿、会议决定”的原则，并规定了重大问题和人事问题实行票决制等。

再次，在监督民主技术层面，初步形成了包括人大监督、司法监督和党际监督在内的国家层面的权力制约体系，在社会监督、新闻舆论监督和网络监督技术等方面也有了一定的发展。在加强依法治国，强调法律技术对权力制约的同时，进行道德和思想教育，通过学习“三讲”“三个代表”“先进性教育”等技术性手段，从思想层面强化道德的制约作用，等等。三大民主技术体系的完善，为保障社会主义民主政治的良好运行提供了强大的技术支持。

最后，在科学技术的运用方面，电子信息技术也被广泛应用到政治生活领域，对选举、决策、管理与权力制约都起到了很大的作用。比如，电子表决器已经在很多场合被广泛应用。自 2004 年以来，深圳、杭州、青岛等经济发展程度较高的城市先后开发了“行政审批电子监察系统”“政务实时监督系统”“政府行政权力规范运行检查系统和纪检监察机关业务运行监督系统”，将行政监察与信息技术结合起来，提高了行政监察的效率和约束力。广东、四川等省人大积极探索实行“在线预算监督”，通过与政府财政部门预算管理系统联网和资源共享，初步实现了对政府各部门预算执行情况的实时监控,提高了人大预算监督的效力。可以看出,信息技术的运用,在一定程度上增强了权力运行的透明度,减少了权力使用的随意性,较好地发挥了对政府权力的制约功效。

近些年来,随着人们对民主技术重要性的认识进一步深入,在民主政治实践中加大对民主技术的创新,一系列民主技术的创新成果如电子计票技术、民主恳谈会、议事会、党代表大会常任制、公推直选、三票制、党务公开、民主测评、民主恳谈会、说事制度、无职党员定岗制、全程代理制等如雨后春笋般在各地涌现,极大地丰富了我国的民主技术形式,有效地促进了各地民主政治的良性发展。

(二)当代中国民主技术的发展困境与影响

从总的方面讲,当代中国民主技术的发展困境主要表现在供给不足、合理性不够以及人为操作导致的形式化严重,从而影响了社会主义民主价值的实现。

第一,民主技术的有效供给不能满足民主政治发展的现实需求。

随着民主价值理念逐渐深入人心,民众要求在现实层面实现真正的民主权益的吁求也越来越高涨,但如何使当代中国的民主政治发展在时间上渐进、空间上可控,发展民主技术是较为可能与可行的路径。但从民主技术的发展现实来看,显然与需求有相当大的距离,许多现实民主问题都需要去破解、去完善。从宏观层面上看,比如如何通过政治设计处理和协调好“党、政和法的关系”,解决好“人大与‘一府两院’的关系以及‘一府两院’之间分工、协作和相互制约的关系”;①如何加强对权力运行结构的设置以推动权力监督与制约的有效性等;从具体操作层面上看,比如如何在选举中引入竞争机制和竞选技术,如何在政府重大决策中引入辩论机制和听证机制,如何将现代科学技术合理嵌入民主过程的各个环节等,以推动民主选举、民主决策和民主监督的透明性、有效性。民主技术这种供给与需求的矛盾,既反映了目前对民主技术的研究和探索不够,也更需要党和国家通过政治体制改革去突破。如果这种矛盾不能得到有效解决,从微观层面看,将会影响民主过程的规范性、合法性与民主治理的有效性;从宏观层面看,将会延缓中国

---

① 钟宜:《民主的技术分析及其现实意义》,《求实》2008 年第 4 期。

民主政治的发展进程，从而影响整个社会的全面进步。

第二，合理性不够导致民主技术运行的低效能。

民主技术的合理性不足主要体现在运行中的民主性、公正性与效率不够。造成这种困境的原因，一方面缘于研究和探索不够，另一方面还在于缺乏对民主技术的合理评价，即价值合理性与工具合理性的综合评价。如在选举层面，人大常委会主持并具体办理选举事务的设置导致了选举委员会的二律背反的地位；选举过程中原则上不鼓励竞选技术的使用；选举法中对于选票设计、计票程序缺乏统一性规定；投票规则的制定有些随意，没有根据投票规则对民主性与效率进行合理确定，比如从简单多数规则到三分之二，再到四分之三规则的变动，虽然会更体现民意，但效率低，成本会很大。在决策层面，决策系统内部结构不合理，决策程序与规则中缺乏必要的辩论、商讨和听证的程序；全国和地方人大"普遍存在的代表人数过多"①，远远超出了有效民主决策的范围。一般来说，代表人数和决策的民主性重要相关，没有一定人数不能体现民主性，但并非人数越多越民主，超过适宜规模的人数增加反而削弱决策的效率。罗伯特·达尔将这种矛盾称为"公民参与和体制效率之间的两难"②。在监督层面，权力结构设置不合理，权力过于集中，权力结构处于失衡状态；监督主体缺乏独立性，监督客体内部监督错位。民主技术在实践中所呈现出的这种不合理性，在某种程度上也为民主技术的运行提供了暗箱操作、违法操作的条件，往往会导致民主结果的不真实，甚至造成民主过程的失败，从而严重影响民主技术的实际功效。比如目前我国由政府牵头举行的各类听证会正面临着严重的公共信任危机：谁来主持听证、如何选择参加听证会的人员、听证程序如何进行、如何选择听证议题等，这些看似细节的问题往往左右了听证会的结果，直接影响其公正性和公信力。正如一位学者指出的："民主起步于细节中，也发展于细节中。"③

第三，运行过程受到人为干扰或操纵，从而使民主技术表现出严重的形

---

① 西方国家两院议员加在一起一般在500人左右，中国全国人民代表大会代表3000名左右，另外具有参政议政职能的全国政协委员还有2000名以上，规模十分庞大。

② ［美］罗伯特·达尔：《论民主》，商务印书馆1999年版，第116页。

③ 邓聿文：《当民主成为生活的习惯》，《学习时报》2006年4月24日，第3版。

式化甚至异化。

尽管民主技术具有规范性、可预见性与可操作性的特点，但作为一种工具理性，也不可避免地存在自身无法回避的缺陷。如互投赞成票、中位投票、孔多塞“投票悖论”等，即使技术本身被严格执行，其结果也有可能是无法预料的，甚至是相反的。加上民主技术运行的生态环境发育不成熟，民主技术的这种工具性意义就会被放大，从而使其实际的运作遭到变通操作或违法操作，使民主技术的运行偏离既有的轨道，最终导致民主技术的形式化运作甚至结果的异化。民主技术非但没有成为实现民主价值和原则的工具，反而异化为一种少数人为实现个人私利或企图的操作工具。在选举技术层面最大的问题是，技术和程序被有关领导主导，形式化和变相的委任制大量存在。比如等额选举、“戴帽”选举以及形式上的差额选举，都未能真正体现民众的真实意图，挫伤了群众对选举的热情，出现“选举疲劳症”，甚至“厌选”情绪。恰如有学者指出的那样，“在中国现实的政治体制环境下，一些地方的民主活动从表面看轰轰烈烈，最后却往往演变成一场令人失望的‘民主秀’”①。选举过程中的选区划分、选票设计、划票方式和计票规则等技术都可能因领导意志的干预而效力失真。例如，在间接选举中，有的在选票设计上做文章，对“赞成”的不做任何记号，要求“反对”“弃权”的做记号，这样代表就不敢动笔，更不敢到秘密划票间去划票；更有甚者，在代表座位上做文章，每隔三五名代表安排一名党政领导代表，对代表造成一种被监视的实际压力，或用摄影机对准代表，对代表划票进行监视，迫使代表不敢投反对票，等等。在决策层面，长官意志对民主程序和技术的控制，使决策非民主化。受传统思维的影响，官本位意识导致不少决策是“一把手”控制下的形式民主；为了效率往往会选择个人决断而抛弃民主技术的使用；甚至利用“专家论证”来堵塞人言，压制民主。有学者将这种使用民主决策技术反而不民主的现象归为“‘民主抒言、一锤定音’、‘先入为主、百鸟朝凤’、‘有难民主、有利独断’、‘专家代言、遮人耳目’”②等类型，是对当前决策民主技术人为操作的真实写照。这种局面如果得不到改善，不仅会挫伤民众政治参与的积极性，影响政治过程的合法性，严重的将会激化社会矛盾，引发大规

① 阿计：《民主需要技术》，《政府法制》2006年第5期。

② 阿计：《民主需要技术》，《政府法制》2006年第5期。

模群体性的恶性事件发生，严重威胁着社会的稳定。2011年广东省汕尾市乌坎村发生的群体性事件就是一个典型的例证。

(三)当代中国民主技术发展困境的原因分析

从民主技术生长与发展的历史来看，民主技术的良性发展不仅需要一种工具理性的文化传统作为思想基础，还需要政治体制、经济与物质技术基础、公民素质等作为其运行的社会生态基础，更需要完善的动力机制为其发展提供持续的动力。然而比较遗憾的是，正是在这几个方面存在不足，致使当代中国民主技术的发展创新陷入一定的困境。

第一，受传统文化影响，缺乏工具理性思维。

在政治生活中，工具理性的存在意义在于可以用规范性、程序性、制度性、可操作性、实效性的规则体系、技术手段、途径方法来消除乌托邦式的政治狂热、意志欲望支配下的人治政治、缺乏规范与制约的政治运作，使政治过程的运行可预测、可控制。正如马尔库塞所说："工具理性这个概念也许本身就是意识形态的。不仅是技术的应用，而且技术本身，就是(对自然和人的)统治——有计划的、科学的、可靠的、慎重的控制。"①这种工具理性思维的形成，在很大程度上需要理性文化、民主文化潜移默化地影响。在这一点上，正是中国传统文化的一种缺失。美国著名汉学家列文森曾说过，中国传统人文精神的实质内涵乃是对人格理想的终极目的性价值追求，而不是对某种人事之工具价值的追求。② 这种以"尚德""为道"为主旨的传统文化取向必然崇尚价值理性，使得我国缺乏工具理性得以形成的知识论框架，缺乏抽象还原、定量计算、准确预测和有效控制的技术逻辑。因而在思想上就会拒斥和鄙视蕴含工具理性特征的科学知识和技术发明，甚至将其蔑称为"奇技淫巧"。受此传统文化精神的熏染，当代中国的民主政治发展所表现出来的倾向于宏观层面的价值讨论，忽视民主技术的研究与创制，进而导致有效的技术供给不足，甚至制度和程序的空虚化与模糊化，原因就在于政治

① [美]马尔库塞：《现代文明与人的困境——马尔库塞文集》，上海三联书店1989年版，第81页。

② 万俊人：《儒家人文精神的传统本色与现代意义》，《浙江社会科学》1998年第1期。

工具理性的缺乏和落后。[①] 工具理性的缺乏和落后还与传统文化影响下规则意识与公共精神的缺失密切相关。规则意识以公开、透明、民主、平等为价值指向，与各种形式的特权意识、“潜规则意识”与僭越行为、暗箱操作是根本对立的。“规则意识既是政治制度化、规范化发展的思想先导，更是它的心理基础和思想支撑。没有规则意识的文化支撑，理性的制度规则体系就难以巩固和维持，政治制度化便不能健康发展。”[②]对此英国学者英格尔斯曾指出：“如果一个国家的人民缺乏一种能赋予这些制度以真实生命力的广泛的现代心理基础，如果执行和运用这些现代制度的人，自身还没有从心理、思想、态度和行为方式上都经历一个向现代化的转变，失败和畸形发展的悲剧是不可避免的。”[③]中国权威主义的政治文化传统常常缺乏理性商讨，特权意识浓厚，表现为经常性的僭越规则，缺乏包容心，如遇分歧，往往诉诸权威、强权来统一意见。当规则合乎自己的利益和心思的时候，便把它高高举起；当规则不合乎自己的利益和心思的时候，则把它踩到脚下。在民主实践中就会表现出缺乏民主自制和实践理性，使许多制度流于空谈和各种权谋、潜规则大行其道。权谋与潜规则的合流，又会不断强化民主技术的工具性意义，仅仅将其作为一种控制社会或达到某种利益的手段，使技术蜕化为一种权术，纵使有着正常的民主技术操作程序，也会徒有其表，形式超越了意义。可见，缺乏对规则尊重与认同的心理基础以及公共精神，就很难形成对民主技术的认同与创制，民主技术在运用过程中的人为变通或违法操作就不难理解了。在民主实践中，权力部门的强势威胁和利益要挟，“领导意志”的横加干预和操纵，以及形形色色的拉票、贿选、暗箱操作等伎俩，都会使民主技术的功效大大降低，使民主的真实性大打折扣。难怪有学者指出：“民主技术的使用可以大大消解甚至完全消解民主价值的真正实现。民主成为可控民主，成为客体民主。而这背后，正是民主理念的缺失和民主制度的不成熟。”[④]

---

① 刘小兵：《工具理性 实现机制 制度创新——关于“三个代表”与制度创新的理论思考》，《桂海论丛》2006 年第 3 期。

② 何颖：《政治学视域下工具理性的功能》，《政治学研究》2010 年第 4 期。

③ [美]英格尔斯：《人的现代化》，四川人民出版社 1985 年版，第 8 页。

④ 吴海红：《价值理性和工具理性视角下当代中国民主建设解析》，《上海行政学院学报》2009 年第 7 期。

第二,创新主体推动民主技术发展创新的动力不足。

在目前的民主政治实践中,民主技术的发展创新动力原主要源自创新主体内在的动力和外在压力与体制的驱动。从创新主体来看,地方政府以及政府官员实际上成为民主技术创新的主导力量,决定着制度供给的方向、速度、形式和战略安排。而非政府主体只有经过政府主体的批准才能从事制度与技术的创新,处于从属的地位。因此,考察地方政府和政府官员对待民主技术发展创新的态度与方式,更有利于我们理解我国当前民主技术的发展困境。具体说来有以下几个层面:一是利益结构调整带来的阻遏。就目前来说,物质性的利益刺激、公众形象与社会声誉的提升、政治升迁的激励都在某种程度上成为民主技术创新的动力源,但这并不能排除政治精英自身的政治信念、抱负和责任所带来的推动力。之所以强调利益因素,是因为利益问题是一切政治运动和政治发展的起点、目的和归宿。也如马克思所言:“人们奋斗所争取的一切,都同他们的利益有关。”[①]从利益层面考察更具根本性的意义。民主技术的发展创新实质上既是一种权力规范的过程,也是一种利益调整的过程。有效的民主技术创新意味着将不断扩展制度化的权力范围和效力,同时也就缩小了相关官员的权力范围,使原有的权力利益格局发生变化。[②] 也正因为如此,作为地方政府官员自身以及原有体制下的既得利益者就会消极对待甚至反对民主技术的创新。比如在澳大利亚,电视广播技术在 20 世纪 50 年代期间就能够使用,但议会没有使用,直到 90 年代,才允许使用电视报道议会的意向。正是因为官员害怕信息技术带来的公开性和透明性会使其失去权力或者对其既得利益造成威胁和损害。所以,正如马基雅维利所说:“没有什么事情比新制度的执行更加困难,没有什么事情比新制度的成功更令人怀疑,没有什么事情比新制度的管理更加危险。这是因为,那些旧制度的受益者都会把新制度的提出者看做他们的敌人,而那些有可能从新制度中受益的人也只会给他们以冷漠的支

---

① 《马克思恩格斯全集》第 1 卷,人民出版社 1956 年版,第 178 页。

② 朱红军:《倾力推民主十年触坚冰 女书记艰难试验不言悔》,《南方周末》2007 年 7 月 26 日。

持。"①二是威权主义影响下的效率倾向。民主技术通过对权力运行的规范化和程序化，既能保证一定的民主性，在操作性上也具有较高的效率。但受威权主义思想的影响，地方政府尤其是主要官员认为使用民主技术太麻烦，往往会以牺牲效率为代价，导致互相牵制、议而不决、不利于快速决策等问题，大大增大工作成本。尤其是在决策层面，参与决策的人数越多，利益目标就越分散，各种价值取向就越难以有效地聚合，决策结果就越难控制。另一方面，为了体现民主精神，必然要设置表决程序，而参与表决的人越多，表决程序就越繁琐，博弈的过程就越复杂，付出的成本也必然越高昂。相对比而言，权力集中可以最大限度地提高决策效率，能够"集中力量办大事"。于是，在思想意识里往往会选择集中而抛弃民主，在实践中表现为对民主技术的发展创新冷淡消极就不足为怪了。三是预期收益与预期风险的不确定性。民主技术创新本质意义上属于制度变迁，其过程充斥着变革的支持力量与阻碍力量的博弈，加上中央政府和地方政府在民主技术创新上的角色与预期收益不一致，其结果往往难以预料。正如思拉恩·埃格特森所说："制度变更的成本之一是对新政体将生产什么产品的不确定性。"②对于地方政府干部来说，是否突破现状、发起创新，如何平衡一项民主技术创新带来的预期收益与预期风险是他们考虑的首要问题。在我国目前的民主实践中，进行民主技术创新既可能产生推动社会进步和发展的正效应，也有给社会带来问题与矛盾的负效应。比如权力的扩散弱化了权力中心的权威性，并对权力中心产生某种潜在的威胁，以及由于利益关系的调整引发社会不稳定带来的安全隐患等，这种负效应体现为一种"(制度)风险成本"。根据风险—收益原则，当这一创新会降低权力拥有者获得的效用或威胁到权力拥有者的生存，也就是当这种风险成本大于预期收益时，地方政府官员就会倾向于选择放弃创新，或者以更低的成本和风险创造其他方面的政绩来规避可能产生的风险。

第三，现有政治体制所提供的激励导向、制度空间与持续保障不够。

从严格意义上讲，现有政治体制所提供的激励导向、制度空间与持续保

---

① [美]菲利普·施米特、特里·卡尔：《转型论者与巩固论者的观念旅程：何时能到东欧》，《经济社会体制比较》2007 年第 2 期。

② [冰]思拉恩·埃格特森：《新制度经济学》，商务印书馆 1996 年版，第67 页。

障不够属于民主技术发展创新的外在体制造成的影响因素，也可归类于动力不足的范畴，之所以单列出来详细阐述，主要是想突出当前我国民主技术发展出现的困境，有很大一部分原因是我国现有政治体制某些方面存在的不合理和不完善。首先，从激励导向上看，目前干部考评机制的逆向激励容易诱发机会主义倾向，使民主技术创新的形式化严重。何增科教授在谈到中央与地方政府进行制度创新动因的不同之处时指出，“中央政府预期的政治收益主要是实现长治久安。而地方政府预期的政治收益都来自上级政府，这是因为在自上而下的任命制下，地方政府官员的升降奖惩都取决于上级政府，上级政府所规定的政绩考核指标和各种‘一票否决制’，对地方政府官员的行为起着引导作用”①。正是这种逆向的干部激励机制加上对民主技术创新风险的不确定性，趋利避害的行为取向使得下级政权在民主创新的过程中，对于那些难度大、风险高的核心技术创新，要么“有心无力”，要么就打打“擦边球”，而不是正面进行实质性变革，反而会在那些无伤大雅的民主技术上“不断创新”，搞一些不实用的花架子，因为这类创新既无需承担风险，还有可能获得很高的民主声誉，为其赢得民主政绩。正如学者吴海红指出的：“在民主大势所趋的情况下，某些掌权者虽然不想真正去维护民主，但又不得不做做民主的样子。于是，就在民主的技术上大做文章。”②使得民主技术只具有形式上的意义，甚至还会强化固有的不平等和不公正的权力结构关系。其次，从制度空间上看，目前各地的民主技术创新很难超越现有的政治制度的框架，进而使民主技术发展创新受到很大的局限。尽管制约和推动民主技术创新的因素有很多种，但决定变革与否，主要取决于现有的制度空间，也就是必须将创新的程度和范围控制在中央政府所能容许的范围之内。目前，除了中央给予地方政府一定的制度创新空间外，地方政府所进行的创新更多地取决于上一级党委的态度，从而使创新的制度空间具有相当的模糊性，并且也使创新的结果有很大的不确定性。有些被权力中心肯定并推广，有些被喊停和制止。四川省步云乡的乡长直选后因遭到违宪批评而没有持续进行下去。对创新主体来说，有的升职，有的却被处罚。重

① 何增科：《渐进政治改革与民主的转型》下，《北京行政学院学报》2004年第4期。

② 吴海红：《价值理性和工具理性视角下当代中国民主建设解析》，《上海行政学院学报》2009年第7期。

庆市城口县坪坝镇的综合政治体制改革的领导魏胜多就是一个例子。最后，从制度保障上看，缺乏来自权力中心的权威性规定，使民主技术创新的可持续性差。中国政府创新奖发起人、中央编译局俞可平认为："制度是激发和保持政府创新动力的最可靠保障。"一种地方政府的创新，无论其效果多好，多么受到群众的拥护，如果最终不用制度的形式加以肯定和推广，那么，这种创新最后都难以为继。在我国目前的地方民主创新中，许多有效的民主技术创新由于缺乏制度化实施的硬性规定，结果往往导致"人走政息"。比如，近些年来各地乡镇主要领导的"公推公选"，就是一项非常好的基层民主技术的创新。在一些地方试行一段时间后便停了下来，至今在全国也只有近 300 个乡镇在时断时续地推行，还不到全国 43275 个乡镇党委和政府的百分之一。可见，不进行制度性的改革，不从制度上保障地方政府的创新，即使一些成熟的政治改革，也会裹足不前。

第四，民主技术运行的经济、技术与文化素质基础薄弱。

对经济发展、技术发展和文化素质与民主技术的发展创新的关系，有一些学者认为并不存在正相关的关系。在我国，进行民主技术创新实践的地区也并不是以经济发展程度作为参照的，这些地区涵盖了经济发达和经济发展落后的地区，如浙江温岭、深圳大鹏乡以及四川遂宁、步云和云南红河等地。但也正如马克思所言："物质生活的生产方式制约着整个社会生活、政治生活和精神生活的过程。"①经济发展水平越高，民众越富裕，对民主技术创新的要求和呼声就会越高，并且还可以为民主技术的运用与创新提供一定的经济基础。戴维·菲尼指出："制度设计的成本取决于用于新的制度安排的人力资源和其他资源的要素价格。"②一项民主技术创新要在实践中良性运行并有效，必然要付出规划设计费用、组织实施的费用、清除制度变革阻力的费用以及不确定性带来的随机成本等。多年来一直关注四川省基层民主发展状况的任中平先生指出，公推直选乡镇党委书记"这一选举过程

---

① 《马克思恩格斯选集》第 3 卷，人民出版社 1995 年版，第 32 页。

② ［美］V. 奥斯特罗姆、D. 菲尼、H. 皮希特：《制度分析与发展的反思——问题与抉择》，商务印书馆 1992 年版，第 145 页。

不同程度地导致了成本增加和经费紧张的问题"[①]。房宁教授也认为："随着经济发展和农民权利意识的增强，村委会选举所花费的竞选费用也大有上升之势。"[②]这对于经济发展水平低下、负债难以还清的欠发达地区的乡镇来讲，的确也是一个很大的制约因素。中央编译局的陈雪莲对地方政府创新所遇到的创新阻力和困难进行调查时发现，"资金不足"是一个非常普遍的问题，在某种程度上也表明了地方经济发展对民主技术发展创新的制约性。由经济发展水平直接决定的物质技术水平，尤其是科学技术的投入与运用情况，也在很大程度上制约民主技术的发展创新。特别是随着现代科学技术的发展，越来越多的物质性技术被运用到民主技术的发展创新之中，但很多地方由于财力有限，无法进行技术投入，从而使这类技术创新进展缓慢。

对于公民素质来说，尽管国内有许多学者认为公民的文化素质与民主没有直接相关的关系，但民主还真是一个技术活，有些规则和操作技巧是可以通过民主实践习得的，但公民本身是否具备基本的政治知识和科学知识也影响着民主技术的运用与发展，比如公民要能够懂得民主选举、民主决策和民主监督的基本程序；能够辨识民主技术运作过程中的违规行为；能够区分不同规则选择所带来的结果的不一致；能够懂得如何行使自己的选举、任用、罢免、质询、弹劾、监督等各种权利；并且随着现代科技日益嵌入民主技术，也需要民众懂得科学技术的运用，比如网络技术、触屏式投票机等。如果不懂的人需要别人代为投票，就又有违秘密投票的原则了。

四、当代中国民主技术创新发展的方向与趋势

(一)当代中国民主技术创新发展的基本原则

第一，渐进原则与实践原则相结合。

---

① 任中平：《四川省基层民主政治建设制度创新的实践与思考》，《社会主义研究》2007年第4期。

② 房宁：《民主政治十论》，中国社会科学出版社2007年版，第192页。

如波普所言，各种技术的革新应该提倡“渐进的社会工程”，“正如自然工程的主要任务是设计机器和改造、维修机器一样，渐进社会工程的任务是设计各种社会构建以及改造和运用已有的社会建构”，[①]因为“在任何体制之中，变革与继承性须保持一定的平衡”[②]，应避免大规模重建，避免“整体主义”。民主技术发展创新的动力源自理想与现实的矛盾、民主与效率的内在矛盾，也由此决定了民主技术的发展创新是一门“渐进技术”，是通过对旧有民主技术的不断改造和新技术的创制，而不断接近民主价值的目标。也正如刘军宁指出的：“政治不是实现‘最优’的艺术，而是关于可能的艺术；不是关于不可能的空想的艺术，而是维持‘次优’的艺术。”[③]民主技术创新作为一种“社会技术”的创新，具有“求真”和“求善”的品格，应以审慎的“渐进原则”为指导，避免为追求尽善尽美、美轮美奂的理想目标，而导致大规模理性盲动主义。[④]

民主技术的这种渐进发展和创新，同时也体现为一种实践的原则。正如马克思指出的，“社会生活在本质上是实践的”，“人应该在实践中证明自己思维的真理性，即自己思维的现实性和力量，亦即自己思维的彼岸性”。[⑤]任何经验性认识只能来自于实践。民主技术创新要以民主政治实践为依据，切不可把某种固定模式作为自己照抄照搬或简单移植的蓝本，而是要将其与本国国情密切结合在一起，鼓励在各地进行试点，在实践中不断摸索和试错，并在经验成熟基础上进行由点到面的逐步推广。

第二，开放性原则与本土性原则相结合。

人类创造出的任何一种社会技术都不是绝对完满的，都只能有限地表达人类的智慧。民主技术作为人类在民主国家追求民主价值的理性工具，

---

① [英]卡尔·波普：《历史决定论的贫困》，华夏出版社 1987 年版，第 53 页。

② [美]塞缪尔·P. 亨廷顿：《变化社会中的政治秩序》，生活·读书·新知三联出版社 1989 年版，第 120 页。

③ 刘军宁：《保守主义》，中国社会科学出版社 1997 年版，第 87 页。

④ 参见李永洪：《试论民主技术创新及其应用——以中国特色社会主义民主制度有效运行的理论与实践为分析视角》，《天府新论》2009 年第 6 期。

⑤ 马克思：《关于费尔巴哈的提纲》第 4 卷，《马列著作选读·哲学》，人民出版社 1988 年版，第 6 页。

也不是绝对完满的，而应将其置于开放、发展状态。[①] 为此，民主技术的创新必须坚持开放性原则，充分借鉴当今世界先进的民主技术，促进共同发展。否则，顽固地抱着旧有的民主技术不放，缺乏发展性和开放性，只能是固步自封，结果只会妨碍民主价值的实现。在坚持开放性的同时，还要注意民主技术创新的本土性。不可否认，目前西方发达资本主义国家在民主技术的发展方面具有一定的先进性，主要表现在民主技术的合理性层面。但合理未必有效，只有适合的才能发挥其功能。民主技术虽然具有普适性的一面，但也与一国的政治生态环境息息相关。因此，在进行民主技术创新的时候，必须充分考虑和顾及一个国家经济状况、科技水平、历史传统、文化因素等这些根本性的制约因素，因为，这些因素往往会以残留形态不断被人类的记忆所复制，由此形成强大的，进而形成一种实践上的"路径依赖"惯性，从而使原本在理论上合理的民主技术在实践中表现为运行形式化甚至有异化的可能。基于这样的认识，实际上也要求我们在思考和着手对民主技术进行创新和应用时，必须充分考虑和顾及民主技术运行的政治生态环境，对引入的别国民主技术进行本土化改造或再创制，使其在合理性的基础上更具可行性。

第三，专业性原则、合理性与可行性原则相结合。

人类民主政治发展史已经证明，民主技术创新和应用中出现的偏好性、片面性、极端性，只有在专家系统的有效发挥以及公民集体智慧的纵横捭阖中，才能降低乃至消解。民主技术创新和应用，特别是涉及社会政治生活全局性的民主技术创新和应用，如果没有"外脑"的参与，没有专业人士的参与，没有专家系统，简直不可想象，因为这可能就意味着没有必要的科学论证，没有必要的反诘过程，使其具有很大的风险性。现代社会的政治事务日益复杂多变，政治社会发展的频率正在日益加快，民主技术创新和应用必须以专家系统、专业支持为前提，从而最大限度地实现民主技术创新和应用的科学化和现代化。[②] 特别是伴随着现代科学技术越来越多地引入民主政治

---

① 李永洪：《试论民主技术创新及其应用——以中国特色社会主义民主制度有效运行的理论与实践为分析视角》，《天府新论》2009 年第 6 期。

② 李永洪：《试论民主技术创新及其应用——以中国特色社会主义民主制度有效运行的理论与实践为分析视角》，《天府新论》2009 年第 6 期。

领域，对民主政治发展产生越来越重要的影响，许多民主技术的创新与现代科学技术密切相关，但并非最先进的科技和最专业的技术就一定是最有效的，同时必须考虑这种技术创新的合理性，并且还要充分考察其现实可行性，包括经济可行性、政治上的允许度、人员素质等等。总之，任何一种技术创新投入使用之前，必须在专业性原则的基础上对其合理性与可行性进行反复论证，只有那些具有专业性同时又具有科学合理性和可行性的技术才是民主技术创新的方向。

（二）当代中国民主技术发展创新的方向

第一，选举民主技术的创新方向分析。

随着代议制的产生并发展，选举的技术问题被视作实现政治民主的最为关键的环节。事实上，选举的技术问题确实对民主的实现具有决定性的影响。就我国而言，自成立以来我国的选举制度逐步完善，总的来说保证了我国选举工作的有效开展，但作为选举根本规则和技术体现的选举制度仍然存在不少缺陷。总的来说，在选举民主环节存在的主要问题是选举的公开性和竞争性不足，导致人为干涉和违法操作的现象，严重影响了选举的公正性。因此，我们有必要对民主选举的各个环节包括选举组织机构设置、选区划分及代表名额分配、选民登记、候选人提名、投票、计票、公布选举结果等进行技术完善和创新，力图通过民主技术的再设计或改进，保障选举的民主性、公开性和竞争性，这将成为选举民主技术的创新方向。

为了防止选举的暗箱操作，保证选举过程的透明性，最好的解决方式是让广大民众参与选举程序的每个环节，并将先进的技术手段引入选举过程，保证选举的公开性与可控性，从而使选举过程摆脱人为操作或违法操作的不良状态，体现选举应有的公正性。比如，在选民登记环节可以借助民政部门和公安机关对于人口普查、公民身份证的网络管理技术，通过这些部门提供的法定选民人数，利用现代电子及互联网技术来进行选民的通知、确认、公示等登记工作。对于候选人的提名环节，也可以借助电视、报刊、广播、网络、手机等现代大众传媒和通信工具，开展候选人的登记、公示、介绍、酝酿、协商等具体工作，从而改变传统的主要依赖会议、工作文件、有线电视、有线广播等方式来上传下达的做法，避免由于信息不公开、选民与候选人及选举组织机构之间的信息不对称等造成的暗箱操作问题。① 特别是在党内，要改变“主要是由长官意志主导的形式性的选举变为充分体现党员或其代表意志的实质性的选举”②。目前国内在这方面已经有许多创新的方法，如“公推公选”、“公推直选”③、“双推一选”、“三票制”(群众推荐票、素能测评票、差额表决票)、“自荐直选”等，这些选举方法在某种程度上保证了选举的公开性和公平性，极大地激发了广大党员的积极性。

此外，在投票和计票环节上减少人为因素的影响，方法有很多种，比如取消委托投票和流动投票箱，设立秘密划票间等，但最快捷最不容易被人为干扰的办法，就是使用电子计票。电子计票也有很多方式，有互联网投票、短信投票、电子表决器和专用光学扫描读票机等。

竞选是现代代议制民主国家普遍的选举形式。单纯地把竞选这种形式当作资本主义的东西加以排斥，是对竞选制度的误解，既不符合马克思主义宪政理论，又不符合中国社会主义选举制度的发展实践，是“左”的思想在竞选制度上的表现。④ “竞选不是资产阶级的专利品，我们要创造出比资产阶级更先进、更完善的民主选举制度。”⑤与西方不同的是，我国竞争性选举是在党的领导下的选举，涉及的是选举的技术性和程序性问题，不是以政党为单位进行的选举，它并不影响我们党的领导地位和执政基础。竞争性选举

---

① 参见李永洪：《试论民主技术创新及其应用——以中国特色社会主义民主制度有效运行的理论与实践为分析视角》，《天府新论》2009 年第 6 期，第 9 页。

② 王贵秀：《理顺权力关系　强化党内监督》，《新视野》1997 年第 5 期，第 37 页。

③ “公推直选”，追根溯源，于 2001 年在四川平昌首创。各地具体的操作细节各种各样，一般来说，“公推直选”是指把党委直接提名和委任变为在党组织领导下，通过党员个人的自我推荐、党员群众的联名推荐、党组织的推荐这三个环节产生候选人，然后由全体党员直接参与选举产生党组织领导班子。“公推直选”主要环节是，宣传发动、公开报名、资格审查、组织考察、召开公开大会等。“公推直选”的含义实际有两个层次，一个是“公推”，其基本含义就是采用党员自荐、党支部推荐、党员联名推荐和员工集体推荐或者是四种方式相结合的方式，在全体党员中公开、民主推荐基层党支部委员候选人。对选出的候选人经过党支部按照规定的条件和程序进行审核后，再呈请上级党委审批，党委审批同意的候选人就是正式参加选举的候选人。再一个就是“直选”，“直选”的基本含义就是通过召开支部党员大会直接选举党支部委员、副书记和书记，也就是一张选票，一次选举。

④ 黄卫平：《中国基层民主发展的最新突破——深圳市大鹏镇镇长选举制度改革的政治解读》，社会科学文献出版社 2000 年版，第 148 页。

⑤ 杨海坤：《市场经济、民主政治与法治政府》，中国人事出版社 1997 年版，第 285 页。

必须建立在差额选举的基础之上。著名宪法学家吴家麟教授说过:“没有差额的选举,不是真正的选举;没有竞选的差额,不是真正的差额选举。”①实行差额选举的实质是在扩大公民民主权利的基础上,将竞争机制引入选举之中,为候选人创造公平竞争的机会,这是保障选举竞争性的前提条件。竞争性选举还需要引入一些竞选的方式和手段。竞选起到两个作用:第一是亮相候选人信息,让选票有的放矢;第二是亮相候选人承诺,让当选者明确自己的职责并受到监督。目前的竞选手段主要限于张贴海报、散发传单、网上交流、接受媒体采访、参加研讨会等,从总体上看相对粗糙,比较简单。应在借鉴西方竞选的基础上,采取多样的信息传递与比较的方式,如发放文字陈述,公共平台的演讲,直接访问、座谈,通过媒体及网络对话,“让媒体成为人大代表选举竞争机制的主要手段或许是比较符合我国国情的一种竞选方式,也符合社会发展的潮流”②,等等。其中,候选人公开辩论是不可或缺的民主工具,因为它可有力避免各说各话的缺陷,以最小的时间与成本达到公平、公开、比较的效果;辩论经过大众媒体公开,可以最普遍、最透明、最具对比性地传递信息。至于如何做到竞选机会平等、成本合理,如何避免花钱买票、信息干扰等,是可以根据国情、民情加以具体程序完善的,这些不成为排斥竞选的理由。

第二,决策民主技术的创新方向分析。

我国近年来在坚持民主集中制原则的前提下,通过采用听证、公示、专家决策咨询等民主决策方式方法,较大程度上推动了公共决策民主化的进程。但是,由于多种因素的影响,我国现代公共决策的民主化程度并不理想,主要表现在民主决策技术的合理性与供给不足,导致决策的民主性与效率性不足。如何提高民主决策的民主性和效率是决策民主技术创新的方向。

为了保障决策的民主性,防止长官意志对决策权的操纵和控制,从民主技术创新的角度看,现代技术已经让人民在政治辩论和决策制定的直接参与方面有完全可以实行的可能性了。一种方法是利用程序的刚性进行制

① 吴家麟:《吴家麟自选集》,宁夏人民出版社1996年版,第474页。

② 参见赵春丽:《完善中国县乡人大代表选举制度的对策研究》,华侨大学2006年硕士学士论文,第30页。

约，这一方法正在逐步通过加强法制化而加以完善；一种方法是让民众参与决策，实现群众与政府之间的直接对话，在双方充分协商的基础上达成决策意见。在已有的地方实践中，包括以下几种形式：浙江温岭地区的民主恳谈会；温岭泽国镇和新河镇的“公共预算民主恳谈会”；温州地区将人大监督与舆论监督结合起来的“代表在线”；贵阳市的市民旁听人大常委会会议并发言；北京石景山区麓谷社区管理体制创新改革以及听取公民意见的制度化安排——听证会；武汉的社区评议政府；沈阳的社区代表对接人大代表；以及其他种种形式的对话会、听证会等。其中以温岭市的“民主恳谈会”最具代表性。民主恳谈会在一定程度上实践了一些协商民主的理念和原则，比如参与平等、概率平等、决策平等。一系列制度的设计如主持人制度、参会人员随机选拔制度、事先信息发布制度、问卷调查决策制度、领导干部相对隔离制度、观察员制度，在一定程度上遏制了社会不平等的影响，给予每个人以相对平等的协商机会和权利，提高了决策的合法性水平。各种听证会如立法听证会、价格听证会等，也提供了公民参与决策的途径。但目前一些地方政府的决策过程缺少听证程序，重大决策往往是由部门先提出决策方案，征求各方面意见后，直接报送到最终决策层“拍板”。决策往往是在既有方案基础和框架内进行审议，进行修补，难以跳出原有方案的总体思路，最终的方案也很难真正满足公众和实际的需求。而且许多听证会形式重于实质。某些地方听证会拒绝记者采访，发言代表的产生方式不透明，联系方式也不公开。显然，这种神秘主义的作风与听证会的基本精神背道而驰。

此外，决策的效率同样对民主很重要。雅典民主的衰亡就在于忽略了效率对民主的重要性，最终葬送了民主。当代美国著名民主理论家罗伯特·达尔证明了公民直接参与和体制效率之间的关系。假设有一个由1万名公民组成的理想城邦，如果每个公民发言10分钟，公民大会需要200多个工作日，如果每个公民发言30分钟，那么公民大会就会持续近两年的时间。因此，“如果我们建立一个民主的统治体制，是希望它能够为公民参与政治决策提供最大的机会，那么，一个小规模的政治体制中公民大会式的民主确实显得更为优越，但是，如果我们希望的是使它有最大的空间来有效地处理与公民密切相关的各种问题，那么，一个范围更大、有必要实行代议制的单位往往效果更佳，这就是在公民参与和体制效率之间的两难。”[①]从我国目前决策机构的决策效率来看，主要的问题是缺乏议事程序和代表人数过多，如何解决这两个问题，也是决策民主技术创新的方向。

民主决策过程在今天的决策实践中往往还是依靠各种大大小小的会议来完成，因而开好会议好事就成为民主决策的关键。而要开好会议好事，就应掌握好开会议事的技术。我们要不断创新和完善开会议事的各项规则和程序，比如，详细规定宣布开会与会议的程序，将事务提交会议考虑的方法、取得和分配发言权的方法，主提议、附属提议、优先提议、偶发提议等有关提议方面的规则和技巧，开会的法定人数与会议程序，发言与辩论的规则，表决的额度与流程，会议主持人（主席）的产生、职权等等。创新和完善开会议事规则和技术，其目的正是鼓励每一个政策相关人开展“规范化竞争”和“程序化竞争”，从而帮助每一个政策相关人有决策的知情权、参与权、表达权、监督权，从而帮助每一个人维护自己的利益。[②] 目前我国在此方面还很不完善，甚至缺乏必要的辩论程序。

对于人大代表过多，造成协商讨论不充分、决策效率低下的问题，在我国也比较突出。人民代表大会作为民主决策的方式，也有其决策科学的规则。代表产生的程序、代表大会的人数，是否符合民主决策的科学，是其决策代表性和有效性的前提。纵观不同民主制度下，民主决策机构中的人数有一定的共性规律。大体看，具有一定人口规模的国家中人民代表的人数规律，在国家（乃至国家之上）层次以百计，州或省层次以十计，城市或镇约在 10 人上下；国家立法机构的代表人数，在 500 人上下比较普遍。各国的人口数相差甚远，国情千差万别，民主模式也多种多样，为什么民主代议机构中人民代表的数量却大体相仿呢？这涉及决策科学和民主的技术问题。一方面，民主授权的事项越重要，越需要一定的代表人数来保证决策的民主性。另一方面，决策人数的增多无疑会给有效决策增加困难，所以几乎不会看到一个成千上万人的决策实体。因而，代表人数和民主决策具有重要相关性，没有一定人数不能体现民主性，但并非人数越多越民主，超过适宜规

---

① ［美］罗伯特·达尔：《论民主》，商务印书馆 1999 年版，第 116 页。

② 参见李永洪、聂应德：《发展社会主义民主应重视民主技术的创新和应用》，《中州学刊》2009 年第 4 期。

模的人数，反而削弱代表团科学的民主决策性能。

第三，监督民主技术的创新方向分析。

对权力进行监督和制约，是保障权力不被异化并为民众谋利益的重要方式。当前，我们已经有一套比较严密的监督体系，既有社会性的监督，如人民群众的监督、舆论监督等，又有国家性的监督，如权力机关的监督、行政机关监督等。而且从中央到地方，从行业到部门都有相应的监督机构。但在现实政治生活当中，民主监督乏力、效果欠佳等现象依然存在。究其原因，就在于没有理顺委托权和受托权之间的关系，因而，真正的授权者不能有效地监督受权者。历史和现实早已证明，权力的正常行使，离不开合理而有效的制衡，“一切有权力的人都容易滥用权力，这是一条万古不易的经验”。没有监督的权力必然导致腐败，没有权力的监督必然流于形式，所以，监督之难，难在无权者对有权者的监督。归纳起来说，当前我国的民主监督存在的主要问题，就是在体系的结构上缺乏有序性和统一性；在运行的机制上缺乏应有的独立性和自主性；在整体上缺乏规范性和权威性，从而导致监督的效果很差。特别是在党政监督实行的“双轨制”体制下，即监督机构既受上级主管部门领导，又受同级党委和行政机关领导。这种监督实质上是一种“同体监督”。在同体监督之内，决策、执行、监督三权混为一体，尤其是监督主体受制于监督客体。在现行的监督体制下，中央纪委，监察部受党中央和国务院领导，地方各级纪检监察机关实行“双重领导”而以地方党委、政府的领导为主，其人、财、物等均由地方党委和政府管理。这样，形成被领导者监督领导者、“儿子监督老子”的尴尬局面，使监督处于“两难”境地。因此，如何建立一个有效的监督体系，发挥各种监督技术的效力，是监督民主技术的最大创新动力和创新方向。

针对以上问题，有效加强社会监督是保障监督有效的方法之一。包括民众检举、舆论监督、媒体监督、社团监督和民主党派监督等，但是，由于社会层面缺乏应有的授权和授权很有限，很难进行有效的监督。近年来出现一种比较受推崇的社会监督方式：运用信息技术进行权力监督。从“最牛书记”张志国、海事局长林嘉祥、“九五至尊”周久耕到领导干部别墅群、公务员出国考察清单等，凸显互联网在预防和惩治腐败中的作用。这种以网络技术为平台的监督，保障了民众的检举权，使民众对官员的监督途径更加便利，效力也很好。尽管这种技术目前在实践中还受自身操作性难题和社会可行性难题的局限，但其对权力监督的作用不可小觑，不失为一种可开发和有效推广的好方法。

针对权力结构不合理的问题，有人提出了"错位监督法"：将纪委从党政系统分离，直属上一级党委或中央；将监察机构从地方政府中分离，直属上一级政府或中央；将法院和监察院从地方政府中分离，直属上一级政府或中央。或许这种方法会产生一定的效力，但需要建立在我国政治体制的改革基础之上。现实中还有许多学者提出了不少有价值的方案，如以各级监委为领导，构建专门的监督体系。即把各级检察机关现有的反贪污、反失职渎职机构独立出来，组建职务犯罪调查局，连同行政监察部门，审计机关等，归口各级监委领导和管理。还如建立党的全委会决策，常委会执行，把纪委改造为监督委员会，党的纪委改为党内检察委员会，重点对书记进行合规性监督，这样就形成了党内权力分立体制。这些都表明了人们为监督民主技术创新所做的种种努力。

（三）中国特色社会主义民主技术的发展趋势

从民主技术自身的特性以及当代中国的具体国情出发，认为当代中国民主技术的发展趋势主要有四个方面的发展趋势，而这四方面的趋势也决定了我国今后民主政治发展的方向与路径。

第一，代议制民主技术的不断完善和精确化。

虽然在当代中国人民谈论较多的是协商民主技术和电子民主技术，而且也承认当今世界的代议制民主制存在着自身无法克服的一些缺陷，需要通过进一步扩大参与式民主来弥补，但这些并不能动摇代议制技术的基础地位。毕竟在中国这么广阔的领土和众多的人口中，以直接民主技术代替代议制民主技术是不可想象的，目前我国的现代技术条件也无法实现这一点。对于代议制民主技术自身，也需要根据时代条件、社会环境的变化而有针对性地做出改变，特别是在广大人民民主意识不断提高的情况下，就更需要对原有的代议制技术进行完善，克服原有存在的不足与缺陷，从而保证民主过程各种类型民主技术的民主性、公开性、公平性以及高效性。

第二，协商民主技术的不断发展。

协商民主理论的兴起，是人们针对传统代议制选举民主的局限，对民主本质进行深入反思的结果。传统的代议民主制以工具理性为基础、以投票为中心，容易被非理性和私利主导。特别是在20世纪末，西方代议民主的弊端越发暴露出来：代议民主政治中的委托—代理关系造成责任缺失问题，不可避免地影响了政治参与、参与不平等及“多数人的暴政”以及投票选举缺乏有效的沟通机制等。这种传统体制容易使社会成员产生政治冷漠症，难以真正展示公民精神，保障公民权益。因此，从“以投票为中心”的民主向“以对话为中心”的协商民主转型，以弥补民主选举、多数决定的制度缺陷，它既是对古典民主参与精神的一种回归，也是现代民主政治发展的内在要求。由此可见，在传统代议制民主技术的基础上，重视发展协商民主技术，也是民主技术在当代中国的发展趋向之一。因为协商技术作为对代议制民主技术的补充和完善，可以达到增进社会阶层和谐、提高公民参政素质、促进决策有效实施、保证社会持久效率等目的，同时也难以避免民主本身成本较高以及金钱操控等问题。

第三，新技术在民主政治中的作用日益凸显。

随着现代科学技术的发展，特别是以电子信息技术为主要标志的新技术日益发挥其在民主政治发展中的作用。虽然这一技术的作用也遭到不少学者的质疑，认为“新的技术只不过促使权力更加集中，因而预示着一种不祥之兆”，“计算机为主的世界将受到某一阶级的统治”。[①] 但其对民主政治的正面效应也是其他民主技术所难以企及的，因此，电子民主技术是现代科学技术在民主政治领域中的一种开创性运用，它的出现和运用将会带来民主政治的巨大进步：它将推动代议制民主向参与民主的转变；它将瓦解传统的金字塔式集权等级制的权力结构，使集权走向分权；它将促进言论自由、社会平等和政治公开的发展；它将改善参与民主的技术手段；它将带来民主原则和制度的变革和创新，使人类的民主程序、机制和民主技术更加完善。

第四，民主技术的制度化建设，以科学的制度设计确保民主技术的客观真实性和有效性。

当代中国民主技术发展的最大困境就在于，由于现有民主技术供给不足和设计不合理，从而为政治实践中民主技术人为变通操作或违法操作提供方便之门，使民主技术的运行偏离了既有的轨道，最终导致民主技术的形式化运作甚至结果的异化，严重影响和妨碍了社会主义民主价值的实现。

---

① [美]霍罗威茨：《论印刷、电子计算机与民主社会》，《交流》1985年第2期。

因此，必须进一步推进民主技术的制度化建设，以更为科学合理的制度设计来保障民主技术运用的有效性，进而使民主过程更显公平性、民主性和真实性。

第七章　民主政治与国家治理

——中国特色社会主义民主的逻辑影响

推进国家治理体系和治理能力现代化，是当前中共中央确定的全面深化改革的总目标。所谓现代化，不仅包括生产力和生产率的层面的机械化、信息化、科技化；经济和社会发展的层面的市场化、社会化、国际化、城镇化、知识化；而且包括政治上层建筑和意识形态层面的民主化、法治化、制度化、多元化。[①] 从政治角度看，国家治理体系和治理能力要实现现代化，必须在公共事务治理上达到民主化、法治化、制度化、多元化，而实现这一目标无不与成型的民主政治紧密相连。中国特色社会主义民主在实现国家治理体系和治理能力现代化中将发挥重要作用，这种作用集中体现在推进国家民主治理模式的形成、民主治理体系的确立、民主治理能力的提升和民主治理基础的奠定。

一、中国特色社会主义民主治理模式的形成

（一）中国特色社会主义民主治理思想的提出

第一，由“统治”经“管理”走向“治理”是人类政治文明的根本方向。

人类社会变迁发展的理论和实践表明，无论人们如何看待国家和政府，没有国家或政府，任何发展都是不可能的。统治、管理和治理是国家的三种基本政治行为和组织形式。在不同时期，不同的政治行为和组织形式具有

① 许耀桐：《从五个角度理解“国家治理”》，人民网，http://theory.people.com.cn/n/2014/0911/c388581-25643097-2.html.

不同的地位和作用。在传统的农业社会里，由于社会生产力水平低，公共事务少且目标单一，国家的主要职能是统治，并从根本上服务于统治阶级的共同意志和长远利益。自近代以来，随着生产方式和经济基础的根本改变以及代议制度的兴起，这种情况有了根本改变，管理职能在国家政治生活中的地位和作用日益突出，并成为占主导性的政治运转方式。随着市场经济的迅速发展，社会分工走向深层分化与整合，大批社会组织集团快速成长，社会关系日益复杂多变，相互依存程度不断加深，各种社会经济、政治问题和矛盾更加突出，政府仅凭自身的权威和权力机制就可以总揽社会公共事务、形成政府一家独大的格局已不可能，合作共治的治理理念应时而生，要求适当的干预和更多的治理愈加成为普遍的社会发展趋势。简言之，人类社会的组织行为和政治行为在不同的时代具有完全不同的方式，“在专制主义时代，统治是典型的形式；在民主主义时代，管理是经典的形式；在后民主主义时代，治理是基本的形式”①。

统治、管理和治理具有不同的内涵和目标。统治是国家政权对社会的一种强力的支配和控制行为，它虽然强调秩序和稳定，但其核心是巩固和维护既定统治者的政治权力，以达到维护和实现统治阶级根本利益的目的。管理是国家权力按照既定的秩序和目标对社会生活进行自觉而有计划的约束或制约，以保障正常的社会秩序的政治行为方式，其根本目的是维护既存的政治规范以及政治权力的权威性与合法性，但也强调适应社会发展需要并为社会公共利益服务。治理在一定意义上也属于管理范畴，但已经不同于以往的管理而具有独特的时代内涵。“治理的兴起反映了这样一种社会现实：国家政府并不能完全垄断一切合法的权力，政府以外的机构和单位也负责维持社会秩序，参与公共事务的管理和控制。”②这一概念从产生以来至今一直处于争论之中，但其基本含义是在既定的权威主导下，各种公共的或私人的个人和机构组织，通过协同互动共同管理社会公共事务，以最大限度地增进公共利益，满足公众的需要。

治理和管理的目的都是维持社会的正常秩序，增进公共利益，但治理与管理有根本区别：一是在主体上，国家管理依靠正式的公共机构主要是政府

① 程杞国：《从管理到治理：观念、逻辑、方法》，《南京社会科学》2001 年第 9 期。

② 张昕：《转型中国的治理与发展》，中国人民大学出版社 2007 年版，第 38 页。

包括各种政府的附属组织来进行，非政府组织或者说非体制内组织基本被排除在外；而国家治理的主体却不仅是政府，还可以是公共机构、社会组织乃至个人。这意味着，管理是单中心的政治行为，而治理则是多中心的合作行动。二是在权力运行方向上，管理以命令—服从为特征，是权力自上而下的单向度运行，它通过运用政府的政治权威，通过制定和实施政策，对社会公共事务实行管理；而治理权力运行的方向则是平行的、互动的，它不仅要依靠政府的权威，还要依靠广大非政府组织通过网络化的合作、协商等来实施对公共事务的管理。三是在方法上，传统管理运用的基本方法主要包括控制、规制与法制，即使政府的政策遭到普遍的反对，但仍然能付诸实施；而治理是建立规则秩序的集体行动，除了适当的国家干预之外，强调在合作基础上协调行动并制定被多数人接受的规则体系，并对公众的主张做出回应和反馈，以此推动社会问题的解决。四是在价值取向上，国家管理强调秩序的稳定和经济的赶超；而国家治理则强调公正价值的优先地位和对秩序与效率的根源塑造，并将人民福祉作为治理的出发点和落脚点。五是在合法性上，对管理和干预的突出强调所导致的政府职能不断扩张，规模不断扩大，政府机构普遍臃肿与效率低下，政策失效乃至政府失灵，以及诸多更加突出的社会经济政治问题和矛盾，使得国家无法通过这一方式得到充足的政治合法性，甚至导致了一定的政治合法性危机，而政治生活中统治、管理成分的日益减少和治理的成分日益增多，公民更多的参与以及公民与政府更多的合作，无疑将极大扩展国家的政治合法性来源。

第二，民主治理是现代国家治理的本质属性。

人类有史以来的治理模式基本可以分为非民主治理模式和民主治理模式两种。对秩序的强调和追求基本上是所有治理模式的共同特征。非民主的治理模式又包括传统专制统治型治理模式和其他带有集权主义特征的治理模式。在传统的专制统治型治理模式下，巩固既有统治者的政治权威并在此前提下保持政治社会稳定，基本上是这种治理模式的主要目标，除此之外统治者也追求生产效率的提高和财富的增长，某些开明的统治者也注重民众生活的改善，但由于生产方式的限制，社会生产和财富无法实现跨越式增长，而权力的专制极易造成对财富的垄断和贫富的两极分化，并由此引发民众的暴力反抗，这是专制统治陷入没落的根本原因。在其他集权主义或全能主义等非民主治理模式中，通过将公众的生产、生活等都限制在既定的范围之内，将公众的各项活动都纳入规定的管控之中，的确可以获得既定的政治秩序，但这种秩序不是建立在公众自由的基础之上，而是建立在高压之下，由于无法体现公众意愿、保护公众权利，因而这种治理模式的政治稳固性也不高。在这种治理模式中，政治冲突公开发生的频率可能较低，但一旦发生，往往不能用和平方式加以解决，因而政治秩序也难以持久稳定。我国传统社会主义治理模式从理念上看是民主的，但民主并没有在体制、制度和程序上体现出来，相反，权力高度集中、决策专断、法律缺位、个体缺乏自主性却成为这一模式的根本特征。在这一治理模式下，安全、稳定、平等、公平等目标被绝对化，并且很容易受意识形态的控制和干扰。在长期实践中，这一治理模式基本维持了国家安全和社会安定，消灭了剥削和种种社会不公，保持了社会平等，但却脱离了以人为本的理念，牺牲了效率、活力和民生，治理的效果与党立国执政的目标相去甚远。

民主治理以其治理的民主性而优于非民主治理。民主治理模式以对秩序和效率的追求为基本价值目标，从经验角度观察，在那些民主制度基本稳定成熟的国家，社会秩序相对稳定，效率也远远高于非民主国家。例如，在英法美等西方民主国家，自从民主制度定型以来，很少发生像很多第三世界国家经常出现的军事政变、暴力冲突和流血事件，经济社会总体保持平稳发展，国家福利水平相对较高。西方国家的民主治理模式是西方社会一系列历史条件综合作用的产物，是符合西方各国国情和政治社会发展逻辑的选择，但这并不意味着这些国家的民主模式是普世模式，也不意味着这些国家的民主治理模式就很完善了。相反，西方民主治理模式也面临着诸多严重问题。表现为：西方民主的体制机制不能很好地汇聚和反映民意；政治运作的效率不高；选举花费数额巨大；社会两极分化严重；民主输出造成许多发展中国家持续动荡。

应该指出，"民主"与"治理"在范畴上并不完全重合。从内容来看，治理涵盖了公民参与、人权与公民权、党内民主、法治、合法性、社会公正、社会稳定、政务公开、行政效益、政府责任、公共服务、廉洁等若干方面。[①] 民主需要法治，需要公民广泛参与，需要壮大民间组织，需要保护和扩大人权与公民权，需要党内民主及其示范作用，需要兼顾少数，需要合法性与权威性，需

① 俞可平：《中国治理评估框架》，《经济社会体制比较》2008 年第 6 期。

要政治透明和政治责任，需要加强对党政机关的监督，需要政治责任感，需要政府回应，这些都是民主的基本要素，也是治理的重要构成要素，但治理所包含的稳定与秩序、活力与效率、公正与民生、廉洁与诚信等，通常被认为是民主所不包含的，尽管这些内容或多或少与民主也存在关联。可见，治理与民主并不等同，治理比民主的涵盖面更广。因此，不能认为民主发展了，社会问题和矛盾就会自然而然解决好了。

同时，我们也要看到，尽管治理最终指向社会矛盾和社会问题的解决，但要达到这个目标，必须借助一定形式和主体力量，在顺应民众要求的前提下，尽可能达成意志共识，集聚社会力量资源，推动矛盾解决和社会发展，这是时代发展的要求，而民主无疑能为此提供相应的政治形式和主体力量结构。在治理实践中，民主要求政府权力向社会分散，把许多能由社会解决的问题交由社会解决，并在价值追求、操作方法、运转机制等方面实现政、社合作共治。因此，不论是在观念上还是在实践中，不论在参与主体还是在方法机制上，治理本身天然地与民主结合在一起。从这个意义上可以说，“民主是现代国家治理体系的本质特征，是区别于传统国家治理体系的根本所在。所以，政治学家也将现代国家治理称为民主治理”①。

民主的优越性在于，民主是有关利益各方讨价还价、多次反复协商的行为和过程，是允许公民自由表达自己意愿的制度和实践。从全局和长远来看，民主意味着更加尊重个体，意味着政府与民众共同制定的政策，意味着所作决策综合了各方意见并为各方力量所承认，意味着决策的稳定性和连续性。当然，民主也有弊端，如民主会导致街头政治，引发政局不稳，会使一些在非民主时很简单的事务变得相对复杂和繁琐，从而增加政治和行政的成本，民主往往需要反反复复地协商和讨论，常常会使一些本来应当及时做出的决定，变得悬而未决，从而降低行政效率。民主所引发的诸如此类的问题并不能否定民主的合理性，只是表明民主不够成熟，民主也需要结合实际国情和时代特点进一步加强和完善。如果因此片面强调民主的消极面，因此否定和抵制民主，从治理中抽走民主，那么治理又会回到传统统治和管制的轨道。

---

①　俞可平：《现代国家治理的本质是民主治理》，人民论坛网，http://www.rmlt.com.cn/2014/0311/242098.shtml.

民主治理是一种多元的、合作的、非意识形态化的行政模式，它抛弃了传统行政的垄断与强制性质，强调政府、企业和市民社会的共同作用，并在相互依存的环境中分享公共权力，共同管理公共事务，以最大化地增加公共利益。在这一过程中，国家和政府起着关键作用，有时也发挥主导作用，但绝不是从始至终都处于支配地位，非政府部门则发生了从被动排斥到主动参与的变化。从这一意义上讲，民主治理事实上是一种合作管理。合作主要指的是政治国家与市民社会的合作、政府与非政府的合作、公共机构与私人机构的合作、强制与自愿的合作。这种合作性治理，要求政府管理者转变观念，并在实践中实现由政社一体、政府单方管理，向政社分离并合作共治的方向转变。

第三，中国特色社会主义新型国家民主治理的提出。

政治"是参与国家事务，给国家定向，确定国家活动的形式、任务和内容"①，政治是国家治理体系的核心内容。同时，"现代国家通过普遍人权承认了自己的这种自然基础本身"②，民主又是现代化国家治理的必然要求。

人类社会发展和治理的历史实践证明，任何国家的发展道路、民主制度和治理模式都应该主要从自己的历史传统、具体国情和现实实践中衍生而来，而不应该寄望于不合国情的所谓理想模式。中国新型民主治理模式和发展道路是立足于中国的具体国情，吸收和借鉴中国传统治理之道的合理思想、传统社会主义模式的历史经验以及国外治理发展的有益成果，并在改革实践中不断探索和总结而形成的。

任何一种政治模式和治理模式都不可能离开民族传统。毛泽东曾经说："中国现时的新政治、新经济是从古代的旧政治、旧经济发展而来的，中国现时的新文化也是从古代的旧文化发展而来的，因此，我们必须尊重历史，而决不能割断历史。"③中国有着几千年悠久的文明，历代统治者围绕治国理政这一问题进行过丰富的探索，为后人对国家的治理留下了宝贵的财富。尽管传统政治和治理中包含某些封建糟粕性的东西，如人治政治和权力专制，愚民思想和抑制参与，君权神授和政治迷信，特权意识、等级观念和

① 《马克思恩格斯全集》第3卷，人民出版社2002年版，第15页。

② 《马克思恩格斯文集》第1卷，人民出版社2009年版，第313页。

③ 《毛泽东选集》第2卷，人民出版社1991年版，第708页。

官本位意识，奴才思想和顺从意识，等。这些是我们今天所应摒弃的，但传统政治活动和治理实践也包含一些对我们今天治理实践富有启发意义的东西，如王道政治、仁道统治、权力一统、选贤任能、民本主义、修身治国、道德教化、和而不同、天人合一等，这些产生于自然经济时代的制度理念和价值观念在某种意义上有其合理的一面，仍然是我们今天的治理实践所需要的。在新中国成立以来尤其是改革开放以来的治理探索中，我们党坚持唯物辩证的精神和方法，本着"吸取精华、剔除糟粕"的原则，对传统政治文化进行总结、吸收和借鉴，结合时代需要进行制度性转换和创新，使其融入新的政治制度和治理模式中，这是我们的政治发展和国家治理符合国情和顺利推进的一个重要原因，也是新的治理模式形成的历史渊源。

社会主义制度的建立是人类近代以来最伟大的政治变革。中国走上社会主义道路是历史的必然选择，社会主义制度的建立从根本上改变了中国的发展方向，改变了中国人民的历史命运，社会主义建设曾经取得了旧中国所没有的巨大成就，但传统社会主义模式也给我们留下了深刻教训。从治理角度来看，长期奉行的阶级斗争为纲的政治路线，偏离了正确的社会发展方向和轨道，造成阶级斗争的扩大化，严重阻碍了社会生产力的发展；高度集中的计划经济和经济管理的行政化，严重挫伤了地方和企业经济发展的积极性，影响了社会主义经济的正常、健康发展；高度集权的政治体制背离了民主集中制，破坏了社会主义法制，造成个人专权和个人崇拜、官僚主义现象，权力过分集中、家长制，干部领导职务终身制以及形形色色的特权现象，严重窒息了社会主义的生机活力，一定时期采用的群众运动式的"大民主"，固然调动了群众的政治参与热情，但由于缺乏正确方向和党的领导，因而对社会生产、生活和秩序造成极大破坏；意识形态方面，马克思主义教条化以及假马克思主义盛行，对人们的思想造成极大禁锢，造成人们思想封闭僵化。苏联虽然没有出现类似中国"文化大革命"的运动，但基本情况相似。俄共总书记久加诺夫认为苏联在长期一党专政制度下，实行垄断真理的意识形态制度、垄断权力的政治制度、垄断资源与经济利益的经济制度，这是苏共丢失政权的主要原因。与之相反，苏联改革过程中，戈尔巴乔夫则走上了另一个极端：放弃党的政治的领导权，不切实际地鼓吹民主化，追求西方多党制和议会民主制，无原则地纵容政治势力的多元化；放弃经济的主导权，以激进、冒险方式向市场经济过渡，不计后果地推行私有化、自由化；放弃马克思主义对意识形态的领导权，无条件地鼓励公开性和思想自由，造成意识形态的多元化。这最终导致了苏联的剧变解体。对上述历史经验教训的借鉴，是改革开放以来我国走上正确政治发展和国家治理道路的历史原因。

改革开放以来，我们深刻意识到，中国还处在社会主义初级阶段，社会主义国家治理的实践只有几十年，在治理的具体形式、运作机制以及制度化、程序化和规范化等方面非常欠缺，而西方国家经过几百年的发展，在具体形式和运作机制方面有不少积极因素，这些因素反映了人类社会国家治理的一些规律性内容，体现了不同国家制度的某些共同方面，既可以为资本主义所用，也可以为社会主义所用。在新时期的治理探索中，我们摒弃了社会主义与资本主义二元对立的思维模式，力避西方国家治理模式中的某些弊端，如因过分强调政党竞争、权力分立与制约而导致政治体制的效率低下、权力失衡和刚性腐败，偏重物质财富增长忽视人的全面发展和社会进步，过分强调经济的私有化、自由化而忽视宏观调控等的同时，积极学习和借鉴西方国家治理现代化的积极因素，如重视法治手段、权力制约、公民意识、个体发展、社会参与、人权维护、服务政府、责任政府、市民社会等，近年来为构建责任政府和服务政府推行的“一站式服务”“行政问责制”“服务承诺制”“政策听证制度”等，最初也是从西方国家借鉴的。从改革开放以来中国治理变迁的历史来看，中国民主治理的进步和成就，离不开学习和借鉴国外先进的政治文明成果。我们党从实际国情出发，坚决反对照搬以多党制和三权分立为重要特征的西方政治模式，在此过程中遵循“渐进变革”的原则，沿着“增量改革”的途径，积极稳步推进政治发展和国家治理，不断实现政治体制改革和国家治理重大突破。在领导体制方面，中国共产党自觉从革命党转变为执政党，并从领导方式、执政方式、组织结构、工作任务、执政能力等方面，推进执政党的全方位转型；在政治意识形态方面，不断推动思想解放和观念创新，一些新的治理观念和价值，如人权、法治、善治、宪政、合法性、以人为本、市民社会、透明政府、责任政府、服务政府、效益政府等，都是改革之前所没有的；在政府治理或政府管理体制改革方面，推动政府职能转变，变全能政府为有限政府，政府从许多经济和社会管理领域中退出来，着重关注宏观调控、公共服务、社会公平、生态平衡等内容。这些标志性的转变和创新，有力地推动了民主政治的进步，有力推动了治理体系的现代化转型,深刻地影响了改革开放后中国社会的政治生活。

正是因此,中共十八届三中全会决议提出了“推进国家治理体系和治理能力现代化”的总目标,其中特别强调“紧紧围绕坚持党的领导、人民当家作主、依法治国有机统一深化政治体制改革,加快推进社会主义民主政治制度化、规范化、程序化,建设社会主义法治国家,发展更加广泛、更加充分、更加健全的人民民主”。习近平同志在庆祝全国人民代表大会成立60周年大会上讲话指出,“发展社会主义民主政治,是推进国家治理体系和治理能力现代化的题中应有之义。党的十八届三中全会提出的全面深化改革总目标,是两句话组成的一个整体,即完善和发展中国特色社会主义制度、推进国家治理体系和治理能力现代化。前一句规定了根本方向,我们的方向就是中国特色社会主义道路,而不是其他什么道路。后一句规定了在根本方向指引下完善和发展中国特色社会主义制度的鲜明指向。两句话都讲,才是完整的”①。这段论述,集中体现了中国特色社会主义国家民主治理的重要意义。

民主是社会主义的本质属性,同时是现代国家治理的基本要求。尽管我国的民主治理体系及其具体形式还不那么丰富和完善,但它对于推进国家治理的有效性,已经被改革开放以来治理的成功实践所初步证明。实践发展没有止境,改革开放没有止境,治理探索没有止境,努力结合新形势新情况将民主的原则、方法、体制、程序和作风进一步贯彻进国家治理活动之中,不断推进中国特色社会主义治理体系的完善和治理能力的提高,着力解决我国当前发展面临的一系列突出的结构性矛盾和问题,是推动我国治理现代化的必由之路。

(二)中国特色社会主义新型民主治理模式的比较优势

我国新型民主治理模式具有自己独特的优势,尽管人们对于这一治理模式的优势有不同的解读,但个人认为,与西方民主治理模式相比,我国新型治理模式主要具有以下优势:第一,有利于保持国家统一。一党执政的制度选择可以保持国家、社会的统一,促进人民团结,使治理体系始终能为最

① 习近平:《在庆祝全国人民代表大会成立60周年大会上的讲话》,《人民日报》2014年9月6日,第2版。

大多数人谋利益，有效防范由于利益分化导致的社会撕裂。第二，有利于提高效率。执政党有比较强的组织动员能力和对社会的掌控能力，这有利于发挥集中力量办大事的优势，统一整合资源、提高国家政治体制运行效率及时有效应对出现的各种挑战和机遇。第三，政策制定能够真正体现民意并保持长期稳定。执政党按照民主集中制原则所建立的一系列制度和机制，可以在充分反映民意、集中民智的基础上制定政策，可以制订符合国家和人民根本利益的长远发展规划，并最大限度地保持国家公共政策的稳定性和连续性。第四，政治成本较低。形成一套由组织部门进行全国范围内的长期考察、培养和选拔，党内高层集体磋商和选举并参考民意的领导干部选拔和培养体制机制，可以在成本不高的前提下尽最大可能选出德才兼备、经验丰富的优秀人才，充实到各级领导岗位上去，避免政党轮换和干部大换血造成的人才短缺和人才浪费。第五，有利于维护社会公平。在推进市场经济体制改革尽可能创造更多的财富同时，建立有利于兼顾公平的各项制度，维持不同收入者的平衡，避免两极分化，并保证民众的生活需求和弱势群体的利益。第六，有利于保持社会稳定有序。强调依法治国，能够在法治的基础上实现国家的长治久安，不断完善的法治能够有效规范执政行为、政府行为和民众行为，引导民众理性参与公共治理，科学合理地解决各种社会矛盾和问题并保持社会稳定有序。

（三）中国特色社会主义新型民主治理模式的重要意义

我国新型治理民主模式的意义广泛而深远，主要体现在如下几个方面。

第一，从国内发展角度看，推动我国经济社会发展迈上新台阶。

尽管在制度结构、主体结构、方法结构以及具体形式等各方面，我国民主治理模式还有待丰富和完善，但它对于推进国家治理的有效性，已经被三十多年改革治理的成功实践所初步证明。在改革开放以来的发展和治理探索中，面对国内外环境的复杂变化和重大风险挑战，党团结带领全国各族人民，锐意改革，砥砺勇气，攻坚克难，坚持不懈，中国特色社会主义不断焕发蓬勃生机和活力，我国经济发展和各项社会事业取得举世瞩目的伟大成就。经济保持快速增长，年均经济增速高达 9.8%。国内生产总值由 1978 年的 3600 亿元跃升至 2012 年的 52 万亿元。经济总量连上新台阶，经济总量占世界的份额由 1978 年的 1.8%提高到 2012 年的 11.5%，经济总量位次从

1978年的世界第十位提高到现在的世界第二位，成为仅次于美国的世界第二大经济体。年人均国内生产总值不断提高，由1978年的190美元上升至2012年的5680美元，已经由低收入国家跃升至中上等收入国家。[①] 总之，改革开放以来，我国社会生产力、经济实力、科技实力迈上一个大台阶，人民生活水平、居民收入水平、社会保障水平迈上一个大台阶，综合国力、国际竞争力、国际影响力迈上一个大台阶，国家面貌发生历史性改变。人们公认，改革开放以来的历史时期，是人民群众得到实惠最多、生活水平提高最快的时期，是社会保障事业从低层次到制度建立再到全面推进的时期，是文化日益繁荣、社会保持稳定、民族团结不断增强的时期，也是我国历史上治理最好的时期，这一历史成就的取得与民主治理的内在支持密不可分。

第二，从社会主义运动历史的角度看，实现了从传统社会主义治理模式向新型社会主义治理模式的根本转变。

人类在社会主义制度的基础上进行治理活动的探索已近百年，早期形成的传统社会主义治理模式一度取得了很大成就，但之后由于把马克思主义关于治理的某些认识教条化，过分强调执政党的作用和权力的高度集中，过分突出意识形态的区别并割裂与世界其他国家和地区的联系和交流，没有很好地发挥民主法治的作用，造成了治理主体的单一化、治理理念的意识形态化、治理方式的管制化和治理体系的封闭化，治理的效率和水平非常低，许多社会主义国家因此改旗易帜，重新回归资本主义制度及其治理模式。但是，社会主义治理模式不是唯一的、僵化不变的，在改革开放以来的治理探索过程中，党领导人民在科学理解马克思主义理论、充分发挥社会主义制度优越性并结合中国国情的基础上，推动治理主体的多元化、治理理论的现代化、治理方式的民主化和法律化、治理体系的开放化和包容性，实现了治理模式的飞跃式创新，推动了中国国家治理和现代化进程，极大丰富和发展了马克思主义治理理论，使社会主义焕发出新的生机和活力，这在社会主义运动历史上也留下了浓墨重彩的一章。

第三，从国际比较的角度看，新型治理模式为发展中国家的现代治理提

---

① 参见国家统计局报告《改革开放铸辉煌 经济发展谱新篇——1978年以来我国经济社会发展的巨大变化》，http://www.stats.gov.cn/tjgz/tjdt/201311/t20131106_456188.html.

供了有益启发。

我国自近代以来一直远远落后于西方现代国家，经济社会发展程度和人民生活水平处于较低层次，因而如何摆脱贫穷落后状态、实现国家现代化和中华民族的伟大复兴，是中国人民翘首以待的历史期盼，也是我们党艰巨的历史使命。而且，作为世界上最大的发展中国家和超大规模的国家，我国社会各方面负担较重，现代化转型的难度格外大。在改革开放过程中形成的新型治理模式，尽管还没有完全定型，也不成熟，但其优势已经开始显现出来。新型治理模式的成功之处，在于能够把中国特色社会主义制度具有的效率与公平相兼顾、民主与集中相结合、活力与秩序相统一、人的全面发展与社会文明进步相促进的优势发挥出来，能够比较快地促进国家的繁荣和富强。这一治理模式为中华民族复兴伟业创建了可靠的治理基础，为我国实现现代化初步找到了一条成功的治理之路。与之形成鲜明对比的是深受西方新自由主义影响的“非洲模式”“东亚模式”和“拉美模式”在近年的失效。近些年来，我国稳定高效的治理模式引起了世界各国尤其是广大发展中国家的格外关注，他们纷纷探讨中国发展和治理的经验。尽管任何其他国家无法简单效仿这一治理模式，但是毫无疑问，这一新型治理模式为其他发展中国家的现代化之路树立了很好的榜样，提供了可资借鉴的有益启发。

第四，从人类社会发展的角度看，中国对治理现代化的探索以及治理能力和水平的提高，为人类社会的治理与发展做出了重要贡献。

一是中国通过自己的治理探索，推动了生产力、社会财富和人民收入的增长，改变了全人类近五分之一人口的命运，这本身就是对人类发展的一个重大贡献。与此同时，中国的发展也拉动了世界经济的发展，对世界经济增长和发展做出了重要贡献；中国的崛起以及在国际社会中的影响力的大大增强，打破了原来由超级大国支配的世界政治格局，有力推动着世界格局从单极向多极的发展；作为和平国家，中国的和平发展，大大增强了国际政治中的和平因素，更加有利于国际社会实现世界和平的共同目标；随着综合国力的增强和开放的不断扩大，中国更加积极地参与国际社会，更多地承担国际责任，为解决人类面临的共同问题贡献更多的力量，这在相当程度上推进了全球治理的发展。二是中国治理模式和发展道路，既不同于传统的社会主义模式即苏联模式，也不同于西方发达国家的社会发展模式，它是在马克思主义指导下，结合中国的具体国情，学习借鉴人类文明的有益成分，并按照现实需要进行创新所形成的独特模式和道路。中国新型治理模式和发展道路，拓宽了民族国家走向现代化的途径，丰富了人类对社会发展规律、治理模式和发展道路的认识，促进了全球化时代人类文明的多样性发展。

二、中国特色社会主义民主治理体系的确立

习近平同志指出："中国实行工人阶级领导的、以工农联盟为基础的人民民主专政的国体，实行人民代表大会制度的政体，实行中国共产党领导的多党合作和政治协商制度，实行民族区域自治制度，实行基层群众自治制度，具有鲜明的中国特色。这样一套制度安排，能够有效保证人民享有更加广泛、更加充实的权利和自由，保证人民广泛参加国家治理和社会治理；能够有效调节国家政治关系，发展充满活力的政党关系、民族关系、宗教关系、阶层关系、海内外同胞关系，增强民族凝聚力，形成安定团结的政治局面；能够集中力量办大事，有效促进社会生产力解放和发展，促进现代化建设各项事业，促进人民生活质量和水平不断提高；能够有效维护国家独立自主，有力维护国家主权、安全、发展利益，维护中国人民和中华民族的福祉。"中国特色社会主义民主以其要素功能、平台功能和制度功能，层层深入、强化递进、轴心扩展，对构建中国国家治理体系产生了重大影响。

(一)中国特色社会主义新型民主治理的要素体系

现代国家有三大趋势，即民主化趋势、政党政治趋势和法治化趋势。民主、政党和法治的出现，使得人类跳出了传统政治范畴和传统国家治理模式，因而成为现代国家治理的三个基本构成要素。就三者地位和作用而言，民主不但成为现代国家政治权力合法性的基础和制约权力的重要工具，而且是政治参与和提高国家整体效益的根本保证；政党制度则是现代民主政治的产物和重要组成部分，以执政或参政为目标的政党是促进民主政治发展，推动国家治理和文明发展的主体力量，尤其在后发现代化国家，政党对国家治理的作用尤其重要；而法治对于维护保障人的尊严和权利，规范各种社会行为，维护社会秩序和国家安全稳定有着不可替代的重要作用。基于上述因素，从国家整体制度的宏观角度看，可以将民主治理模式定义为，在

一定领土范围内，民主、政党和法治相互耦合所形成的一种整体性的治理结构模式。其中，民主、政党和法治各自都是由一系列相互关联的规则、组织和治理机制构成的制度系统，它们共同维系着一个政治实体整体的秩序治理，并在此基础上共生互补、协调互动，促进社会的持续发展。我国当前的民主治理方式，是改革开放和社会主义现代化建设新时期形成的新型民主治理模式。改革开放以来，中国共产党对现代国家治理体系的民主、政党、法治三个要素认识日益深刻。特别是中共十六大以来，我们党明确提出：中国特色社会主义政治发展道路，最根本的是要把坚持党的领导、人民当家作主和依法治国有机统一起来。正是这三个基本要素的有机统一构成了中国特色社会主义新型民主治理方式。

从治理角度看，任何国家治理都离不开权威、秩序与活力这三大要素。权威力量的存在是治理的前提，社会与民众的活力是治理的动力，秩序是治理的保障。任何一个因素的缺失，都会导致治理无法进行。三者的内在统一对国家治理和社会发展起着决定性作用。在我国新型民主模式中，三者的作用具体表现为以下几点。

首先，党的领导是进行国家治理的政治前提和权威保证。我国是后发现代化国家，也是一个处于初级阶段的社会主义国家，人口众多，地域辽阔，生产力发展水平不发达的状况没有根本改变，经济发展不平衡，民主和法治的传统薄弱且建设任务艰巨，社会各阶层在根本利益一致的基础上，还存在一些不同利益之间的矛盾。在这种情况下，进行现代化建设和国家治理，必须有一个坚强有力的领导核心，能够集中代表中国人民的整体利益和意志，有能力协调、处理和兼顾各种社会利益关系。这个核心就是中国共产党，也只有这样一个具有高度权威的政治中心，才能够担当起动员和组织社会力量投身现代化建设和国家治理、推动民主和法治建设顺利进行、保证政府权力有效运行、保持社会稳定有序的任务。

其次，人民当家作主是进行治理的力量来源和活力保证。我国是人民主权的国家，国家的一切权力属于人民。中国共产党以全心全意为人民服务为宗旨，党来自人民又对人民高度负责。党领导人民进行革命的目的就是推翻专制政权，实现人民当家作主，党的新的历史使命是领导人民当家作主，最广泛地动员和组织人民群众依法管理国家和社会事务，管理经济和文化事业，维护和实现人民群众的根本利益。我国当前的治理是建立在人民当家作主这一民主精神和原则基础之上。党领导人民进行国家治理的目标，就是通过调动人民当家作主的积极性，推动民主选举、民主决策、民主管理和民主监督，并通过民主实现良法之治，保证司法、执法的公平，进行有效的法律监督，切实保障人民群众的各项民主权利，包括知情权、参与权、管理权、监督权，推动社会矛盾和社会问题的顺利解决。

最后，依法治国是进行治理的基本方式和秩序保证。依法治国是党领导人民治理国家的基本方略，执政党也必须在法律范围内活动，只有依法执政，改善党的领导，实现领导方式和执政方式的转变，才能将权力的获得、分配和使用纳入法治轨道，有效防止权力的异化、失控和滥用，为最大多数人谋求最大的利益，从而得到人民的高度认同。而民主制度的建立需要法律来确认和巩固，民主的运作过程需要法制加以规范，人民的民主权利也需要法治来保护，只有实行依法治国才能有效保证民主的制度化、程序化、法律化，有力维护人民的民主权利。

(二)中国特色社会主义新型民主治理的平台体系

西方国家往往把一人一票的普选当作唯一的民主形式，这实在是对民主的一种片面理解，民主固然能够选出领导人，但在西方党争激烈、金钱比拼、资本操纵的背景下，选举往往无法保证领导人的决策符合民意。事实上，民主的作用不只是选举领导人，更主要的是通过民众广泛的政治参与，更好地推进民意表达和民意汇聚，形成社会共识，推动社会治理和社会发展。因此，不应该把民主简单地归纳为选举。对于那些国情复杂、发展不平衡的国家来说，往往是民主越符合实际、形式越丰富，越能够适应国家中的不同情况，因而国家会治理得越好。改革开放以来，我国在民主实践中形成了选举民主、协商民主、党内民主、基层民主四位一体的民主平台，对于国家治理发挥着重要功能。

首先，选举民主的功能。尽管民主不能简单地等同于选举，但不能因此而否定选举在民主程序中的基础性功能。在公正规范的条件下，选举可以选拔出人们公认的德才兼备、政绩突出、深受群众拥护的领导人才或代表者；对于政府而言，选举可以增强政府对民众要求的回应，增加其对民众的责任，注重行政行为的切实有效；对于民众而言，选举可以激发选民的民主意识和民主化潜能，唤醒中国改革最深厚、最伟大的民众资源，能够为公众提供更多的参与政治和政府决策的机会，增强民众的政治责任感以及参与能力和水平，这既是完善现代民主体制的重要内容，也是提高国家治理能力和水平的重要基础。此外，选举还有助于落实民族区域自治、特别行政区自治以及基层自治等地方自治，形成有效的地方民主治理。改革开放以来，我国选举民主作为选拔领导干部和代表的一种具体实践形式，在党和国家政治生活中发挥了重要作用，各级党代会代表与党的领导人、各级人民代表与政府领导人、民族自治地方与基层村民自治中的领导人，基本都是通过这种方式产生出来的，可以预料，随着我国选举民主在制度、程序等方面不断得到丰富和完善，选举民主将在国家政治生活和国家治理现代化过程中发挥更加突出的独特作用，这是人们所期待的。

其次，协商民主的功能。协商民主是中国共产党在长期的革命、建设、改革的过程中创造出来的适应中国国情的重要民主形式。协商民主体现了人民当家作主这一社会主义民主的核心价值理念。发展民主不应当仅仅局限于按期进行的投票选举，而应更多地表现为经常性地参与决策和表达民意。只有就经济社会发展重大问题和涉及群众切身利益的实际问题开展广泛的民主协商，广纳群言、广集民智，才能最大限度地增进社会共识，增强实现共同奋斗目标的合力，才能有效地克服少数人说了算的人治现象，形成人人负责、共谋发展的社会共治的良好局面。从实践角度看，我国现阶段推进国家治理体系和治理能力现代化的根本内容是要根据经济社会现代化的要求，处理好政党和国家的关系、政党和人民的关系、政府和市场的关系、政府和社会的关系、政府和人民的关系；其实质是要处理好民主和集中的关系、法治和人治的关系、个人意志和制度制约的关系。而这一切关系的正确处理，都离不开政治沟通和民主协商。社会主义协商民主的本质功能就是对各种关系的沟通和调整，最大限度地增进有利于各类关系协调的积极因素，减少有碍于各类关系协调的消极因素，最大限度地增进各类关系相互之间的理解与包含，实现各类关系协调和谐，共同治理国家和社会。在党的领导下，以经济社会发展重大问题和涉及群众切身利益的实际问题为内容，在全社会开展广泛协商，坚持协商于决策之前和决策实施之中，对于协调国家治理过程中的若干基本关系，推进国家治理体系和治理能力现代化，具有十分重大而紧迫的意义。

再次，基层民主的作用。经过 30 多年的改革开放实践，中国基层社会经历了剧烈而深刻的变化，尤其是农村地区越来越深地被卷入到开放的、流动的、分工的社会化体系中。在此过程中，农村中也不断涌现出新的问题，如阶层分化日趋明显、利益纠纷不断突出、群体性事件频繁发生，与此同时，农村群众的民主诉求、民生改善诉求、公共服务诉求、信息公开诉求也日益强烈。因此，推进农村基层治理的现代化也是一个具有紧迫性的时代课题。从基层治理的地位和作用来看，作为我国社会治理的终端，基层既是矛盾问题的交汇地，也是改革创新的发源地，因而基层治理在国家治理体系中处于基础性地位，增强基层治理能力是推进国家治理体系和治理能力现代化的关键。基层民主是我国社会主义民主建设的重要组成部分，也是推动国家治理的基本方式和重要方法。基层民主最显著的特征是群众参与的直接性、管理的自治性、民主形式的丰富性。改革开放以来，我国农村基层群众自治和民主管理已有长足发展，村民的民主意识和法治意识以及农村干部的素质大大提高，基层治理的组织体系日益健全，民主形式愈加丰富多彩，民主机制不断创新，在组织和引导群众参与治理方面发挥了重要作用，但与我国经济社会发展的要求仍然有相当大的差距。进一步发展基层民主对于推动基层治理的作用表现在：一是有助于扩大有序民主，培育各类农村社会组织，形成以党组织为核心、自治组织为主体、社会各方面广泛参与的多元治理体制。二是有助于增强基层的组织化和自我服务能力，提高基层群众自我管理、自我服务、自我教育、自我监督的能力。三是有助于进一步理顺基层政府与自治组织的关系，形成政府行政管理和基层群众自治的有效衔接和良性互动。这对于整个国家的经济、政治发展和社会进步起着重大促进作用。

最后，党内民主的作用。在我国，中国共产党作为处于长期执政地位的党员人数众多的大党，通过党内民主的示范作用带动人民民主的发展，是我国社会主义民主建设的重要途径。发扬党内民主对于国家治理也具有重要意义和影响，主要表现在：一是治理本质上是政治社会与市民社会的合作共治，通过发扬党内民主，推动党员的平等参与和相互合作，决策中少数与多数的合作，党的各个机构与党的领导成员之间的合作，有助于增强党内合作精神，对于推动国家治理中多元治理主体之间的合作具有重要影响。二是社会和谐是国家治理的重要内容，通过党员的平等参与、公开讨论、自由表达和理性建议，有助于营造党内生动和谐的政治局面，这对于国家治理发挥着重要影响和示范作用。三是依法治国是党领导人民治理国家的基本方略,依法治国的前提是依法治党,依法治党必须使党内民主制度化、法律化,并使这种制度法律不因领导人的改变而改变、不因领导人看法和注意力的改变而改变。要做到这一点,必须依靠党规党法治理党内事务,培育党员和干部的法治观念和法治行为模式并将其具体运用到党的领导与执政活动中,运用到党治理国家和执掌国家政权的行权过程中,形成法治化的思维定势和行为惯性,这无疑会极大促进依法治国的进程。四是大力发展党内民主,巩固和发扬执政党的民主意识、民主作风、民主习惯,可以推动党在执政过程中的民主化,实现党政关系民主化,包括党与人大、政府以及“两院”关系的民主化,这对于克服党政不分、以党代政的弊端具有重要作用。

(三)中国特色社会主义新型民主治理的制度体系

第一,执政党中国共产党的领导核心功能。

中国共产党是中国工人阶级、中国人民和中华民族的先锋队,是中国最广大人民根本利益的忠实代表,党内民主就是中国工人阶级、中国人民和中华民族先锋队的民主。中国共产党由中国工人、农民、知识分子和其他社会阶层的先进分子组成,目前已经有8000多万党员,是世界上最大的政党和执政党。这样一些先进分子以全心全意为人民服务为根本宗旨,以实现共产主义为最高理想,以马克思列宁主义、毛泽东思想、邓小平理论、“三个代表”重要思想和科学发展观为行动指南,保证了党的先进性,从而确保了中国共产党的领导核心功能。

一是中国共产党位于国家权力的核心枢纽。中国共产党是中国特色社会主义事业的领导核心,党的重大决策和部署按照法定程序上升到国家意志,党组织推荐的人选按照法定程序成为国家机关的领导人员,通过国家机关实施对国家和社会的领导,从而以政治领导、思想领导和组织领导的方式发挥总揽全局,协调各方的作用。吴邦国指出:“各国家机关分工不同、职责不同,都在中国共产党领导下,在各自职权范围内彻底贯彻落实党的路线方针政策和宪法法律。”[①]只有党内民主才能凝聚全党力量,实现党的团结,从而稳固地成为国家权力的核心枢纽。正如有学者指出的那样:“中国共产党

---

① 《十七大以来重要文献选编》上,人民出版社2011年版,第927—928页。

全国代表大会与美国两党(共和党和民主党)的全国代表大会相比,中国领导人换届与美国总统选举相比,所花时间长得多,民主形式更加完备,民主选举程序更加完备,民主内容更加丰富,民主实质更加有效,民主成果更加丰硕。"[①]党的政治报告"在集体领导下的起草组织起草……先民主、后集中,再民主、再集中,是集中国政治智慧之大成。首先是集世界最大政党的集体智慧之大成……还是集民主党派智慧之大成"[②]。

二是中国共产党以群众路线的方式凝聚人民民主。"在人民群众中,我们毕竟是沧海一粟,只有我们正确地表达人民的想法,我们才能管理。否则共产党就不能率领无产阶级,而无产阶级就不能率领群众,整个机器就要散架。"[③]党的先锋队和人民忠实代表的性质不能简单地以党的性质加以规定,而且需要以群众路线的方式贯彻落实;党组织是国家权力的核心枢纽,就要以群众路线的方式确保同群众的血肉联系,而不是凌驾于人民至上的"替民做主"的特殊组织。群众路线是马克思主义政党实践民主的优秀品格。正如列宁指出的:"为了群众服务和代表他们正确认识到的利益,先进队伍必须在群众中开展自己的全部活动,毫无例外地吸收他们中间的一切优秀力量,并且随时随地仔细地客观检查:是否同群众保持联系,联系是否密切。这样,也只有这样,先进队伍才能教育和启发群众,代表他们的利益,教他们组织起来,使群众的自觉活动沿着自觉的阶级政策的道路前进。"[④]群众路线是中国共产党实践民主的优良传统。毛泽东指出:"在我党的一切实际工作中,凡属正确的领导,必须是从群众中来,到群众中去。这就是说,将群众的意见(分散的无系统的意见)集中起来(经过研究,化为集中的系统的意见),又到群众中去做宣传解释,化为群众的意见,使群众坚持下去,见之于行动,并在群众行动中考验这些意见是否正确。然后再从群众中集中起来,再到群众中坚持下去。如此无限循环,一次比一次地更正确、更生动、更丰富。"[⑤]新时期新阶段,习近平进一步指出:"我们要坚持党的群众路线,

---

① 胡鞍钢:《中国道路与中国梦想》,浙江人民出版社2013年版,第1页。

② 胡鞍钢:《中国道路与中国梦想》,浙江人民出版社2013年版,第8页。

③ 《列宁选集》第4卷,人民出版社2012年版,第695页。

④ 《列宁全集》第24卷,人民出版社1990年版,第41—42页。

⑤ 《毛泽东选集》第3卷,人民出版社1991年版,第899页。

坚持人民主体地位，时刻把群众安危冷暖放在心上，及时准确了解群众所思、所盼、所忧、所急，把群众工作做实、做深、做细、做透。要正确处理最广大人民根本利益、现阶段群众共同利益、不同群体特殊利益的关系，切实把人民利益维护好、实现好、发展好。"①群众路线就是民主路线，群众路线的方法就是我党实践民主的方法，而党内民主则把群众的需要、利益、诉求以民主集中的方式凝聚起来，使得党能够做出反映人民群众主体地位的路线、方针、政策和各项具体工作部署。事实上，中国的人大民主、政协民主、基层民主平台都"是中国共产党的群众路线在政治领域的重要体现"②，党内民主则是群众路线在党内的集中反映和最高体现。

第二，人民代表大会制度的根本支撑功能。

习近平同志的概括非常明确："人民代表大会制度是中国特色社会主义制度的重要组成部分，也是支撑中国国家治理体系和治理能力的根本政治制度。"③

一是人民代表大会是与人民民主专政国体相适应的政权组织形式，是我国国家权力机关，从而在内容上规定它的根本支撑功能。人民代表大会由不限制性别、信仰、财产、教育、党派、界别的各方面人民群众以无记名投票方式选举产生，其中省、自治区、直辖市、自治州、设区的市的人民代表大会代表由下一级的人民代表大会选举；县、自治县、不设区的市、市辖区、乡、民族乡、镇的人民代表大会代表由选民直接选举。由此组织形成的人民代表大会行使立法、监督、决定、任免等国家权力，其中全国人民代表大会行使最高立法权、最高监督权、最高决定权、最高任免权。国家行政机关、审判机关、检察机关都由人大产生，对人大负责，受人民监督。人大常委会是人民代表大会的常设机关。在常务委员会的领导下，设立专门委员会，以研究、审议和拟定相关议案。总之，人民代表大会由广泛地真实地人民民主选举产生、代表最广大人民群众行使国家权力，根本上体现了我国一切权力属于

① 习近平：《全面落实党的十八大精神要突出抓好六个方面工作》，《求是》2013年第1期，第6页。

② 习近平：《在庆祝中国人民政治协商会议成立65周年大会上的讲话》，《人民日报》2014年9月22日，第2版。

③ 习近平：《在庆祝全国人民代表大会成立60周年大会上的讲话》，《人民日报》2014年9月6日，第2版。

人民、人民权力高于一切。

二是人民代表大会是贯穿于国家上层建筑的一整套骨架，形式上规定它是中国特色社会主义民主的主体平台。人民代表大会制度是由全国人民代表大会和地方各级人民代表大会组成的国家权力机关制度系统。各级人民代表大会都是逐级递进选举而成。各级人民代表大会通过调研等方式相互连通。比如2013年全国人大“委员长会议组成人员到地方调研，通过多种方式听取地方人大常委会负责同志、各级人大代表的意见，了解情况，研究问题，推动相关工作。全国人大与地方人大的联系和交流更加紧密、更加深入”①。人大代表与人民群众、人大常委会与人大代表是有机联系的制度体系。2013年全国人大组建260个全国人大代表小组，支持代表小组积极开展活动，通过多种方式听取和反映人民群众的意见要求；部分委员长会议组成人员、常委会组成人员回到原选举单位参加代表小组活动，同基层代表交流履职情况。组织1740名代表参加专题调研，1700名代表参加集中视察，形成调研报告110余份，为中央和地方决策提供了重要参考；组织港澳台代表分赴广东、广西、吉林、江西等地开展视察调研，完善了代表联系群众制度；“研究制定委员长会议组成人员联系全国人大代表的意见，明确委员长会议组成人员分别直接联系5名以上全国人大代表。这是常委会加强同代表联系、转变工作作风的一项重要举措。进一步扩大代表对常委会、专门委员会工作的参与，列席每次常委会会议的代表人数增加至66名，同时邀请更多代表参加执法检查、立法评估和调研等活动，认真听取相关代表的意见和建议”，健全了常委会联系代表制度。人民代表通过会议集体行使职权，而不是每个代表单独处理问题，保证了各级人民代表大会构成有机整体。

三是人民代表大会是打通顶层执政党民主和基层民主的主脉。执政党民主是人民民主的核心平台，但人民的核心不能代替人民的整体；基层民主是人民民主的基础平台，但民主的基础不能代替民主的整套国家制度。因此，人民民主的领导核心与基本力量的广阔空间就需要一套完整的制度体系连通充实，那就是人民代表大会民主。人民代表大会民主使得党内民主

---

① 张德江:《全国人民代表大会常务委员会工作报告》，2014年，http://politics.people.com.cn/n/2014/0317/c1024-24648865.html.

完成的党的路线、方针、政策和决策部署通过法定程序上升到国家意志；使得党内民主产生的推荐人选通过法定程序成为国家政权机关领导干部；发挥人民代表大会党组作用，打通了党内民主和人民民主，确保了党的主张和人民意志的统一。人民代表大会制度作为国家权力机关，通过制定法律、完善制度、加强监督等方式确保了基层民主的有效运行。比如第十一届全国人大常委会"修改村民委员会组织法，完善村委会选举和罢免程序，健全村民会议、村民代表会议等民主议事制度，强化信息公开、村务监督、民主评议等方面规定，保证基层群众更好地行使民主选举、民主决策、民主管理、民主监督的权利。检查工会法实施情况，强调要全心全意依靠工人阶级，健全企事业单位民主管理制度，保障职工的知情权、参与权、表达权、监督权"①。

第三，人民政协制度的多元凝聚功能。

人民政协制度，就是以团结和民主作为两大主题，以政治协商、民主监督、参政议政为主要职能的人民政协组织体系的统称，发挥着人民当家作主治理国家的多元凝聚功能。

一是人民政协的性质和组成方式根本上体现了多元凝聚功能。人民政协民主是中国共产党领导下由若干界别组成的爱国统一战线组织共商国是的平台。根据《中国人民政治协商会议章程》规定，中国人民政治协商会议全国委员会由中国共产党、各民主党派、无党派人士、人民团体、各少数民族和各界的代表，香港特别行政区同胞、澳门特别行政区同胞、台湾同胞和归国侨胞的代表以及特别邀请的人士组成，设若干界别。中国人民政治协商会议地方委员会的组成，根据当地情况，参照全国委员会的组成决定。这样的人员构成，按照大团结、大联合的要求，涵盖了新时期爱国统一战线的方方面面，凝聚了一切可以团结的力量，调动了一切可以调动的积极因素。如果说人民代表大会民主体现了人民根本利益，那么人民政协民主体现了人民内部多元的具体利益。在中国共产党的统一领导下，人民政协组织各党派、各团体、各民族、各阶层、各界人士共商国是，对国家和地方的大政方针以及政治、经济、文化和社会生活中的重要问题在决策之前进行协商和就决策执行中的重要问题进行协商；对国家宪法、法律和法规的实施，重大方针

---

① 吴邦国：《全国人大常委会工作报告》，2013 年，http://news.xinhuanet.com/2013lh/2013-03/20/c_115091312.htm.

政策的贯彻执行、国家机关及其工作人员的工作,通过建议和批评进行监督;对政治、经济、文化和社会生活中的重要问题以及人民群众普遍关心的问题,开展调查研究,反映社情民意,进行协商讨论,通过调研报告、提案、建议案或其他形式,向中国共产党和国家机关提出意见和建议,实现了广泛有效的人民民主。

二是人民政协民主作为社会主义协商民主的专门机构具体地实现了多元凝聚功能。社会主义协商民主是人民民主的两种重要形式之一,涉及多种渠道和多种方式,但其专门机构就是人民政协。事实上,社会主义协商民主就是中国共产党领导的多党合作和政治协商制度的辐射扩展。俞正声指出:“人民政协的协商民主,以宪法、政协章程和相关政策为依据,以中国共产党领导的多党合作和政治协商制度为保障,集协商、监督、参与、合作于一体,实现了人民知情权、参与权、表达权、监督权的有机结合,体现了社会主义民主的本质要求,符合广大人民群众的根本利益。”[①]习近平指出:“人民政协要发挥作为专门协商机构的作用,把协商民主贯穿履行职能全过程,推进政治协商、民主监督、参政议政制度建设,不断提高人民政协协商民主制度化、规范化、程序化水平,更好协调关系、汇聚力量、建言献策、服务大局。要拓展协商内容、丰富协商形式,建立健全协商议题提出、活动组织、成果采纳落实和反馈机制,更加灵活、更为经常开展专题协商、对口协商、界别协商、提案办理协商,探索网络议政、远程协商等新形式,提高协商实效,努力营造既畅所欲言、各抒己见,又理性有度、合法依章的良好协商氛围。”[②]

第四,民族区域自治的平等参与功能。

我国是一个统一的多民族国家,各少数民族是中华民族大家庭的平等一员,也是推动中华民族伟大复兴的重要力量。民族区域自治制度是中国共产党为解决中国社会主义民主政治中的民族平等以及中国社会生活中的多民族共同发展问题,在我国具体条件下按照马克思主义民族平等思想解决民族问题的一个创举。这项政治制度创新从根本上改变了中国历史上不

---

① 俞正声:《在十二届全国政协委员会一次会议上的讲话》,http://theory.people.com.cn/n/2013/0313/c40531—20770469.html.

② 习近平:《在庆祝中国人民政治协商会议成立 65 周年大会上的讲话》,《人民日报》2014 年 9 月 22 日,第 2 版。

平等的民族关系，使各民族享有平等的政治地位和法律权利，为真正实现各民族间的平等团结，推进各民族共同发展和共同繁荣，提供了政治制度保障。

民主政治的重要体现就是普遍而平等的政治参与。我国民族区域自治实行区域自治与民族自治相结合的原则，在单一制的多民族国家内，遵循宪法精神，允许少数民族在聚居区域内建立起自己的自治权力机关，管理本民族内部及地方性事务。宪法和民族区域自治法对我国的民族区域自治制度做了明确规定：一是民族自治地方的自治机关是自治区、自治州、自治县的人民代表大会和人民政府，它们既是享有自治权的自治机关，又是享有地方人大和政府职权的地方政权机关；二是民族自治地方的自治机关代表自治地方人民行使自治权，自主管理本民族内部的事务和自治地方的重大事务。自治权力主要包括：制定自治条例和单行条例，自主安排和管理地方财政；自主管理本地方的文化教育事业；享有组织本地方公安部队、培养民族干部和民族人才、使用当地语言文字和管理其他事务的自治权。民族区域自治充分贯彻了社会主义民主的原则，它集中体现了国家对少数民族人权的尊重和社会价值的认可，为少数民族参与政治提供了制度和法律保证。

采取民族区域自治是由中国国情决定的，实践证明它是实现少数民族地区民主政治的最好途径。一是民族区域自治的形式具有极大的灵活性和优越性。一个民族不仅可以在一个地方成立自治区，而且可以分别在很多聚居地方成立自治州、自治县和民族乡。这样，我国的少数民族，不管是人口多的民族还是人口少的民族，不论是大聚居的民族还是小聚居的民族，几乎都成了自治单位，充分享有自治权利，从而为少数民族地区民主政治的实现提供了坚实的客观基础。这也使千百年来饱受欺凌的少数民族从此成为祖国大家庭的平等而重要的成员，极大地增强了中华民族的凝聚力。二是民族区域自治有利于把国家的集中统一和民族平等自治集合起来。它保障了少数民族人民的自治权利和民族权利，培养和造就了一大批少数民族干部和各类专门人才，促进了少数民族地区经济的发展和社会的进步，又使得少数民族人民深信自己既是本民族的主人又是国家的主人，从而为推动少数民族地区经济社会和民主政治的发展提供了动力来源。社会主义民主政治是建立在各民族共同发展、共同繁荣基础上的政治，没有少数民族的繁荣昌盛，就没有各民族的共同繁荣昌盛。民族区域自治是达到少数民族和整个中华民族共同繁荣昌盛不可缺少的政治制度，也是建设中国特色的社会主义民主政治的必由之路。在社会主义市场经济条件下，必须坚持并不断完善这一制度。坚持和完善民族区域自治制度，应把解放和发展民族地区的生产力作为根本任务，重视少数民族地区人民群众的民生改善和收入提高，大力增强地方自治意识，积极维护民族团结和社会稳定，加强民族区域自治的法治建设，加快造就培养一大批民族干部队伍，以此推动民族区域自治地区的治理和发展。

第五，基层群众自治的基础构建功能。

基层群众自治制度，是指由城乡社区群众自治制度、基层公共事务群众自治制度、公益事业群众自治制度和企事业单位职工代表大会制度组成的履行基层群众自我管理、自我服务、自我教育、自我监督职能的民主制度、体制、机制的总称。新时期新形势下，基层群众自治制度以其国家民主治理体系的基础构建功能，发挥了重要作用。

一是我国市民社会的发育形成了国家民主治理体系的根基。

"任何政治解放都是使人的世界和人的关系回归于人自身……政治解放一方面把人归结为市民社会的成员，归结为利己的、独立的个体，另一方面把人归结为公民，归结为法人。"一切民主都以市民社会为基本要求，但只有社会主义社会才能避免市民社会的"异化"，实现其功能的真正履行，"只有当现实的个人把抽象的公民复归于自身，并且作为个人，在自己的经验生活、自己的个体劳动、自己的个体关系中间，成为类存在物的时候，只有当人认识到自身'固有的力量'是社会的力量，并把这种力量组织起来因而不再把政治力量的形式同自身分离的时候，只有到了那个时候，人的解放才能完成"①。基层民主是市民社会的政治表现。马克思指出，"现代国家通过普遍人权承认了自己的这种自然基础本身"②，而"普遍人权"在当前时期的实现方式就是基层民主。列宁指出，"生气勃勃的创造性的社会主义是由人民群众自己创立的"③。当代中国，由四部分组成的基层民主的平台确保了人民群众自主的民主选举、民主决策、民主管理和民主监督，人民群众最密切、

---

① 《马克思恩格斯全集》第3卷，人民出版社2002年版，第189页。

② 《马克思恩格斯文集》第1卷，人民出版社2009年版，第313页。

③ 《列宁全集》第33卷，人民出版社1985年版，第53页。

最直接、最现实的利益得到有效落实，民主的社会基础和主体素质得到充分培育。

市民社会组织之所以能够成为国家治理的重要参与者和政府的协助者是由其特征决定的。与政府和企业相比，社会组织具有民间性、自愿性、组织性、公益性、非营利性和自治性等特征。社会组织在产生渊源上的民间性、参与的自愿性和志愿性、形成目的的公益性等，使得社会组织比起政府来说具有更强的号召力，从而既可以更有效地动员、整合社会力量和社会资源，其活动范围又可以延伸到政府管理难以顾及的领域、层面和环节，而其所具有的自治性又使其在具体活动领域、具体活动对象、活动的方式、方法等方面更具有灵活性，更易于促进社会沟通，获得社会认同，激发社会活力和创造力，重塑社会价值，弥补政府能力的不足，起到政府起不到、也不应该起的作用，成为政府的好伙伴和好助手，实现政府与社会的互动合作，形成国家治理的合力。这些特征和优势，使得社会组织成为国家治理中一支不可缺少的力量。在国家治理中，应当认识并且利用社会组织所具有的优势，大力培育和发展各种社会组织，充分发挥社会组织的独特优势，并以此改变政府因包揽一切而不堪重负、不能顾全，导致一些领域缺乏管理或管理效果不良的局面，获得最佳的治理效应。

我国是人民当家作主的国家，人民当家作主要求把民主扩展到政治、经济、文化、社会等领域，使广大人民充分享有管理国家和社会事务、管理经济和文化事业的权利，逐步实现国家政治生活的民主化、经济管理的民主化以及整个社会生活的民主化，这也是中国共产党和中国政府推进中国特色民主政治的既定目标。而市民社会的形成和社会组织的发展，能够克服公民个人参与的自发、松散、零乱等问题，形成有组织的参与力量，从而为公民的政治参与提供平台，实现公民对社会生活各方面有秩序的民主参与。公民对国家治理的参与，既有利于发挥公民的主体作用，调动公民参与的积极性、主动性和创造性，也可以减轻政府的政治成本，弥补政府治理能力的不足，从而更好地推动国家治理和社会发展。从发展角度看，我国正处于社会转型和体制转轨时期，必然会产生大量的社会问题和社会矛盾，如生态保护、基层民主、利益分配、矛盾调解、社区建设、社会保障、就业安置、综合治安等等，解决这些问题和矛盾，需要调动各方面社会力量积极参与，形成多元治理的格局，这样不但可以使政府从微观事务中解放出来，提升政府治理的“深度”，提高政府有关改革发展核心问题的治理能力，而且，多元主体的合作治理将在承接政府原有治理职能的基础上补充政府在某些社会治理中的缺位，拓展社会治理的“广度”，从而提升整个社会的治理能力。从实践中我们也看到，随着社会组织的不断发展壮大，其在公民政治参与中的组织协调作用也变得越来越重要。当前，以行业协会、基金会、民办非企业单位为主体的广大社会组织，在促进行业发展、提供公共服务、发展公益慈善事业、完善社会治理结构、增进国际民间合作交流等方面发挥着了不可替代的作用，对促进经济发展、推进社会进步、维护社会稳定、建立和谐社会产生了积极的影响，成为推进经济发展和社会建设的生力军，成为构建和谐社会的重要力量。

二是基层群众自治制度是全面构建人民治理国家的基础。

马克思指出，“平等应当不仅仅是表面的，不仅仅在国家的领域中实行，它还应当是实际的，还应当在社会的、经济的领域中实行”[①]。截至 2007 年年底，我国已有 61 万多个村民委员会，8 万多个社区居民委员会。全国绝大多数农村和城市已进行了 6 次以上的村(居)民委员会换届选举。85%的农村建立了实施民主决策的村民大会或村民代表大会，90%以上的农村建立了保障民主监督的村民理财小组、村务公开监督小组等组织，村务公开、民主评议等活动普遍开展。89%的城市社区建立了居民(成员)代表大会，64%的社区建立了协商议事委员会，22%的社区建立了业主委员会，居民评议会、社区听证会等城市基层民主形式普遍推行，收到了很好效果。[②] 包括农村村委会和城市居委会在内的城乡社区基层自治组织最广泛地管理公共事务和公益事业，成为协调利益、化解矛盾、排忧解难的枢纽。2011 年 3 月，“十二五”规划又特别指出把社区建设成为管理有序、服务完善、文明祥和的社会生活共同体。社会组织包含社团、行业组织和社会中介组织等，发挥了提供服务、反映诉求、规范行为的作用。有学者提出：“中国社会组织的发展，既是中国市民社会成长的一种标志，同时也推动着中国市民社会进一步成长。”[③]2006 年 4 月的《国务院关于加强和改进社区服务工作的意见》中

① 《马克思恩格斯选集》第 3 卷，人民出版社 2012 年版，第 484 页。

② 李学举：《我国基层群众自治制度地位的重大提升》，《求是》2008 年第 3 期。

③ 陆学艺：《当代中国社会结构》，社会科学文献出版社 2010 年版，第 364 页。

强调，要培育健全民间社会组织。《意见》指出："健全社会组织，增强服务社会功能。坚持培育发展和管理监督并重，完善培育扶持和依法管理社会组织的政策，发挥各类社会组织提供服务、反映诉求、规范行为的作用。"①《国家人权行动计划(2009—2010)》明确提出："发挥社会组织在扩大群众参与、反映群众诉求方面的积极作用，增强社会自治功能。在各级政协中，应当增加社会组织代表比例，各级政府在制定重大法律法规和公共政策时，应当听取社会组织的意见和建议，行业协会、商会要收集行业、企业的意见和建议。学会、研究会要研究社会大众的呼声，基金会、公益性组织要反映弱势群体利益诉求和需求，城乡社区社会组织要了解社情民意，引导社会公众合理表达意见，有序参与公共事务。"2011 年，加强社会组织建设成为"十二五"规划的重要一章。"十二五"期间，党和国家将会以培育发展和监督管理并重的方针，推动社会组织健康有序发展，还将建立健全社会组织管理体制和以法律监督、政府监督、社会监督、自我监督相结合的社会组织监管体系。2012 年，国务院发布的《国家人权行动计划(2012—2015)》中在继续保障社会组织的参与权、表达权基础之上，还增加了监督权，提出保障"社会组织通过申请行政复议、提起行政诉讼，对行政机关依法行政进行监督的权利"。根据《中国民政统计年鉴 2008》，民政部登记注册的社会组织共计 386916 个，其中社团 211661 个，民办非企业单位 173915 个，基金会 1340 个。2009 年第一季度，在民政部登记注册的各类民间组织共计 414614 个。企事业职工代表大会是企业实行民主管理的基本形式，是职工行使民主管理权力的机构。根据我国《工会法》规定："工会组织和教育职工依照宪法和法律的规定行使民主权利，发挥国家主人翁的作用，通过各种途径和形式，参与管理国家事务、管理经济和文化事业、管理社会事务；协助人民政府开展工作，维护工人阶级领导的、以工农联盟为基础的人民民主专政的社会主义国家政权"；"企业、事业单位、机关有会员二十五人以上的，应当建立基层工会委员会；不足二十五人的，可以单独建立基层工会委员会，也可以由两个以上单位的会员联合建立基层工会委员会，也可以选举组织员一人，组织会员开展活动。女职工人数较多的，可以建立工会女职工委员会，在同级工会领导下

① 《国务院关于加强和改进社区服务工作的意见》，http://www.gov.cn/gongbao/content/2006/content_303523.htm.

开展工作；女职工人数较少的，可以在工会委员会中设女职工委员。”总之，我国由基层民主的广泛实践，已经涉及经济社会领域的方方面面，这些都深入了最广大人民群众，打牢了人民当家作主的根基。

(四)中国特色社会主义新型民主治理的法律保障体系

党的十八届四中全会做出的《中共中央关于全面推进依法治国若干重大问题的决定》指出：“依法治国，是坚持和发展中国特色社会主义的本质要求和重要保障，是实现国家治理体系和治理能力现代化的必然要求，事关我们党执政兴国，事关人民幸福安康，事关党和国家长治久安。”中华人民共和国成立60多年来，在建设中国特色社会主义的实践中，中国的法治建设取得了巨大成就。特别是改革开放30年来，党领导人民适应经济建设、政治建设、文化建设、社会建设不断发展的客观要求，以依法治国为基本方略，坚持以人为本，弘扬法治精神，树立民主法治、自由平等、公平正义理念，建立和完善中国特色社会主义法律体系，全面实施依法行政，深化司法体制改革，完善权力制约和监督机制，保障公民的合法权益，维护社会和谐稳定，不断推进各项工作法治化，为推动国家发展和治理现代化提供了制度和法律保障。

第一，立法体制的保障。

为维护国家法制统一，体现全体人民的共同意志和整体利益，并适应我国统一的、多民族的、单一制的社会主义国家的基本国情，我国实行统一而又分层次的立法体制。我国《宪法》和《立法法》规定，国家立法权由全国人民代表大会及其常务委员会行使，凡涉及国家主权的事项，国家机构的产生、组织和职权，民族区域自治制度、特别行政区制度、基层群众自治制度，刑事、民事、经济等方面的基本制度，以及诉讼和仲裁制度等重大事项，属于全国人民代表大会及其常务委员会的专属立法权。鉴于中国幅员辽阔、情况复杂、各地发展不平衡，在维护国家法制统一前提下，可以适应各地不同情况制定相应行政法规和地方性法规。国务院根据宪法和法律，可以制定行政法规；省、自治区、直辖市的人民代表大会及其常务委员会可以制定地方性法规，经批准较大市的人民代表大会及其常务委员会可制定地方性法规；民族自治地方的人民代表大会有权依照当地民族的政治、经济和文化的特点，制定自治条例和单行条例。此外，国务院各部门和具有行政管理职能的直属机构根据法律和行政法规，可以在其职权范围内制定部门规章；省、自治区、直辖市和较大市的人民政府，可以根据法律、行政法规和本省、自治区、直辖市的地方性法规依法制定规章。

为使法律符合公众的根本利益和国家的整体利益，同时又兼顾各方面的具体利益，保证立法的科学性和民主性，我国法律规定了全国人民代表大会及其常务委员会的立法程序，以及国务院制定行政法规、地方人民代表大会及其常务委员会制定地方性法规的程序。全国人民代表大会常务委员会审议法律案一般实行“三审制”，重大的、意见分歧较大的法律草案，审议的次数可以超过三次，每部法律的出台，都要经过反复审议，充分讨论，基本达成一致意见后，再提请全国人民代表大会或者全国人民代表大会常务委员会的全体会议表决。在立法过程中，坚持发扬民主，集中民智，反映民意。在提出法律草案和行政法规草案、地方性法规草案时，通过召开座谈会、论证会、听证会等多种形式，广泛听取各方面意见，增强立法的透明度和公众参与度。为保证国家法制统一和法律规范之间的协调，我国法律规定了不同层级法律规范的效力：宪法具有最高的法律效力，一切法律、行政法规、地方性法规、自治条例和单行条例、规章都不得与宪法相抵触；法律的效力高于行政法规、地方性法规、规章；行政法规的效力高于地方性法规、规章；地方性法规的效力高于本级和下级地方政府规章。此外，我国法律还规定了对行政法规、地方性法规、自治条例和单行条例的合宪性和合法性审查的程序。国务院、中央军事委员会、最高人民法院、最高人民检察院和各省、自治区、直辖市的人民代表大会常务委员会认为行政法规、地方性法规、自治条例和单行条例同宪法或者法律相抵触的，可以向全国人民代表大会常务委员会书面提出进行审查的要求；其他国家机关和社会团体、企业事业组织以及公民也可以向全国人民代表大会常务委员会书面提出进行审查的建议。

第二，法律体系的保障。

有法可依是建设社会主义法治国家的前提。经过多年不懈的努力，以宪法为核心的中国特色社会主义法律体系基本形成。当代中国的法律体系，部门齐全、层次分明、结构协调、体例科学，主要由七个法律部门和三个不同层级的法律规范构成。七个法律部门是：宪法及宪法相关法、民法商法、行政法、经济法、社会法、刑法、诉讼与非诉讼程序法。三个不同层级的法律规范是：法律，行政法规，地方性法规、自治条例和单行条例。截止到

2011年年底，全国人民代表大会及其常务委员会已经制定了240件现行有效的法律，涵盖了全部七个法律部门；各法律部门中，对形成中国特色社会主义法律体系起支架作用的基本的法律，以及改革、发展、稳定急需的法律，大多已经制定出来。与法律相配套，国务院制定了700多件现行有效的行政法规，地方人民代表大会及其常务委员会制定了8600多件现行有效的地方性法规。国务院有关部门以及省、自治区、直辖市和较大的市的人民政府还制定了大量规章。

在中国特色社会主义法律体系中，宪法居于核心地位。宪法不仅对公民的各项基本权利做出规定，而且对公民的人格尊严不受侵犯、公民的人身自由和宗教信仰自由等，都有具体规定。现行宪法根据国家机构实行民主集中制的原则和中华人民共和国成立以后政权建设的经验，对国家机构做了全面规定。现行宪法还规定，各少数民族聚居的地方实行区域自治，设立自治机关，行使自治权；在城市和农村实行基层自治；国家在必要时设立特别行政区，在特别行政区内实行的制度按照具体情况由全国人民代表大会以法律规定。现行宪法通过后，为与中国社会发生的变革相适应，全国人民代表大会又先后四次对宪法的部分内容和条款做了修改。1988年的宪法修正案规定，国家允许私营经济在法律规定的范围内存在和发展；土地的使用权可以依照法律的规定转让。1993年的宪法修正案规定，国家实行社会主义市场经济；中国共产党领导的多党合作和政治协商制度将长期存在和发展。1999年的宪法修正案规定，国家实行依法治国，建设社会主义法治国家；国家在社会主义初级阶段，坚持公有制为主体、多种所有制经济共同发展的基本经济制度，坚持按劳分配为主体、多种分配方式并存的分配制度。2004年的宪法修正案规定，国家鼓励、支持和引导非公有制经济的发展，并对非公有制经济依法实行监督和管理；公民的合法的私有财产不受侵犯，国家依照法律规定保护公民的私有财产权和继承权；国家尊重和保障人权等。

中国特色社会主义法律体系的形成，在我国经济建设、政治建设、文化建设、社会建设、生态文明建设等各方面实现了有法可依。这是我国社会主义民主法制建设史上的重要里程碑，是中国特色社会主义制度走向成熟的重要标志，具有重大的现实意义和深远的历史意义。中国特色社会主义法律体系，以宪法和法律的形式确立了国家发展中带有根本性、全局性、稳定性和长期性的一系列重要制度，是中国特色社会主义永葆本色的法制根基、创新实践的法制体现、兴旺发达的法制保障。中国特色社会主义法律体系是开放的和发展的。我国正处在社会转型期，法律体系具有阶段性和前瞻性特点，随着改革开放的深入，我国将通过立法工作不断制定新的法律和修改原有的法律，推动法律体系不断发展和完善，使之更加适应国家发展和国家管理需要。

第三，法律制度的保障。

改革开放以来，在适应经济社会发展和社会转型过程中，注重法律制度建设，在尊重和保障人权、规范市场经济秩序、依法行政与建设法治政府、司法制度与公正司法等方面制定和完善了一系列法律制度，各方面事业不断法律化、制度化，为经济社会发展和国家治理奠定了法律制度基础。

一是建立尊重和保障人权的法律制度。在法治建设中，党和政府把“让每个人享有充分的人权”作为不懈的奋斗目标。坚持生存权、发展权的首要地位，以发展作为第一要务，同时不断发展公民的政治、经济、社会、文化权利，努力实现人的全面发展。在公民生命权，人身自由和人格尊严，平等权，政治权利，宗教信仰自由，劳动者权益，以及经济、社会、文化和其他权利的法律保障等方面，制定了一系列保障人权的法律制度，人权保障事业不断法律化、制度化。此外，我国参加了22项国际人权公约，其中包括《消除一切形式种族歧视国际公约》《消除对妇女一切形式歧视公约》《禁止酷刑和其他残忍、不人道或有辱人格的待遇或处罚公约》《儿童权利公约》《经济、社会及文化权利国际公约》等核心国际人权公约。我国政府认真履行所承担的相关义务，积极提交履约报告，充分发挥国际人权公约在促进和保护本国人权方面的积极作用。

二是建立了规范市场经济秩序的法律制度。在从计划经济体制向市场经济体制转变过程中，我国不断加强经济立法和相关立法，确立了民事法律制度、市场主体的法律制度、市场管理的法律制度、宏观调控的法律制度、知识产权保护的法律制度、资源节约和环境保护的法律制度、对外经贸合作的法律制度，可以说，符合社会主义市场经济要求的法律制度已基本形成，这为社会主义市场经济秩序的规范提供了制度保障。

三是推进依法行政与法治政府建设。依法行政、建设法治政府是全面落实依法治国基本方略的重要内容，也是我国政府施政的基本准则。经过多年努力，我国各级人民政府的行政权力已逐步纳入法治化轨道，规范政府权力取得和运行的法律制度基本形成，依法行政取得了重要进展。在行政法律制度方面建立健全了行政主体法律制度、行政行为法律制度、行政监督和救济法律制度以及国家公务员法律制度。近年来我国政府通过切实加强自身建设，进一步转变职能，加快建设法治政府步伐。加快建立突发事件应急机制，提高政府应对公共危机的能力，努力建设服务政府；进一步做好政府信息公开工作，努力建设“阳光”政府；加大行政问责力度，努力建设责任政府。此外，我国政府高度重视行政执法体制改革，要求各级行政机关严格按照法定权限和程序行使职权，全面推行行政执法责任制，严格执法责任。在建设法治政府进程中，加强行政监督责任，积极解决行政争议，自 1999 年行政复议法实施以来，全国平均每年通过行政复议解决 8 万多起行政争议。

四是推进司法制度建设与公正司法。在司法建设方面，我国建立健全了审判制度，完善了民事、行政和刑事三大审判体系，形成了包括公开审判制度、合议制度、人民陪审员制度、辩护制度、诉讼代理制度、回避制度、司法调解制度、司法救助制度、两审终审的审级制度、死刑复核制度等在内的符合建设社会主义法治国家要求的现代司法制度，努力维护司法公正和社会正义。此外，制定了《仲裁法》《律师法》《公证法》《劳动争议调解仲裁法》等法律，建立了仲裁制度、律师制度、公证制度、法律援助制度和司法考试制度等。

尽管经过 60 多年的法治建设，我国法律体系已经形成，立法体制和法律制度不断完善，法治政府建设稳步推进，全社会法治观念明显增强。但是，“必须清醒看到，同党和国家事业发展要求相比，同人民群众期待相比，同推进国家治理体系和治理能力现代化目标相比，法治建设还存在许多不适应、不符合的问题，主要表现为：有的法律法规未能全面反映客观规律和人民意愿，针对性、可操作性不强，立法工作中部门化倾向、争权诿责现象较为突出；有法不依、执法不严、违法不究现象比较严重，执法体制权责脱节、多头执法、选择性执法现象仍然存在，执法司法不规范、不严格、不透明、不文明现象较为突出，群众对执法司法不公和腐败问题反映强烈；部分社会成员尊法信法守法用法、依法维权意识不强，一些国家工作人员特别是领导干部依法办事观念不强、能力不足，知法犯法、以言代法、以权压法、徇私枉法现象依然存在。这些问题，违背社会主义法治原则，损害人民群众利益，妨碍党和国家事业发展，必须下大气力加以解决。”我们应顺应形势发展和时代要求，在党的领导下，进一步推动完备的法律规范体系、高效的法治实施体系、严密的法治监督体系、有力的法治保障体系的形成，不断完善党内法规体系，坚持依法治国、依法执政、依法行政共同推进，坚持法治国家、法治政府、法治社会一体建设，实现科学立法、严格执法、公正司法、全民守法，以此促进国家治理体系和治理能力现代化，这是我国法治建设的根本目标和任务。

三、中国特色社会主义民主治理能力的提升

习近平同志指出：“国家治理体系与国家治理能力虽然有密切联系，但又不是一码事，不是国家治理体系越完善，国家治理能力自然而然就越强。纵观世界，各国有其治理体系，而各国治理能力由于客观状况和主观努力的差异又有或大或小的差距。甚至同一国家在同一治理体系下不同历史时期的治理能力也有很大差距。正是考虑到这一点，我们才把国家治理体系和国家治理能力现代化结合在一起提。”①一个国家的治理能力直接影响到其经济增长、政治稳定、社会发展和国际安全等各个领域，而国家治理能力同样与民主政治紧密相关。中国特色社会主义民主的不断发展，对于推进我国治理能力现代化发挥着重要作用。

（一）国家治理能力的概念及其演变

对于如何提高国家治理能力，西方国家对此非常重视，理论界的研究起步较早，理论较成熟。早在20世纪五六十年代，西方结构功能主义学派的研究者们就提出了国家能力这一概念，阿尔蒙德和鲍威尔指出，国家能力是指一个政治系统在其环境中的总体绩效，并将国家能力概括为五个方面：提取、规制、分配、符号和响应。但是他们的概念很难衡量。亨廷顿在《变革社会中的政治秩序》中提出，国与国之间的最大区别并不在于政体形式（民主

---

① 中共中央文献研究室：《习近平关于全面深化改革论述摘编》，中央文献出版社2014年版，第28页。

还是专制),而是国家的统治能力,并认为统治能力和政治组织的制度化程度(具体表现为适应性、复杂性、自主性和内聚性)相关,从而启示了之后研究国家和国家能力的学者。20世纪70年代末开始,国家主义学派开始系统分析国家能力这一概念。西达·斯考切波区分了总体的国家能力和按政策领域区分的国家能力,认为对后者的研究更有意义,但因为其国家理论本身包含的强烈的国家中心论的倾向性,因而对国家能力的跨国研究也过于注重国家制度的静态比较分析,在具体的个案分析中也忽略了社会对国家的限制以及国家与社会的互动。亨廷顿的学生米格代尔将社会纳入了国家能力的分析框架,并把国家能力分为提取、渗透、规制(调节社会关系)和分配(以特定方式配置或运用资源)四大能力。所谓提取能力指的是国家从社会中取得人力、物力和财力的能力,集中体现在征兵和征税方面;规制能力则指国家制定规则并让民众和组织遵从规则的能力;渗透能力是指国家机构及其代理人进入社会的各个角落的能力;分配能力则指国家按照其意愿和计划配置和使用资源的能力。但米格代尔的研究将国家能力视为一个零和游戏,即国家的强大是建立在社会的弱小基础上的,这一研究的时代局限引发了后来学者对"强国家强社会"组合以及二者协同关系的研究,着重点转移到探讨国家社会相互赋权的可能性及其机制,以便实现国家和社会之间零和关系向正和关系的转变,形成强大的国家能力。①

中国学者对于国家能力的研究起步于20世纪90年代。王绍光与胡鞍钢于1993年发表的《中国国家能力报告》无疑是当时政治学、经济学研究中的力作。报告具有鲜明的政策导向和学术色彩,报告发表后产生了巨大的社会反响,受到政府、新闻界、学术界的广泛关注。报告以如何在市场经济转变和现代化赶超过程中加强中央政府的主导作用、避免市场经济的消极作用为出发点,对国家能力进行界定,认为国家能力是指国家(中央政府)将自己的意志、目标转化为现实的能力,包括汲取财政能力、宏观调控能力、合法化能力以及强制能力。报告认为,国家能力特别是提高国家汲取财政能力是摆脱贫困落后、实现经济起飞、缩小与发达国家之间差距的最主要的条件之一,并提出提高国家汲取财政能力以加强宏观调控能力的实际对策,报

① 张长东:《国家治理能力现代化研究——基于国家能力理论视角》,《法学评论》2014年第3期。

告对于推动国家分税制改革发挥了重要推动作用。社会主义市场经济建立之初对国家能力的强调引发了某些学者对全能国家的警惕，因而有学者从民主化与国家能力的关系角度出发强调民主化建设，认为国家在民主化进程中的能力必须是有限的才是合理的，并非在任何意义和形式上加强国家能力都具有积极意义，不能借加强国家能力之机，损害或推迟民主化进程。①

进入21世纪以来，对国家能力的研究开始突出社会治理内容。如有学者开始意识到，国家能力是一个综合性的概念，既不能离开国家的本质属性来考察国家能力，也不能以"国家机关"代替"国家"，要把国家统治能力和治理社会能力两个基本方面区别开来，认为治理社会能力既是实现统治阶级意志利益，也是实现社会公共目标不可或缺的能力，强调要将社会公共目标纳入国家能力所要达到的目标，并预言社会治理能力在国家和平建设时期越来越突出地占据着主导地位。② 近几年来，随着改革开放的逐步深化、制度化水平的提高以及市民社会的崛起和社会组织的不断壮大，理论界对国家治理能力的研究愈加深入，更多倾向于将多元治理主体的能力一起纳入国家治理能力概念之中，并重视从国家与社会良性互动关系的角度讨论国家治理能力。例如以强调国家能力著称的王绍光，除了继续丰富国家能力的内涵之外，也将吸纳和整合能力纳入国家治理能力之中，认为"缺乏吸纳与整合能力，就没有真正意义上的民主"③。不少学者将国家治理能力的提高建立在执政党建设、政府建设、社会建设基础上，强调国家与社会之间的不断包容与互动，以及在此基础上综合推进国家治理能力。④ 这表明人们已经从实践中深刻认识到民主政治与国家治理能力之间的紧密关系。

(二)中国特色社会主义民主对国家治理能力的影响

从民主政治的角度看，国家治理能力就是通过发展民主，不断提高国家

① 蓝华、布成良：《民主化进程中的国家能力》，《文史哲》1998年第5期。

② 黄宝玖：《国家能力：涵义、特征与结构分析》，《政治学研究》2004年第4期。

③ 王绍光：《国家治理与基础性国家能力》，《华中科技大学学报》(社会科学版)2014年第3期。

④ 戴长征：《中国国家治理体系与治理能力建设初探》，《中国行政管理》2014年第1期。

治理的制度化水平,并运用国家制度管理社会各方面事务的能力,包括改革发展稳定、内政外交国防、治党治国治军等各个方面。提高国家治理能力是完善和发展中国特色社会主义制度的必然要求,是实现社会主义现代化的应有之义。实现国家治理现代化,不但要求推动治理主体的多元化,而且要求提高多元治理主体的治理能力,以适应经济社会不断深化改革的需要。前面已经提到过,国家治理既区别于国家统治(管控)也不同于国家管理。国家统治或管控从本质上来讲,是一种借助国家军队、警察与行政机关,以威慑与控制的方式维持社会公共秩序的治理方法。"国家管理"则强调执政党和国家在处理社会公共事务中,借助于制度设计与法律设计维护社会秩序,并通过制定社会生产等投入要素的组合增进公共利益最大化。这一方式同样是以国家作为绝对主体的。而"国家治理"则是一个多元主体共同参与的概念,强调国家政权的所有者、管理者和利益相关者的合作管理,从而增进公共利益、维护公共秩序。从国家能力角度看,与上述方式相对应的国家能力分别是以强力控制为基本特征的国家统治能力,以权威引导为基本特征的国家管理能力和以多元共治为特征的国家治理能力。

多元共治为特征的国家治理能力是一个综合的体系,其效能大小取决于各方合力的作用。从国家治理效能角度看,要实现国家治理效能和公共利益的最大化,满足公众日益增长的物质文化需求,关键是要建立起多元主体合作共治的网络化布局,实现整体协同治理。整体协同治理着眼于多元治理主体的整体性运作,主张国家治理"从分散走向集中,从部分走向整体,从破碎走向整合",强调各个治理主体为了完成共同目标而展开跨部门、跨界别、跨行业的协同合作,在治理过程中以问题为取向,按照公民需求提供服务,按照公民的生活轨迹整合服务职能,从而建立起纵横交错、内外联结的协作机制,统一设计服务路线,系统配置服务资源,力求从根本上提升多元主体整体合作治理能力。整体协同治理在内容上包含中央政府和地方政府之间的"上下合作",中央或地方同级政府之间的"水平合作",同一政府不同部门之间的"左右合作",政府与企业和社会之间的"内外合作"。在形式上又分跨界政策议题下多个政府部门之间的合作,同一政策下不同政府之间的合作,同一政策同一政府中不同层级之间的合作,不同政策同一服务提供机制下的政府部门之间的合作,同一政策或不同政策下的政府与企业和社会组织之间的合作。在主体上既有中央政府和地方政府及其所属部门机构，也有私人部门、非营利部门、市民社会或志愿组织。在政策领域上涉及国家治理的方方面面，特别是在应对环境、社会、发展等复杂棘手的问题上，需要以政府为主导，统筹一切可利用的资源和力量综合协调运行。

新中国自成立以来到改革开放前很长一段时间内，特别是在“文化大革命”期间，基本奉行的是“以阶级斗争为纲”的方针，国家统治处于主导地位，重视的是政治统帅地位，突出的政权是“镇压之权”，强调的是阶级统治能力。改革开放后，执政党和政府的工作重心转向经济建设，国家管理的重要性凸显出来，国家统治的思想逐渐退居次要地位，这时理念上强调的是效率优先兼顾公平，在能力上突出的是国家机关的管理能力。随着实践的深入和认识的深化，科学发展、社会和谐、公平正义的价值日益受到执政党和政府的重视，服务型政府成为政府建设的目标，“以人为本”成为基本的执政理念，民主协商的治理思维逐步代替管制思维，平等合作的精神愈益深入人心，以公众为中心、公平为导向的国家治理理念逐渐取代了以往过于重视效率的国家管理理念而成为主流话语。与此同时，经过30多年的体制改革，执政党和国家机关以及国家机关内部的职责权限愈加明晰，市场和企业的力量日益壮大，社会组织得到了一定的发展，公民的参与能力不断提高，多元化治理主体格局初步形成，这为推动国家治理现代化和治理水平的提高奠定了民主基础。同时，经过改革开放以来的政治体制改革和民主建设，整个社会的民意表达能力、党和政府的决策民主化能力、国家法治能力、民众对权力监督制约能力也大大提高，这为国家整体治理能力的提高奠定了能力基础。

国家治理主体能力是国家治理主体在实施国家治理过程中所需要的各种素质和本领。我国改革开放以来的民主建设极大地拓展了治理主体的范畴，对治理主体能力的提高也产生了深刻影响。治理主体的多元化有利于调集各方面的力量和智慧，共同推动国家治理水平和能力的提高。

第一，对党的执政能力的影响。新时期党的执政环境发生了根本变化，为了适应科学、民主、法治的社会文明进步潮流，我们党逐步调整了执政思维方式，从“革命党”的思维向长期执政的“执政党”思维转化，注重科学执政、民主执政和依法执政能力的提高。我们党深刻认识到：科学执政就是要坚持以发展着的马克思主义为指导，在不断深化对共产党执政规律、社会主义建设规律、人类社会发展规律的认识基础上，从新的实际出发，科学制定适应时代要求和人民愿望的施政纲领和大政方针，不断推进思想观念、工作制度和工作方法的创新能力。民主执政就是要始终从人民利益出发，把实现好、维护好、发展好人民的利益，作为工作的出发点和落脚点，通过密切联系群众，尊重人民群众的民主权利，尊重群众的首创精神，并以发展党内民主带动人民民主，积极推进协商民主广泛、多层、制度化发展，调动各方面力量的积极性的能力。依法执政就是全党紧紧抓住制度建设这个中心环节，不断推进国家经济、政治、文化、社会生活的法制化、规范化，从制度上保证党的路线、方针、政策的正确制定和科学实施的能力。通过这三个方面的能力建设，大大提高了党治理能力和水平的现代化，有利于发挥党"总揽全局、协调各方"的作用，推动整个国家治理能力的现代化转型。

第二，对政府治理能力的影响。政府治理能力就是指政府提高治理有效性的能力和水平。改革开放以来，民主政治建设对政府能力的影响表现在：一是重视处理政府与市场、政府与社会关系。随着市场经济改革的建立和深化以及市民社会的逐步形成。政府注重处理好政府与市场、政府与社会关系，明确界定三者的边界范围，合理定位政府职能。从政府与市场关系来看，逐步回归市场本位，不断放权于市场，尊重市场在资源配置中的决定性作用，凡市场机制能有效调节的经济活动，一律取消行政审批，交由市场解决，需要审批的也要严格规定程序和时限，同时要放权于企业，尊重企业投资体制选择权和投资经营权。从政府与社会的关系来看，逐步回归人民本位，加快实施政社分开，逐步放权于社会，属行业自律、社会自治事项，政府不再干预。在此基础上，顺应经济社会发展的形势和要求，不断推动政府职能向创造良好发展环境、提供优质公共服务、维护社会公平正义转变。二是政府组织结构逐步优化。科学合理的政府组织结构是有效政府治理的基础。在优化政府组织结构过程中，着力优化政府职能配置、机构设置、工作流程，建立决策权、执行权、监督权既相互制约又相互协调的行政运行机制。对职能相近而管理机构分散的部门进行合并，对职责交叉重复、相互扯皮的政府部门进行调整，对职能范围过宽、权力过分集中的机构进行适当分设。以科学合理的职能配置为基础，优化政府机构设置。在政府层级上，有条件的地方积极探索省直接管理县（市）体制改革，减少治理层级，提高政府治理效能；在横向部门配置上，积极稳妥实施大部门制，健全部门间协调配合机制。同时，严格控制机构编制，推进机构编制管理科学化、规范化、法制化。

优化行政区划设置。适应经济转轨、社会转型、政府职能转变及新型城镇化发展的要求，加强对行政区划的战略研究和调整。通过优化行政区划设置，合理配置行政资源，推动行政区与经济区协调发展。最后，再造政府工作流程。在简政放权、减少行政审批事项的同时，注重优化政府工作流程，剔除相互矛盾、烦琐拖沓的工作环节，提高政府效能。三是推动权力运行方式转变。有效的政府治理，应当强调权力运行中平等、协商、沟通及合作等理念。在政府改革过程中，倡导各项公共事务决策由不同利益相关者自主表达、协商对话，并达成共识，从而形成符合整体利益的公共政策。在实践中政府逐步摒弃管制方法，采用市场、法律、文化等多种治理方法和治理技术，对公共事务进行引导与治理。通过采取上述措施，政府改革不断推进，政府治理能力大大提高。

第三，对领导干部及公务员治理能力的影响。毛泽东曾经说过：正确的路线确定之后，干部就是决定的因素。国家治理现代化归根结底是人的现代化，党政各级领导干部及公务员是具体治理的实际承担者、参与者、解决者，在国家治理中发挥领导作用，因此提高领导干部及公务员的治理能力对于推进国家治理现代化至关重要。在民主政治建设中，首先，我们党注重加强领导班子建设，完善干部教育培训和实践锻炼制度，进一步解放思想、更新观念，切实提高领导班子和领导干部民主决策、整合资源、应对社会风险和履行职责的能力，在领导干部素质培养上，着力提高政治素养、理论素养、战略素养和科技素养，提高学习能力和创新能力，要求领导干部把学到的知识运用于实践，又在实践中增长解决实际问题的本领和能力。其次，注重提高领导干部和公务员的民主作风。在民主政治建设过程中，强调领导干部和公务员应具备民主作风、沟通能力和包容性，善于听取、归纳、总结各方不同意见和建议，并根据各方的利益关切和合理意见，提出治理决策和具体方案，推动问题的合理解决。通过长期的培养，各级领导干部增强了民主意识，提高了民主作风，适应了当前国家治理的需要。最后，注重领导干部运用信息技术和现代科技快速进行信息整合的能力。在新媒体时代，这一能力对于提高办事速度和效率，增强回应性与透明度，具有重要意义。

第四，对其他治理主体参与治理能力的影响。除了执政党和政府以及各级领导干部之外，其他治理主体包括参政党、社会组织、各类人才以及公民等的治理能力也很重要。一是注重发挥参政党的作用。我国的政党制度是中国共产党领导的多党合作和政治协商制度，参政党代表各自所联系的群众的具体利益和特殊利益，中国共产党和各民主党派的合作主要是通过政治协商、参政议政、民主监督和合作共事等形式来实现的，发挥参政党的参政作用，能够调动各方面积极性，避免彼此倾轧、相互攻讦的弊端，最大限度减少内耗，避免决策和工作的失误，有效化解社会矛盾，增强社会活力，形成强大社会整合力。改革开放以来，我们党不断加强政治协商制度建设，注重发挥参政党的议事、监督、协商作用，使其为现代化建设献计献策、献智献力。通过长期建设，执政党与参政党的合作制度不断完善，参政党的规模逐步壮大，参政党在各级政府机构和企事业单位的参与度不断扩大，发挥的作用也越来越明显和突出，这为在国家治理中发挥参与作用打下了良好基础。二是注重提高社会组织参与治理能力的提高。我国社会组织是在改革开放过程中形成发展起来的，在深化改革过程中，国家政府支持和鼓励社会组织的发展壮大，注重克服社会组织独立性不足、动员能力不强、公信力不高的缺陷，不断提高社会组织的参与热情和信心，拓展其参与活动空间，健全组织机制和功能，强化业务能力和水平，发挥其涉及面广、行动灵活的优势，社会组织在公共事务治理中的作用愈益突出，成为国家治理的一支重要力量。三是提高国家治理能力需要强大的人才支撑，因为随着改革进入攻坚期、深水期，我国经济社会发展过程中新矛盾、新问题不断出现，而且越来越错综复杂，牵涉的利益相关方也愈加广泛，诸多治理问题的解决离不开各方面专门性人才，如治理专家、科技人才等的参与，因此必须重视发挥各方面专业人才的作用，提高他们参与治理的能力。随着改革实践的深化和教育文化的发展，我国各级各类人才逐步成长起来，我们党注重人才储备和人才梯队建设，充分发挥人才在现代化建设中重要作用，不断推动各级各类人才的理论创新、制度创新、科技创新的能力，解决实际问题的能力以及相互协作能力。四是注重提高公民参与治理的能力。尽管公民作为个体具有分散性的特点，但公民构成了推进治理现代化的社会微观心理基础，因此，公民参与国家的治理活动是国家治理的重要部分。改革开放以来，党和政府注重提高公民的主体意识，包括参与意识、权利意识、平等意识、法治意识、责任意识，以及公民的实际参与能力，包括意愿表达能力、政策理解能力、程序规范能力、议事能力等，并注重通过国家的法律法规和制度建设，完善和发展公民参政议政的渠道，引导公民有序政治参与，这为公民参与国家治理打下良好的基础。

四、中国特色社会主义民主治理基础的奠定

国家治理不是孤立存在的，它还需要强有力的基础支撑。中国现代社会格局为中国特色社会主义民主治理打造了根基。中国特色社会主义政治文化为中国特色社会主义民主治理创造了文化底蕴。中国特色社会主义法治体系为中国特色社会主义民主治理构造了支撑体系。这些都成为中国特色社会主义民主治理的重要基础。

（一）中国特色社会主义民主治理的市民社会基础

科恩指出："民主的最基本的前提是要有一个社会，它可以在这个社会的范围内进行活动。"[①]民主国家无不建立在成熟的现代化社会格局基础之上。社会主义社会更是如此，"社会主义不是少数人——一个政党所能实现的。只有千百万人学会亲自做这件事的时候，社会主义才能实现"[②]。事实上，社会主义社会愈成熟，国家治理体系愈成熟。正如恩格斯说："权威和自治是相对的东西，它们的应用范围是随着社会发展阶段的不同而改变。"[③]

中国特色社会主义民主治理体系的建立、完善和发展，无不以现代化社会格局的发育成熟为基础。改革开放以来，我国逐步改变了"国家—单位—个人"的传统社会管理体制，初步形成了"国家—市场—社会"的现代社会管理体制。十六大以来，"随着社会主义市场经济条件下社会经济成分、组织形式、就业方式、利益关系和分配方式'四个多样化'趋势的进一步发展，传统的社会管理形式已越来越不适应。创新社会管理体制和方法，越来越紧迫地提到我们党和政府的议事日程上来"[④]。我国又初步扭转了"强国家弱

---

① ［美］科恩：《论民主》，商务印书馆1988年版，第44页。

② 《列宁论苏维埃政权建设》上册，法律出版社1958年版，第77页。

③ 《马克思恩格斯选集》第3卷，人民出版社2012年版，第276—277页。

④ 曾庆红：《加强党的执政能力建设的纲领性文献》，载于《十六大以来重要文献选编》中，人民出版社2011年版，第394页。

社会”的传统社会管理格局，提出了“社会管理创新”，构建了“党委领导、政府负责、社会协同、公众参与”的社会管理新格局。中共十八大报告明确提出了“中国特色社会主义社会管理体系”的新命题，明确要求在“党委领导、政府负责、社会协同、公众参与、法治保障”的社会管理格局中“加快形成政社分开、权责明确、依法自治的现代社会组织体制，加快形成源头治理、动态管理、应急处置相结合的社会管理机制”。[①] 中共十八届三中全会决议进一步把“社会管理”转换为“社会治理”，提出了“创新社会治理”的新要求，主要内容是“坚持系统治理，加强党委领导，发挥政府主导作用，鼓励和支持社会各方面参与，实现政府治理和社会自我调节、居民自治良性互动。坚持依法治理，加强法治保障，运用法治思维和法治方式化解社会矛盾。坚持综合治理，强化道德约束，规范社会行为，调节利益关系，协调社会关系，解决社会问题。坚持源头治理，标本兼治、重在治本，以网格化管理、社会化服务为方向，健全基层综合服务管理平台，及时反映和协调人民群众各方面各层次利益诉求”。总之，从传统社会管理体制到现代社会管理体制，再由“社会管理”到“社会治理”，这一系列模式转型体现了国家治理现代化的本质要求，同时形成了民主国家治理体系的根本条件。

需要进一步说明的是，市民社会的发育完善是中国社会格局现代化转换的最显著标志，成为中国特色社会主义民主治理的重要基础，主要表现在四个方面。一是发挥社会自治功能，参与民主管理。中共十八大指出，“引导社会组织健康有序发展，充分发挥群众参与社会管理的基础性作用”[②]。十八届三中全会决议更是突出地强调“激发社会组织活力”，提出“正确处理政府和社会关系，加快实施政社分开，推进社会组织明确权责、依法自治、发挥作用。适合由社会组织提供的公共服务和解决的事项，交由社会组织承担。支持和发展志愿服务组织。限期实现行业协会商会与行政机关真正脱钩，重点培育和优先发展行业协会商会类、科技类、公益慈善类、城乡社区服务类社会组织，成立时直接依法申请登记。加强对社会组织和在华境外非

---

① 胡锦涛：《坚定不移沿着中国特色社会主义道路前进 为全面建成小康社会而奋斗》，人民出版社2012年版，第34页。

② 胡锦涛：《坚定不移沿着中国特色社会主义道路前进 为全面建成小康社会而奋斗》，人民出版社2012年版，第38页。

政府组织的管理，引导它们依法开展活动”。二是发挥表达群众诉求功能，参与民主决策。比如《国家人权行动计划（2009—2010）》指出：“在各级政协中，应当增加社会组织代表比例，各级政府在制定重大法律法规和公共政策时，应当听取社会组织的意见和建议，行业协会、商会要收集行业、企业的意见和建议。学会、研究会要研究社会大众的呼声，基金会、公益性组织要反映弱势群体利益诉求和需求，城乡社区社会组织要了解社情民意，引导社会公众合理表达意见，有序参与公共事务。”三是发挥公民权利救济功能，参与民主监督。比如《国家人权行动计划（2012—2015）》中指出：“保障公民和社会组织通过申请行政复议、提起行政诉讼，对行政机关依法行政进行监督的权利。”四是基于以上功能，推动政府转型。我国市民社会的不断完善，市民社会功能的不断增强，推动了行政管理体制改革，中共十八大提出“深入推进政企分开、政资分开、政事分开、政社分开，建设职能科学、结构优化、廉洁高效、人民满意的服务型政府”①。这意味着政府向创造良好环境、提供优质公共服务、维护社会公平正义的职能转变，而且标志着现代民主政府的成型。

（二）中国特色社会主义民主治理的政治文化底蕴

中国共产党领导人民在提出中国特色社会主义民主治理思想的基础上，全面展开了中国特色社会主义民主政治治理体系，这种民主治理体系内生着中国特色社会主义民主政治观念，从而形成了中国特色社会主义民主治理的文化底蕴。

第一，形成了人民群众性政治文化，奠定了中国特色社会主义民主治理的生命所系。

中共十六大以来，“人民民主是社会主义的生命”这个论断屡次出现在党和国家社会主义民主政治建设的文献中。人民群众性是中国特色社会主义民主的本质，是中国特色社会主义民主优越性的根本体现。马克思指出，“国家制度本身就是一个规定，即人民的自我规定……在民主制中则是人民的国家制度”；“民主制独有的特点，就是国家制度无论如何只是人民存在的

① 胡锦涛：《坚定不移沿着中国特色社会主义道路前进 为全面建成小康社会而奋斗》，人民出版社 2012 年版，第 28 页。

环节”。[①] 中国特色社会主义民主治理使得民主的本体内涵成为现实。正如中共十八大报告指出，“中国特色社会主义事业是亿万人民自己的事业。”为了更好地保证人民当家作主，必须充分发挥人民在民主建设中的“积极性、主动性、创造性”地位；要“最广泛地动员和组织人民依法管理国家事务和社会事务、管理经济和文化事业”，还要使得“人权得到切实尊重和保障”。[②] 十八大报告将“支持和保证人民通过人民代表大会行使国家权力”放在民主布局之首，充分彰显党对人民主权的捍卫。社会主义民主的实质就是人民民主；基层民主作为人民主权最广泛的实践形式得到进一步确证和拓展；建成人民满意的服务型政府是政府职能转型的最终目标；保障人民知情权、参与权、表达权、监督权，要求“凡是涉及群众切身利益的决策都要充分听取群众意见，凡是损害群众利益的做法都要坚决防止和纠正”，要求“让人民监督权力，让权力在阳光下运行”；提高基层人大代表特别是一线工人、农民、知识分子代表比例，降低党政领导干部代表比例；在完善党的代表大会制度方面，提高工人、农民代表比例，等等。这一切无不表明中国特色社会主义民主治理体系蕴含着深刻的人民群众观念，体现了人民民主是中国共产党始终高扬的光辉旗帜。

第二，形成了科学规范性政治文化，奠定了中国特色社会主义民主治理体系的有效保障。

民主政治的科学规范性是现代化民主的必然要求，同时是民主实效性的充分体现和切实保证。中国共产党重视中国特色社会主义民主政治的科学规范性，具体表现在民主布局全面完善、民主权责明确规范和民主体制的具体可行。一是民主布局全面完善是民主科学规范性的前提条件。十八大以来，中国共产党领导下已经全面展开我国民主政治建设的科学布局。二是民主权责明确规范是民主政治科学规范性的集中体现。这一方面，十八大报告有大量篇幅进行了阐述，包括：执政党方面，党的科学、民主、依法执政及其自身的科学化建设规范明确了其本身权责；人民代表大会作为我国最高国家权力机关的地位得到切实的支持和保证；各政党各人民团体通过

---

① 《马克思恩格斯全集》第1卷，人民出版社1956年版，第281页。

② 胡锦涛：《坚定不移沿着中国特色社会主义道路前进　为全面建成小康社会而奋斗》，人民出版社2012年版，第14、17页。

广泛、多层、制度化的协商民主参与决策；政府将明确转型为良好环境的创造者、优质公共服务的提供者和社会公平正义的维护者；城乡社区自治组织、基层公共事务自治组织、公益事业自治组织以及企事业单位民主管理组织作为人民依法直接行使民主权利的方式途径发挥协同作用；决策权、执行权、监督权既互相制约又互相协调；最广泛的爱国统一战线凝聚各方面力量；最广大人民群众在政治制度的各领域依法充分享有人民主权。三是民主体制具体可行是民主政治实现科学规范性的确认条件。人民代表大会制度及其相关的各项职权及其联系群众制度、组织制度等专项制度不断完善；包括“人民政协政治协商制度、中国共产党同民主党派的政治协商制度，专题协商、对口协商、界别协商、提案办理协商制度等多形式协商制度，国家政权机关政治协商、政协组织政治协商、党派团体政治协商等多渠道协商制度，以及基层民主协商、地方政治协商、国家政治协商等多层次政治协商制度”在内的社会主义协商民主制度不断健全；包括城乡社区治理群众自治、基层公共事务群众自治、公益事业群众自治和企事业单位职工代表大会制度在内的基层民主制度不断发展；行政审批制度、大部制、行政层级和行政制度、行政管理方式和事业单位分类改革为主的社会主义行政体制改革不断深化；决策机制及其程序、问责和纠错制度、公开制度和监督制度为主的权力运行和监督体制不断改进；党员民主权利保障制度、党的代表大会制度、党内选举制度、常委会议事规则和决定程序、地方党委讨论决定重大问题和任用重要干部票决制、党员定期评议基层领导班子制度、党员旁听基层党委会议制度、党代会代表列席同级党委有关会议制度为代表的党内民主制度体系化推进，这所有的一切无不说明我国民主政治科学规范又具体可行的各项体制不断建立建成。

第三，形成了公平正义性政治文化，奠定了中国特色社会主义民主的内在规定。

公平正义是衡量政治制度的根本标准，同时是中国特色社会主义民主政治的内在规定。一是中国特色社会主义民主的布局，实现了代议制与协商制的统一、代表性与广泛性的统一、权力行使与权力制衡的统一、权利运用与权利保障的统一，由此实现了公平正义的自由权利原则和机会公平原则。代议制与协商制的统一，确保了人民主权的合理行使，克服了代表性“流失”的弊端；代表性与广泛性的统一，确保了民主的实效性，也确保了代表的合理性；权力行使和权力制衡的统一，确保了权责规范的自觉行使，还确保了权力的协调制约，使权力真正在阳光下运行；权利运用和权利保障的统一，确保了权利运用的充分性，还确保了权利在法律制度和规范的保护下不受剥夺和践踏。二是中国特色社会主义民主的不断完善还实现了公平正义的差别原则。人民代表大会制度提高基层人大代表特别是一线工人、农民、知识分子代表比例，降低党政干部代表比例；党的代表大会制度提高工人、农民代表比例；以及基层民主制度的不断完善，充分体现中国特色社会主义民主政治对基层群众特别是劳动群众民主权利的特别关照。各民主党派各人民团体可以通过多种协商民主方式参与决策，同时还选拔出优秀党外人士担任各级国家机关领导职务，加强了非执政的民主党派的参政地位；妇女、少数民族以及宗教界人士和信教群众的合法政治权益也依法得以保障。

（三）中国特色社会主义民主治理的法治体系支撑

中国政治发展道路，就是坚持党的领导、人民当家作主、依法治国的有机统一。“民主是法治的基础，法治是民主的保障”已经众所周知。法治体系，作为民主治理的支撑体系，主要体现在以下方面。

第一，法治体系规定了国家民主制度和公民基本权利，确保了中国特色社会主义民主治理体系的根本性质。

民主的客体和主体一般指国家制度和公民权利，这两者都是国家以宪法为核心的法治体系明确规定的。在我国，人民主权原则和公民权利原则是宪法原则的重要内容。现行宪法以根本大法的形式规定了工人阶级领导的、以工农联盟为基础的人民民主专政的国体，人民代表大会制度的政体，中国共产党领导的多党合作和政治协商制度、民族区域自治制度以及基层群众自治制度；同时又规定了公民的人身权、财产权、基本政治权利等各项权利不受侵犯。与此同时，各项专门法律法规又把这些内容落实到方方面面。以宪法为核心的中国特色社会主义法律体系无不体现了人民共同意志，保证了人民基本权利，维护了人民根本利益。正是这样，人民主权获得了权威，得到了保证。

第二，法治体系使得民主制度化、规范化、程序化，确保了中国特色社会主义民主治理体系的有序运转。

科学规范的民主才能有效运行,法治则是使得民主科学规范的实现形式。《中国大百科全书·法学》有以下经典性表述:“民主是现代国家法治的一个重要价值,也是法治的一个实体的基本原则。民主与法治不可分,法律是由民选代表制定并由民主方式产生的行政、司法机关执行的。现代国家的法治也总是与社会秩序不可分的,与专制、独裁或无政府主义是对立的。”①人民群众进行民主选举、民主决策、民主管理、民主监督,无不是依照法定程序、法定规范、法定方式实行的。所以邓小平在改革开放伊始就指出,“为了保障人民民主,必须加强法制。必须使民主制度化、法律化,使这种制度和法律不因领导人的改变而改变,不因领导人的看法和注意力的改变而改变”②。事实上,正是法制的建立,党和国家正常的民主秩序才得以恢复。中共十五大正式提出了“依法治国”基本方略,具体内涵是:“广大人民群众在党的领导下,依照宪法和法律规定,通过各种途径和形式管理国家事务,管理经济文化事业,管理社会事务,保证国家各项工作都能依法进行,逐步实现社会主义民主的制度化、法律化,使这种制度和法律不因领导人的改变而改变,不因领导人的看法和注意力的改变而改变。”③这段表述可以得出,民主是法治的本质内涵,法治是民主的实现方式。中共十八届三中全会决议更深刻地提出,“紧紧围绕坚持党的领导、人民当家作主、依法治国有机统一深化政治体制改革,加快推进社会主义民主政治制度化、规范化、程序化,建设社会主义法治国家,发展更加广泛、更加充分、更加健全的人民民主。”事实上,崇尚制度、规范、程序是法治的根本要求。正是法治体系理性地规约了自由与平等的张力,既确保了民主本体的不受侵犯,又确保了民主程序的秩序运转。

第三,法治体系规约了国家权力又保证了权利救济,确保了中国特色社会主义民主治理体系的持续运转。

人民民主的根本性质需要法治保证,人民民主的有序运转需要法治保证,人民民主的持续运转同样需要法律保证。正如习近平指出,“我们要健全权力运行制约和监督体系,有权必有责,用权受监督,失职要问责,违法要追

① 《中国大百科全书·法学》,中国大百科全书出版社 2006 年版,第 9 页。

② 《邓小平文选》第 2 卷,人民出版社 1993 年版,第 146 页。

③ 《江泽民文选》第 2 卷,人民出版社 2006 年版,第 28—29 页。

究，保证人民赋予的权力始终来为人民谋利益。”[①]真正让人民监督权力，让权力在阳光下运行，就要“确保国家机关按照法定权限和程序行使权力……让法律制度刚性运行”[②]；就要“建立健全全社会忠于、遵守、维护、运用宪法法律的制度。坚持法律面前人人平等，任何组织或者个人都不得有超越宪法法律的特权，一切违反宪法法律的行为都必须予以追究”[③]。与此同时，规约权力又内在要求权利救济。正是因此，“我们要通过不懈努力，在全社会牢固树立宪法和法律的权威，让广大人民群众充分相信法律、自觉运用法律，使广大人民群众认识到宪法不仅是全体公民必须遵循的行为规范，而且是保障公民权利的法律武器”[④]。在这个意义之上，中共十八届四中全会决议要求强化法律在维护群众权益、化解社会矛盾中的权威地位，引导和支持人们理性表达诉求、依法维护权益，解决好群众最关心最直接最现实的利益问题。

中国共产党领导中国人民不断推进法治进程，特别是十八大明确提出，到2020年中国全面建成小康社会之时要实现的法治目标，那就是：“依法治国基本方略全面落实，法治政府基本建成，司法公信力不断提高，人权得到切实尊重和保障。”并明确提出“全面推进依法治国”，明确“法治是治国理政的基本方式”。总之，作为社会主义政治文明的重要组成部分，法治体系已经成为国家民主治理的重要支撑。

---

① 中共中央文献研究室：《习近平关于全面深化改革论述摘编》，中央文献出版社2014年版，第70页。

② 中共中央文献研究室：《习近平关于全面深化改革论述摘编》，中央文献出版社2014年版，第71页。

③ 习近平：《在首都各界纪念现行宪法公布施行30周年大会上的讲话》，《人民日报》2012年12月4日。

④ 习近平：《在首都各界纪念现行宪法公布施行30周年大会上的讲话》，《人民日报》2012年12月4日。

索　引

后　记

近些年,笔者一直关注并研究中国特色社会主义民主问题,提出中国特色社会主义民主是按照自身逻辑形成的有鲜明中国特色的民主体系。但是,一些西方学者不承认中国特色社会主义民主,甚至不认为世界各国民主有其各自的特征。这其中有对民主本身认识上的分歧,更缘于西方的傲慢和意识形态分歧与价值偏见。其实,西方的自由民主并不是世界民主的唯一出路,民主形式不是唯一的,而是具有多样性特点的。中国特色社会主义民主的形成有其特殊的历史文化源流和思想上的内在逻辑,中国特色社会主义民主的内涵也有其特殊的内在构成和影响,揭示这些内在逻辑和内在构成及影响,是系统把握中国特色社会主义民主体系的锁钥。为此,2013年开始,我们试图对中国特色社会主义民主的逻辑形成、逻辑进程、逻辑构成、逻辑影响展开全面的新的研究,并获得浙江大学"马克思主义理论和中国特色社会主义研究与建设"工程重点项目的立项,该项目又于2014年被升级为浙江省哲学社会科学规划"马克思主义理论研究工程"专项基金项目(编号:14MLZX06YB)。本书就是这一项目的最终成果。

全书由段治文提出研究框架和思路,并组织团队分工合作开展研究和撰稿。各章初稿撰写人分别是:第一、二章段治文;第三章石然、段治文;第四章张立程、石然;第五章王心月;第六章王海稳;第七章石然、姜志强。全书由段治文、石然修改定稿。

本书在写作中采纳了许多已有研究成果,在此深表感谢。在研究和出版过程中,得到了浙江大学研究经费的资助,也得到了浙江省社科规划办的课题立项,浙江大学出版社作为出版单位也付出了辛勤劳动,在此一并表示衷心的感谢。

作　者

2016年9月5日

图书在版编目(CIP)数据

中国特色社会主义民主新论 / 段治文等著. —杭州：浙江大学出版社，2016.12
ISBN 978-7-308-16033-9

Ⅰ.①中… Ⅱ.①段… Ⅲ.①中国特色社会主义—社会主义民主—研究 Ⅳ.①D62

中国版本图书馆 CIP 数据核字(2016)第 326982 号

中国特色社会主义民主新论

段治文 等著

责任编辑 吴伟伟 weiweiwu@zju.edu.cn
责任校对 杨利军 刘 颖
封面设计 春天书装
出版发行 浙江大学出版社
（杭州市天目山路 148 号 邮政编码 310007）
（网址：http://www.zjupress.com）
排 版 浙江时代出版服务有限公司
印 刷 杭州日报报业集团盛元印务有限公司
开 本 710mm×1000mm 1/16
印 张 17.5
字 数 287 千
版 印 次 2016 年 12 月第 1 版 2016 年 12 月第 1 次印刷
书 号 ISBN 978-7-308-16033-9
定 价 49.00 元

版权所有 翻印必究 印装差错 负责调换

浙江大学出版社发行中心联系方式 (0571)88925591;http://zjdxcbs.tmall.com